"十四五"职业教育国家规划教材

跨境电商基础

冯江华　汪晓君　主编

北京理工大学出版社
BEIJING INSTITUTE OF TECHNOLOGY PRESS

内 容 简 介

本书依据跨境电子商务从业人员的工作内容进行模块划分,首先,对跨境电子商务进行概述,帮助读者入门,了解跨境电子商务的概念、内容和特点;其次,介绍跨境电子商务进出口平台、跨境电子商务物流、跨境电子商务支付三个跨境电子商务的重要模块;再次,围绕跨境电子商务的流程介绍选品、运营和营销;最后,介绍跨境电子商务监管相关的政策和法律法规。

本书内容以项目和任务为单元进行编排,每个任务设置理论知识、实训任务和习题巩固,穿插案例、知识拓展和思政园地。本书配套了电子资源,包括与每个教学任务配套的微视频、动画、教学PPT、教学标准等,部分电子资源以二维码的形式呈现。为响应国家科教兴国战略,推进教育数字化,本课程在智慧职教 MOOC 学院平台面向社会和在校学生长期免费开放本教材配套的在线课程,选课网址:https://icve-mooc.icve.com.cn/cms/courseDetails/index.htm?classId=1be885b3a5340f4e041287c16aa57f42

本书主要面向高校跨境电子商务教学,参与编写的教师均具有严谨的工作态度、丰富的教学实践和教材编写经验,并在课程思政建设上有一定积累。在本书的编写过程中,编者将社会主义核心价值观、职业精神、大国自信等思想培育与知识讲解融合起来,以实现本书的育人载体作用。

版权专有　侵权必究

图书在版编目(CIP)数据

跨境电商基础 / 冯江华,汪晓君主编. ——北京:
北京理工大学出版社,2021.10(2024.1 重印)
 ISBN 978-7-5763-0573-9

Ⅰ.①跨…　Ⅱ.①冯…　②汪…　Ⅲ.①电子商务-高等学校-教材　Ⅳ.①F713.36

中国版本图书馆 CIP 数据核字(2021)第 216234 号

责任编辑:王晓莉	**文案编辑**:王晓莉
责任校对:周瑞红	**责任印制**:施胜娟

出版发行	/	北京理工大学出版社有限责任公司
社　　址	/	北京市丰台区四合庄路 6 号
邮　　编	/	100070
电　　话	/	(010)68914026(教材售后服务热线)
		(010)68944437(课件资源服务热线)
网　　址	/	http://www.bitpress.com.cn

版 印 次	/	2024 年 1 月第 1 版第 3 次印刷
印　　刷	/	涿州市新华印刷有限公司
开　　本	/	787 mm×1092 mm　1/16
印　　张	/	13.75
字　　数	/	322 千字
定　　价	/	39.80 元

图书出现印装质量问题,请拨打售后服务热线,负责调换

前　言

党的二十大报告中指出，高质量发展是全面建设社会主义现代化国家的首要任务。我国坚持推进高水平对外开放，稳步扩大规则、规制、管理、标准等制度型开放，加快建设贸易强国，推动共建"一带一路"高质量发展，维护多元稳定的国际经济格局和经贸关系。在这样的国家战略背景下，跨境电子商务作为国际贸易新业态、新模式，能够促进整个外贸行业运行模式的数字化转型升级，促进经济运行效率的提升，降低经济运行成本，推进跨境贸易的融合与发展。

根据中华人民共和国商务部发布的《中国对外贸易形势报告（2020年秋季）》，我国新设46个跨境电商综合试验区和17家市场采购贸易方式试点，扩大跨境电商零售进口试点至86个城市和海南全岛；支持跨境电商平台"走出去"，高质量推进重点市场海外仓建设，鼓励引导多元化投入建设海外仓；跨境电商等贸易新业态新模式发展活力充沛、增势强劲，是当下稳住外贸基本盘的重要动能。《2020上半年中国跨境电子商务行业趋势研究报告》显示：2019年中国跨境电商零售进出口总值达到1 862.1亿元人民币，同比增长38.3%；2020上半年中国通过海关跨境电商管理平台进出口增长26.2%。

传统外贸企业的转型升级和跨境电子商务企业的迅猛发展，驱动了对人才的大量需求，也对院校培养跨境电子商务人才的数量和质量提出了新要求。

在上述背景下，我们对跨境电子商务企业进行调研，了解了企业发展现状和对人才的现实需要，也对近期毕业生进行了调研，了解了他们的工作内容，也总结了以往课程教学中的优势和不足，并将这些信息融入本书，希望能搭建好学校教育与企业需求之间的桥梁。另外，我们将以往课程思政建设过程中积累的经验，运用到本书的编写中，融入社会主义核心价值观、职业精神、开放精神、大国自信、家国情怀、人类命运共同体理念、绿色发展观等思政元素，突出教材的价值导向，发挥课程的育人作用。

本书基本上覆盖了跨境电子商务从业者需要具备的知识内容。从跨境电子商务概述、跨境电子商务平台概述、跨境电子商务物流、跨境电子商务支付、跨境电子商务选品、跨境电子商务运营、跨境电子商务营销、跨境电子商务法律这八个方面进行了介绍。本书作为一门基础课教材，更侧重于跨境电子商务知识的广度，以项目和任务的形式对知识点进行介绍，力求通过案例导入、实训任务、拓展阅读、习题巩固的方式达成知识目标和技能目标，并通过思政园地的设计来强调学生素养提升的重要性。在设置实训任务时，为了便于学生能及时记录实训过程中的问题，也为了便于教师掌握和统计学生实训任务情况，本书设计了"实训任务记录"样表附在最后，为节约纸张，对应的电子版可以通过扫描二维码获取。

为响应国家推进教育数字化的号召，本书配套了电子资源，包括与每个教学任务对应的微视频、能够阐释一些动态过程的动画、教学PPT、教学标准、习题、讨论题等，部分电子资源以二维码的形式呈现在教材中，并在智慧职教MOOC学院长期免费开放在线课程，希望能为在校师生提供线上线下混合式教学支撑，也能为社会人员提供一门完整的继续教育课程，助力形成全民终身学习的学习型社会。

  感谢各位作者百忙中抽出时间参与本书的编写，感谢参与调研的跨境电子商务企业不吝分享对人才的理解，感谢参与调研的毕业生对学校教育提出宝贵建议，在多次线上线下研讨中，大家各抒己见，全身心地参与，最终促成了本书。撰写本书各项目的人员为：项目一、项目三、项目五、项目六、项目七由汪晓君老师编写；项目四、项目八由杨奕老师编写；项目二由巨铭老师和钟一杰老师共同编写；冯江华院长负责把握本书内容与行业发展之间的联系，使教材内容能切实贴合行业企业需求，在教材层面促进产教融合。上海行健职业学院经管系商贸群的钟一杰主任为本书的编写提供了大量素材，在此表示感谢。

  本书有幸邀请到上海外国语大学贤达经济人文学院的童宏祥教授作为主审。作为跨境电子商务教育领域的专家，童宏祥教授为本书提供了宝贵的建议。

  尽管我们本着严谨的态度编写本书，但时间匆忙、能力有限，难免存在疏漏和错误，恳请读者批评指正。

汪晓君

目 录

模块一 跨境电子商务印象

项目一 跨境电子商务概述 ·· 003

任务一 跨境电子商务认知 ··· 004
第一部分 理论知识 ··· 004
第二部分 实训任务 ··· 011
第三部分 习题巩固 ··· 014

任务二 跨境电子商务宏观分析 ··· 015
第一部分 理论知识 ··· 015
第二部分 实训任务 ··· 018
第三部分 习题巩固 ··· 020

任务三 跨境电子商务就业分析 ··· 021
第一部分 理论知识 ··· 021
第二部分 实训任务 ··· 027
第三部分 习题巩固 ··· 031

模块二 跨境电子商务业务模块

项目二 跨境电子商务平台概述 ·· 035

任务一 跨境电子商务出口平台认知 ··· 036
第一部分 理论知识 ··· 036
第二部分 实训任务 ··· 045
第三部分 习题巩固 ··· 047

任务二 跨境电子商务进口平台认知 ··· 048
第一部分 理论知识 ··· 048
第二部分 实训任务 ··· 054
第三部分 习题巩固 ··· 055

任务三 跨境电子商务服务平台认知 ··· 056
第一部分 理论知识 ··· 056
第二部分 实训任务 ··· 058
第三部分 习题巩固 ··· 060

项目三 跨境电子商务物流 ·· 062

任务一 跨境电子商务物流认知 ··· 063
第一部分 理论知识 ··· 063
第二部分 实训任务 ··· 067
第三部分 习题巩固 ··· 069

任务二　跨境电子商务进口物流模式选择 …………………………………………… 070
第一部分　理论知识 …………………………………………………………… 070
第二部分　实训任务 …………………………………………………………… 074
第三部分　习题巩固 …………………………………………………………… 075
任务三　跨境电子商务出口物流模式选择 …………………………………………… 076
第一部分　理论知识 …………………………………………………………… 076
第二部分　实训任务 …………………………………………………………… 080
第三部分　习题巩固 …………………………………………………………… 081
任务四　跨境电子商务供应链 ………………………………………………………… 082
第一部分　理论知识 …………………………………………………………… 082
第二部分　实训任务 …………………………………………………………… 086
第三部分　习题巩固 …………………………………………………………… 088

项目四　跨境电子商务支付 …………………………………………………………… 090
任务一　跨境电子商务支付认知 ……………………………………………………… 091
第一部分　理论知识 …………………………………………………………… 091
第二部分　实训任务 …………………………………………………………… 095
第三部分　习题巩固 …………………………………………………………… 097
任务二　跨境电子商务支付方式认知 ………………………………………………… 098
第一部分　理论知识 …………………………………………………………… 098
第二部分　实训任务 …………………………………………………………… 107
第三部分　习题巩固 …………………………………………………………… 108
任务三　跨境电子商务支付风险认知 ………………………………………………… 109
第一部分　理论知识 …………………………………………………………… 109
第二部分　实训任务 …………………………………………………………… 111
第三部分　习题巩固 …………………………………………………………… 113

模块三　跨境电子商务业务流程

项目五　跨境电子商务选品 ……………………………………………………………… 117
任务一　选品认知 ……………………………………………………………………… 118
第一部分　理论知识 …………………………………………………………… 118
第二部分　实训任务 …………………………………………………………… 123
第三部分　习题巩固 …………………………………………………………… 125
任务二　选品思路 ……………………………………………………………………… 126
第一部分　理论知识 …………………………………………………………… 126
第二部分　实训任务 …………………………………………………………… 130
第三部分　习题巩固 …………………………………………………………… 131
任务三　选品方法 ……………………………………………………………………… 132
第一部分　理论知识 …………………………………………………………… 132
第二部分　实训任务 …………………………………………………………… 139
第三部分　习题巩固 …………………………………………………………… 140

项目六　跨境电子商务运营 ·· 142

任务一　产品上架 ··· 143
第一部分　理论知识 ··· 143
第二部分　实训任务 ··· 148
第三部分　习题巩固 ··· 150

任务二　订单处理 ··· 151
第一部分　理论知识 ··· 151
第二部分　实训任务 ··· 154
第三部分　习题巩固 ··· 155

任务三　客户服务 ··· 156
第一部分　理论知识 ··· 156
第二部分　实训任务 ··· 161
第三部分　习题巩固 ··· 162

项目七　跨境电子商务营销 ·· 164

任务一　跨境电子商务营销认知 ·· 165
第一部分　理论知识 ··· 165
第二部分　实训任务 ··· 169
第三部分　习题巩固 ··· 170

任务二　跨境电子商务站内营销 ·· 171
第一部分　理论知识 ··· 171
第二部分　实训任务 ··· 175
第三部分　习题巩固 ··· 176

任务三　跨境电子商务站外营销 ·· 177
第一部分　理论知识 ··· 177
第二部分　实训任务 ··· 182
第三部分　习题巩固 ··· 183

模块四　跨境电子商务监管

项目八　跨境电子商务政策与法规 ·· 187

任务一　跨境电子商务政策认知 ·· 188
第一部分　理论知识 ··· 188
第二部分　实训任务 ··· 193
第三部分　习题巩固 ··· 194

任务二　跨境电子商务法律法规认知 ······································ 195
第一部分　理论知识 ··· 195
第二部分　实训任务 ··· 205
第三部分　习题巩固 ··· 206

参考文献 ·· 209

模块一

跨境电子商务印象

项目一
跨境电子商务概述

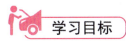 学习目标

知识目标

了解跨境电子商务的概念和特点
掌握跨境电子商务的分类
掌握跨境电子商务的交易流程
了解跨境电子商务的产生和发展历程
了解跨境电子商务的人才需求

能力目标

能够依据要求对相关案例进行分析解读
能够区别不同的跨境电子商务模式
能够进行跨境电子商务的宏观分析
能够联系自身就业与行业发展

素养目标

通过跨境电子商务创业案例分析,培养创新创业意识
通过商品溯源平台的学习,培养诚信价值观和职业道德
通过宏观战略的学习,培养合作意识和开放精神

任务一　跨境电子商务认知

第一部分　理论知识

跨境电子商务新业态、新模式加速发展

2020年新冠肺炎疫情暴发以来，商务部会同各相关部门，积极落实党中央、国务院关于稳定外贸的要求，制定发展贸易新业态、新模式的相关举措，加快培育外贸新业态、新模式，推动外贸创新发展。新设46个跨境电商综合试验区和17家市场采购贸易方式试点，扩大跨境电商零售进口试点至86个城市和海南全岛；支持跨境电商平台"走出去"，高质量推进重点市场海外仓建设，鼓励引导多元化投入建设海外仓；优化外贸综合服务企业退税服务，加快退税进度，推动更多符合标准的外贸综合服务企业成为海关经认证的经营者。

前三季度，通过海关跨境电子商务管理平台进出口1 873.9亿元人民币，增长52.8%；市场采购出口5 098.6亿元人民币，增长35.5%。跨境电商等贸易新业态、新模式发展活力充沛、增势强劲，是当下稳住外贸基本盘的重要动能，为外贸企业有效应对疫情冲击发挥了积极作用。

(摘自《中国对外贸易形势报告（2020年秋季）》)

案例思考：

为什么说跨境电子商务是新业态、新模式？请对比传统国际贸易，谈谈你的看法。

一、跨境电子商务的概念

跨境电子商务（Cross-border E-Commerce），有时也称"跨境电商"，是指分属不同关境的交易主体（个人或企业），通过电子商务平台达成交易、进行支付结算，并通过跨境物流送达商品、完成交易的一种国际商业活动。跨境电子商务的过程如图1-1所示。

通常我们所说的跨境电子商务指的是跨境网络零售，这是狭义上的跨境电子商务。广义上的跨境电子商务除了网络零售，还包含跨境网络批发等。

图1-1　跨境电子商务的过程

跨境电子商务的业务流程一般是：生产商或制造商将生产的商品在跨境电子商务企业平台上展示，在商品被选购下单并完成支付后，跨境电子商务企业将商品交付给物流企业进行投递，

经过两次（出口国和进口国）海关通关商检后，最终送达消费者或企业手中；也有的跨境电子商务企业直接与第三方综合服务平台合作，让第三方综合服务平台代办物流、通关、商检等一系列业务，从而完成跨境电子商务交易过程。

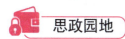

中国跨境电子商务已经成为"一带一路"倡议的重要组成部分。近年来，以中国互联网企业为代表的新经济型企业积极走出国门，成为"一带一路"倡议中一支不可忽视的力量。在上海、福建、重庆、广东、北京等部分跨境电子商务出口企业中，与传统企业相比，已经体现出明显的优势，如新业态的跨境电子商务企业受地理环境制约小、影响覆盖人群广，是对中国传统外贸企业"走出去"产业的有益补充。这些企业充分发挥中国互联网产业优势和技术优势，在"一带一路"沿线国家积极开展电子商贸、交易平台、支付结算、互联网娱乐和智慧城市等业务，发展态势喜人。

跨境电子商务作为一条重要的"网上丝绸之路"，对于全球贸易联动发展起着不可或缺的作用，跨境电子商务能够促进整个外贸行业运行模式的升级，促进经济运行效率的提升，降低经济运行成本，推进跨境贸易的融合与发展。传统贸易陷入低潮的同时，跨境电子商务却在迅猛发展。

以上介绍了跨境电子商务在"一带一路"倡议中的作用，而"一带一路"倡议属于国家层面的合作。请上网查找"一带一路"倡议提出以来的具体举措，并思考跨境电子商务应当如何在政策的引导下获得长足发展。

二、跨境电子商务的特点

跨境电子商务作为一种国际贸易新业态，融合了国际贸易和电子商务两方面的特征，具有更大的复杂性，在跨境电子商务中，整体商务活动对信息流、资金流、物流等能否紧密结合提出了更高要求。跨境电子商务的特点表现在三个方面：一是渠道上的现代性，即以现代信息技术和网络渠道为交易途径；二是空间上的国际性，即由一个经济体成员境内向另一个经济体成员境内提供的贸易服务；三是方式上的数字化，即以无纸化为主要交易方式。

跨境电商的概念和特点

具体而言，跨境电子商务具有以下特征。

1. 全球性

网络是一个没有边界的媒介体，具有非中心化的特点，全球所有地域都可以通过网络参与跨境电子商务活动。相比于传统国际贸易，电子商务是一种无边界交易，不受地理因素限制，使信息得到最大限度的共享。

2. 无形性

通过网络进行传输的数字化产品具有无形性，随着互联网的发展，数据、声音、图像等数字化产品也可以成为交易对象，但这种交易方式也给税务机关的监管带来一定困难。

3. 即时性

在跨境电子商务的交易过程中，订单通过网络产生，商品的展示和浏览都通过网络交互实现，不存在时间差，消费者的购买信息会实时传递到商家端，可以帮助商家分析消费者行为，消费者也能随时随地选购商品。

4. 无纸化

传统的国际贸易需要书面合同、结算票据等纸质文件，而在跨境电子商务中，交易通过网络实现，订单信息、支付信息、协议等都以电子数据的形式呈现，交易过程可追踪，节约了大量纸张成本。

三、跨境电子商务发展驱动力

1. 5G技术

跨境电子商务是基于网络发展起来的,网络作为基础设施影响跨境电子商务的发展速度和发展质量,而5G技术的产生无异于给跨境电子商务插上一双翅膀。

跨境电商的发展驱动力

第五代移动通信技术(5th Generation Mobile Networks,简称5G或5G技术)是最新一代蜂窝移动通信技术,也是继4G(LTE-A、WiMax)、3G(UMTS、LTE)和2G(GSM)系统之后的延伸。5G的性能目标是高数据速率、减少延迟、节省能源、降低成本、提高系统容量和大规模设备连接。

5G网络的主要优势在于,数据传输速率远远高于以前的蜂窝网络,最高可达10Gbit/s,比当前的有线互联网要快,比先前的4G LTE-A蜂窝网络快100倍。5G网络另一个优点是较低的网络延迟(更快的响应时间),网络延迟低于1毫秒,而4G为30~70毫秒。由于数据传输更快,5G网络将不仅仅为手机提供服务,还将成为家庭和办公网络提供商,与有线网络提供商竞争。

2. 移动电商

跨境电子商务交易的完成需要终端设备支持,传统的PC端使用受时间、地点的限制,而移动设备的普及为跨境电子商务的发展提供了物理保障。

移动电子商务(Mobile E-Commerce)是由电子商务(E-Commerce)的概念衍生出来的,电子商务以PC机为主要界面,是有线的电子商务;而移动电子商务,则是通过智能手机、平板电脑等可以装在口袋里的终端实现,无论何时、何地都可以开始。移动电子商务就是利用智能手机、平板电脑等无线终端进行的B2B、B2C、C2C或O2O的电子商务。它将互联网、移动通信技术、短距离通信技术及其他信息处理技术完美地结合,使人们可以在任何时间、任何地点进行各种商贸活动,实现随时随地、线上线下进行购物与交易、在线电子支付,以及各种交易活动、商务活动、金融活动和相关的综合服务活动等。

3. 进口商品溯源平台

相对于实体商业模式,跨境电子商务交易具有虚拟性,消费者对产品的质量存在疑虑,而进口商品溯源平台可以消除消费者的这种疑虑,从而促成更多交易的实现。

进口商品溯源平台基于物联网、移动互联网等技术,以溯源码为核心,实现政府、企业、消费者三者联动,对进口商品动态进行实时监控,真正实现来源可查、去向可追、责任可究。

进口商品溯源平台分为溯源中心及各个加盟区域溯源分站两级,整体功能分为业务操作管理、监管统计分析、溯源信息管理、公众查询服务四大部分。各个区域加盟伙伴协助溯源中心对接海关、检验检疫局等监管单位,完成溯源数据对接。溯源中心提供平台搭建、接口对接、业务培训等全面的服务。

商品溯源平台为消费者提供第三方统一、权威的防伪溯源查询入口,真正做到让消费者放心、信赖,能够最大限度保障消费者合法权益,方便投诉维权。

企业商品粘贴防伪溯源码,防止产品被假冒,防止窜货,提高产品信誉度,保护品牌形象,促进企业品牌营销。

商品溯源平台为政府提供一种精准有效的监管方式,实现对进口商品的全过程监管,方便问题商品的召回管理、统计查询、风险预警,促进进口贸易便利化。

4. 防伪码品类介绍及典型应用

(1)一般贸易进口商品防伪溯源码

保税区进口食品防伪溯源码(方形蓝码)主要应用于进口食品、进口商品,如蜂蜜、纸尿裤、安全座椅等,如图1-2(a)所示。保税区进口食品防伪溯源码(圆形黄码)主要应用于保税区进口食品,如红酒、啤酒等,如图1-2(b)所示。

图 1–2　一般贸易进口商品防伪溯源码

(a) 方形蓝码；(b) 圆形黄码

(2) 跨境贸易防伪溯源码

跨境贸易防伪溯源码适用于跨境购平台的所有跨境商品，打造跨境商品正品保障体系，如图 1–3 所示。

(3) 海外溯源码

海外溯源码适用于跨境电子商务企业通过中国检验认证集团（简称"中检集团"）认证的所有跨境进口商品，防伪溯源码延伸到海外端，真正实现进口商品溯源信息的全程化、透明化，如图 1–4 所示。

(4) 结合码

结合码主要适用于食用油、橄榄油、红酒、纸尿裤等，中英文背标与防伪码结合，减少企业成本，让终端消费者买得放心，如图 1–5 所示。

  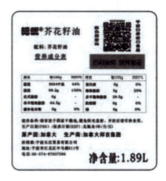

图 1–3　跨境贸易防伪溯源码　　**图 1–4　海外溯源码**　　**图 1–5　结合码**

(5) 一拖六防伪码

一拖六防伪码主要适用于奶粉等。一个物流码和六个防伪码的结合，便于企业出入库管理，有效防止经销商的窜货行为，如图 1-6 所示。

图 1–6　一拖六防伪码

思政园地

从以上内容我们了解到，商品溯源平台能够应对经销商窜货行为。请结合社会主义核心价值观中的"诚信"一条，谈谈诚信价值观在维护市场经济秩序中的重要性。

拓展阅读

京东印尼推出 AR 试妆功能

2020年10月29日消息，京东印尼（JD. ID）推出了AR试妆功能，允许用户在APP试用美妆产品。

通过这一功能，JD. ID的消费者可以虚拟试用口红、眼线笔、眼影、睫毛膏、粉底和腮红等。之后，顾客可以自拍并将效果保存在手机上。

JD. ID与多个美妆品牌合作提供这些AR功能，包括Wardah、Emina、Make Over、Maybelline、欧莱雅等。该平台准备和更多企业进行合作。

"通过AR试妆功能，我们努力简化客户的购物流程，并提供在线购买美容产品的新体验。"JD. ID美容零售负责人Liana Heryono表示。去年Shopee也采用了AR技术，可以虚拟欧莱雅、美宝莲和NYX等美妆产品。

阿里巴巴在2016年"双十一"中首次采用了AR和虚拟现实（VR）技术，一年后推出了虚拟试用美容产品功能，同年推出了虚拟试穿。

除此之外阿里巴巴还实现了更多新技术，包括无人机运输、物流机器人等。京东在疫情期间也使用了无人机和机器人发送订单。

在美国，亚马逊推出了Amazon Go无人商店，用户不用排队拿完就走。

预计AR和VR、社交电商、无人机送货等将是长期趋势。

（摘自AMZ123 DNY123 跨境电商，《京东印尼推出AR试妆功能》）

案例思考：AR试妆技术对于跨境电子商务美妆用品的零售业务发展有何意义？

四、跨境电子商务的分类

1. 批发模式

（1）进口B2B

B2B（Business to Business）是指互联网市场领域中的一种企业对企业的营销关系。进行电子商务交易的供需双方都是商家（或企业、公司），它们使用互联网技术或各种商务网络平台，完成商务交易。进口B2B指的是我国企业作为进口方，与国外企业通过网络或者平台进行的贸易。如1688和好易商采用的就是进口B2B模式。

（2）出口B2B

出口B2B指的是我国企业作为出口方，与国外企业通过网络或者平台进行的贸易。如敦煌网采用的就是出口B2B模式。

2. 零售模式

（1）进口零售模式

进口零售模式主要有传统海淘模式、海外代购、直发平台、自营B2C、导购返利平台等。

（2）出口零售模式

出口零售模式主要有B2C（如亚马逊）和C2C（如速卖通）两种。B2C（Business to Customer）即"企业对个人"，是企业对消费者的电子商务模式。C2C（Consumer to Consumer / Customer to Customer）即"个人对个人"，是指个人对个人的交易形式。

（3）O2O零售模式

O2O（Online to Offline）即在线离线/线上到线下，是指将线下的商务机会与互联网结合，让互联网成为线下交易的平台。

O2O的优势在于，把网上和网下的优势完美结合。通过网络导购机制，把互联网与地面店进行对接，实现互联网落地，让消费者在享受线上优惠价格的同时，又可享受线下贴身的服务。同时，O2O模式还可实现不同商家的联盟。

很多企业会结合以上一种或多种跨境电子商务运营模式，甚至会结合产业链中的制造商和供应商，打造综合模式，比如，环球赢家作为一家跨境电子商务进口企业，米兰网作为一家跨境电子商务出口企业，采用的都是B2B+B2C+O2O模式；大龙网作为一家跨境电子商务出口企业，采用的则是S2B2C模式。

 拓展阅读

环球辣妈港——西北首家O2O跨境母婴电商购物平台

环球辣妈港是西北首家O2O跨境母婴电商购物平台体验店，于2015年在曲江大唐不夜城曼蒂广场二楼正式营业。800平方米的空间、国际范陈列风格、高科技智能硬件给顾客以优雅自在的购物体验。创始人为前《女友》杂志社总编袁倩。环球辣妈港以"有价值、有颜值、有温度"为主旨，以保税店为基础，扩建多家分店，同时发展了多家加盟商。

为做到"以母婴为突破口，未来覆盖辣妈生态链上的一切"，在2016年年初，环球辣妈港打造了一个"线上商城+移动APP+智能门店"的全渠道零售平台，进而率先占领西北母婴O2O的高地。为满足消费者个性化、多元化需求，环球辣妈港借助全渠道O2O模式，开拓更丰富的渠道市场，并结合智能机器人等智能设备以及人脸支付技术获取用户，为顾客打造多元化的购物场景和丰富的跨境商品品类。通过后端跨境版ERP、前端APP以及门店UPOS系统的贯通对接，环球辣妈港根据收集到的用户喜好和消费大数据，快速进行运营决策，并整合线上线下资源，全面满足消费者的购物需求。

（摘自豆丁网《进出口跨境电商新零售案例》）

案例思考：

请作为消费者，谈谈你在生活中体验O2O模式的感受，比如盒马购物、优衣库线上下单线下提货等。

五、跨境电子商务的产生和发展

全球金融危机大背景下，人民币升值和劳动力成本持续上升，我国传统外贸行业遭受重大打击，进口增速明显放缓，很多传统外贸企业尤其是中小外贸企业纷纷倒闭，与此形成鲜明对比的是，跨境电子商务因为具备中间环节少、价格低廉、利润率高等特点，呈现出良好的发展势头。跨境

跨境电商的类别、产生和发展

电子商务成为全球货物与服务的重要流通方式,这种新的贸易形式的兴起是在经济全球化、国际贸易和电子商务发展环境下形成的。跨境电子商务的发展大致经历了以下阶段。

1. 跨境电子商务1.0阶段(1999年至2003年)

此阶段主要采用外贸信息服务模式,由网上进行商品展示、线下完成交易,网络上不涉及交易环节。盈利模式主要是向进行信息展示的企业收取会员费,由此衍生出竞价推广、咨询服务等为供应商提供的信息增值类服务。

这一阶段比较典型的企业是环球资源网、阿里巴巴。环球资源网成立于1970年,是亚洲最早提供贸易市场资讯的网络平台。阿里巴巴成立于1999年,当时以网络信息服务为主、线下会议为辅,是中国最大的外贸信息黄页平台之一。

2. 跨境电子商务2.0阶段(2004年至2012年)

在此阶段,跨境电子商务平台开始将由单纯的网上商品展示向网上完成全流程业务转变,借助电子商务平台,通过服务、资源整合有效打通上下游供应链,通过直接对接中小企业商户实现产业链进一步缩短,提升商品销售利润空间。盈利模式主要是向实现交易的企业商户收取交易佣金,同时通过平台营销推广、支付服务、物流服务等收取增值收益。这一阶段比较典型的企业是敦煌网,敦煌网创立于2004年,是国内首个为中小企业提供B2B网上交易的网站。

3. 跨境电子商务3.0阶段(2013年至2018年)

此阶段正值企业从传统外贸模式向跨境电子商务模式转变,呈现出全产业链在线化的特点,大型工厂、外贸公司、大型外贸服务商也参与到平台交易中,大中额订单比例提升,移动端交易大增。这一阶段跨境电子商务企业蓬勃发展,出现考拉海购、亚马逊、eBay等跨境电子商务平台。

4. 跨境电子商务4.0阶段(2019年至今)

此阶段跨境电子商务进入规范发展道路。随着《中华人民共和国电子商务法》(以下简称《电子商务法》)的发布、各国税收政策的变动,各监管主体和跨境电子商务平台不断加强监管和服务,提升跨境电子商务发展质量。

艾媒咨询发布的《2020上半年中国跨境电子商务行业趋势研究报告》显示,2019年中国跨境电子商务零售进出口总值达到1 862.1亿元人民币,同比增长38.3%;2020上半年中国通过海关跨境电子商务管理平台进出口增长26.2%,如图1-7所示。

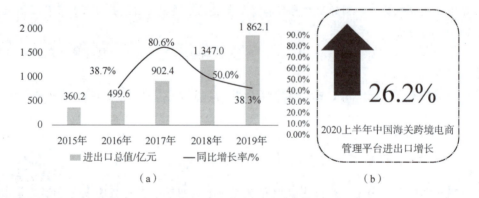

图1-7 2019年及2020年上半年中国跨境电子商务行业概况
(a)2015—2019年中国跨境电商零售进出口总值及同比增长率;
(b)2020上半年中国海关跨境电商管理平台进出口增长

2016—2019年，中国跨境电子商务交易规模增速保持在15%以上，增速较快。到2020年，受新冠肺炎疫情影响，整体跨境电子商务交易在商品端、物流端等方面都受到较大影响，但在国外新型市场崛起、国内政策加持及电商平台的自我建设下，中国跨境电子商务交易规模向好发展。

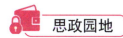

从跨境电子商务的发展过程，我们能看到行业发展与中国社会发展之间存在千丝万缕的联系，跨境电子商务的发展受益于我们国家长期坚持改革开放的基本国策。因此，我们有必要了解改革开放这段时期的历史，从历史中体会改革开放对国家经济贸易发展的重要作用。

1978年中国共产党的十一届三中全会召开，实现了中华人民共和国成立以来，党的历史上具有深远意义的伟大转折，以邓小平为核心的党的第二代中央领导集体在改革开放中成功开创了中国特色社会主义。此后，改革开放不断深化，并最终开创了全面改革开放的局面。

习近平总书记指出："改革开放是我们党在新的时代条件下带领人民进行的新的伟大革命，是当代中国最鲜明的特色，也是我们党最鲜明的旗帜。"

作为社会主义建设者和接班人，作为跨境电子商务行业从业者，深入学习改革开放时期的历史，能够激励我们在具体工作中勇于攻坚克难，在乘风破浪中接续奋斗，逐梦复兴之路。

第二部分　实训任务

任务名称：跨境电子商务认知案例分析。

建议学时：2学时。

任务描述：通过阅读跨境电子商务助力传统外贸转型升级的案例，认知跨境电子商务与传统国际贸易之间的关系。

传统安防企业转型跨境电子商务——深圳网易盛世科技公司

深圳网易盛世科技公司（简称"网易盛世"）原本是安防行业里一家传统外贸公司，2008年金融危机时曾濒临绝境，步履维艰。但在毅然转型跨境电子商务后，公司获得新生，目前在敦煌网安防品类排名靠前，店铺复购率接近30%，电商月销售达到50万美元。

抉择：毅然转型电商

网易盛世电商负责人简述了公司电商发展历程：2006年开始涉足传统外贸，主营报警器、车载摄像头、倒车雷达、GPS定位导航等安防和汽配产品；2008年金融危机时，公司业务下滑严重，看到电商火热，遂涉足淘宝；2010年下半年入驻敦煌网，开启跨境电子商务，1个月后关闭淘宝店铺。

促成公司转型的重要原因是，在国际采购形势转变、经济不景气的情况下，采购商不再像以往一样一次采购几百上千单，而更倾向于小批量高频次采购，而这种采购形式恰恰是跨境电子商务所擅长的。

"金融危机越来越严重的时候，采购商都不愿意把钱压在库存上，而希望资金周转速度更快，效率更高。为了求快，它们甚至不惜花费空运的价格。"该负责人表示。

转型过程,网易盛世遇到最大的问题是上游供应商的不支持。"两年前,我们和供应商谈判时,他们觉得这样的形式很不现实,往往不屑一顾。"该负责人表示。但随着网易盛世采购量的不断加大,这种情况得到了很大的好转。"现在他们经常会向我们打听市场上哪些产品卖得好。能够接触到终端消费者,是我们最大的优势。现在顾客的反馈经由我们传达给厂家,厂家再对产品进行调整。"

从传统外贸转型到跨境电子商务,给网易盛世带来的最大好处是利润率提升,目前其利润率已从5%上升到了近30%。

诀窍:注重服务细节

细节上的服务往往是留住客户的决胜要素。比如,除了个人买家,很多国外电商平台上的卖家也会在网易盛世的店铺中进货,并要求其直接将商品寄给终端消费者。对于这部分客户的订单,网易盛世会挑出来单独处理。

首先,网易盛世会以客户的名义给收件人写一封感谢信夹在包裹中,并附带一份小礼物。其次,网易盛世不会在这部分包裹的内外包装上标注自己公司的任何标志和信息,以避免消费者发现商品并非来自网易盛世的客户。

曾经有一位俄罗斯的工程师在工作之余,在网易盛世的敦煌店铺购买报警器,拿到俄罗斯当地去卖。双方持续合作了一年之后,这位工程师决定改行卖按摩椅。基于此前良好的合作,工程师希望网易盛世能够帮助代其采购相关产品。对于网易盛世来说,这笔交易不仅费时费力,还几乎没有利润。但出于不愿意失去一个老客户,网易盛世还是答应了客户的请求。经过一个多月的时间,网易盛世终于从1688.com、淘宝、eBay、实体店等多种渠道凑齐了客户要的产品,统一打包快递过去,再次获得了客户的好感。去年,IP Camera(网络摄像机)在俄罗斯热卖,这位工程师又开始从网易盛世大量采购产品。目前双方已经合作了三年多的时间。

因为对服务细节的追求,目前网易盛世电商平台上仅占整体25%的老客户提供了70%的营业额。

未来:持续加大电商投入

2012年春节前,网易盛世的电子商务部只有7个人;2013年增长到13个人,而此时公司传统的外贸部门也只有十几个人。未来,公司无论从人员还是资金上,都会持续加大对电商业务的投入。除了入驻第三方平台外,网易盛世还计划针对单一的国家建立垂直B2C网站。

目前,网易盛世来自巴西、俄罗斯、印度等新兴市场的订单越来越多。从销售数据上看,今年以来,来自巴西的订单的月增长幅度达到20%,巴西市场的销售已能占到电商整体销售额的30%。未来,网易盛世将考虑在巴西、俄罗斯等地设置海外分支机构。同时,网易盛世计划将电商业务分拆成独立的公司运作。公司认为:"传统外贸与电商的差别太大,理念完全不同,比如说,做传统业务的时候,是先收到货款再发货,如果产品有问题,也都是老客户,好商量,下次补发好货就行了。而电商渠道大部分是新客户,零售用户对购物体验的要求也更高。所以分开来做,比较好些。"

(摘自亿邦动力网,《传统安防企业转型跨境电商月销50万美元》,2013-09-25)

案例问题:
1. 传统外贸企业在2008年金融危机后遭遇了哪些困境?
2. 为什么说跨境电子商务是传统外贸企业的新出路?
3. 案例中提到了平台、客服、供应商、物流等,如何理解它们和跨境电子商务的关系?

实施步骤：
1. 完成分组，4~6人为一组，选出组长。
2. 每位同学独立阅读案例。
3. 小组成员围绕案例问题展开讨论。
4. 小组选出代表发言。

任务成果：

问题1：

问题2：

问题3：

任务评价：

评分标准	分值	得分
小组合作氛围	30	
问题答案准确	40	
发言主旨明确，条理清晰	30	

第三部分　习题巩固

1. 什么是跨境电子商务？请用自己的话进行描述。

2. 如何理解进口商品溯源平台的出现对跨境电子商务发展的促进作用？

3. 什么是 B2B、B2C、C2C、O2O？

4. 请描述当下跨境电子商务的发展情况，可以从企业、行业、国家等层面进行分析。

任务二　跨境电子商务宏观分析

第一部分　理论知识

跨境电商的宏观分析

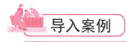

敦煌网中土项目入选新华社"一带一路"成果案例集

2019年4月25日至27日,第二届"一带一路"国际合作高峰论坛在北京举行。敦煌网创始人兼CEO王树彤受邀出席。在本次论坛中,由新华社中国经济信息社、国家发展和改革委员会创新和高技术发展司、国家互联网信息办公室信息化发展局共同推出的《数字点亮丝路之光》中英双语图文集,即"一带一路"成果案例集首次亮相。而敦煌网与土耳其的合作以"中土跨境电子商务合作的探路者"为题入选,成为9个最具代表性的"数字丝绸之路"项目案例之一,也是跨境电子商务领域的唯一代表案例。

《数字点亮丝路之光》图文集聚焦"数字丝绸之路国际合作"这一前沿主题,以生动的案例展现数字经济发展与全球化的必然趋势。在"一带一路"倡议下,以敦煌网为代表的跨境电子商务平台正助力越来越多的中小企业积极融入到全球价值链中。

王树彤表示,自己已经是第二次参会,在感到自豪的同时,又有油然而生的使命感。"赋能中小企业走出国门,打造'网上丝绸之路'一直是我个人的梦想,因此我在2004年创立了敦煌网,让跨境电子商务实现在线交易。今天在现场我感受到我的个人梦想,呼应了国家梦想,并在不断成为全球梦想,这让我非常自豪。"王树彤说,"这既是我们不容错失的发展机遇,同时也是在为推进'一带一路'贡献力量。"

敦煌网中土项目始于2015年。由王树彤发起并促成的中土跨境电子商务合作协议于2015年10月在两国最高领导人见证下签署,这也是中国第一个双边跨境电子商务合作。2016年敦煌网成功开通土耳其语平台,让中国商品更顺畅地进入土耳其,之后又分别在伊斯坦布尔和重庆搭建了基于两国优势商品的数字贸易中心,打通线上线下贸易流程。2018年年底,土耳其卖家成功上线入驻敦煌网,敦煌网由此成为土耳其唯一的B2B电商平台,得到了土耳其商务部的大力支持。土耳其方面将对2019年上线敦煌网的每位土耳其卖家给予一定的资金支持,以此鼓励当地中小企业积极拥抱跨境贸易平台。参加该项政策申报的跨境电子商务平台超过50家,其中包括亚马逊、阿里巴巴国际站、速卖通、Gearbest.com等国际及当地知名的平台,最终敦煌网成为唯一一家获此支持的来自中国的跨境电子商务综合平台。

(摘自搜狐网,一起聊热点的《敦煌网中土项目:入选新华社
"一带一路"成果的跨境电商唯一案例》,2019-04-26)

案例分析:
从敦煌网的案例,你能谈谈跨境电子商务与国家宏观政策的联系吗?

一、跨境电子商务与"一带一路"倡议

2013年9月和10月,中国国家主席习近平在出访中亚和东南亚国家期间,先后提出共建"丝绸之路经济带"和"21世纪海上丝绸之路"的重大倡议,并开始被简称为共建"一带一路"

倡议。2015年3月28日，经国务院授权，国家发展和改革委员会、外交部、商务部联合发布了《推动共建丝绸之路经济带和21世纪海上丝绸之路的愿景与行动》，强调消除贸易壁垒，大力发展电商平台；2017年5月，推进"一带一路"建设领导小组办公室宣布了《共建"一带一路"：理念、实践与中国的贡献》。

"一带一路"倡议是顺应世界多极化、经济全球化、文化多样化、社会信息化潮流的倡议，旨在促进经济要素有序自由流动、资源高效配置和市场深度融合，推动沿线各国实现经济政策协调，开展更大范围、更高水平、更深层次的区域合作，共同打造开放、包容、均衡、普惠的区域经济合作架构。"一带一路"倡议的核心内涵，就是坚持共商、共建、共享原则，促进基础设施建设和互联互通，加强经济政策协调和发展战略对接，促进协调联动发展，实现共同繁荣，共同构建人类命运共同体。

在"一带一路"倡议的背景下，跨境电子商务涵盖营销、支付、物流和金融服务的完整产业链，把投资和贸易有机结合起来，以投资带动贸易发展，积极同沿线国家和地区共同建设自贸区，加强信息互换、监管互认、执法互助的海关合作，降低非关税壁垒，共同提高技术性贸易措施透明度，提高贸易自由化和便利化水平。

"一带一路"主要包括新亚欧陆桥经济带、中蒙俄经济带、中国—南亚—西亚经济带、海上丝绸之路经济带，沿线总人口约44亿人，经济总量约21万亿美元，分别约占全球的63%和29%。从国外需求看，相关国家和我国经济互补性强，各沿线发展呈现较大的差异，洲际铁路运输线建成后，运输时间和成本大降，有利于突破跨境电子商务发展的物流瓶颈。

1. 北线：中国（东三省）—蒙古国—俄罗斯—北欧（波罗的海沿岸）

蒙古国人口约300万人，人口少、电商体量小，网民约占总人口七成，年轻人是网购主要群体，性价比高的日用品是网购的重点商品。蒙古国物流配送体系尚可，其自2011年起实行户户通邮政，乌兰巴托等市内递送服务开始发展，基本能够满足网购配送需求，目前，"中蒙跨境经济合作区"三方已签约。俄罗斯的跨境电子商务发展规模可观、增速很快，我国网店在俄罗斯跨境电子商务中的份额超过2/3，占据主导地位。在北欧，电商在瑞典、芬兰、挪威、丹麦四国稳步增长，速卖通称其在瑞典的在线购物应用中已经排到了第一。

2. 中线：中国—中亚—西亚及中东—中欧—西欧

中亚国家生活所需品严重依赖进口，网购处于萌芽时期，由于信用卡使用限制，网络支付存在很大风险，货到付款是目前主要的支付方式。借助移动互联网和对外开放政策，跨境电子商务必将有重大改变。西亚及中东的跨境电子商务正在爆发，阿联酋是该地区最大的B2C电商市场。物流主要是汽运，支付大多使用货到付款。而以土耳其为首的西亚国家在电子商务方面的发展也值得关注。中欧包括德国、波兰、捷克及瑞士等8个国家，德国是龙头，也是欧洲电商市场增长的强大引擎。

3. 南线：中国—东南亚—南亚—东非—南欧（地中海沿岸）

东南亚是全球B2C电商发展第二快速的市场，印度尼西亚、菲律宾、新加坡、马来西亚等国家的电商发展势头强劲。目前，阿里巴巴、京东等中国电商巨头也进入了东南亚，印度尼西亚电商网站林立，竞争激烈。物流体系相对健全，邮政和快递公司提供到门的递送。南亚，主要是指印度。"金砖国家"中，印度网民数仅次于中国，随着无线网络的接入及智能手机的普及，印度电商市场到2025年可以达到2 220亿美元的规模。非洲目前正处于一个经济高速发展的阶段，智能手机和新一代网络的普及，将驱动非洲移动电商的快速发展。南欧大多数国家为发达国家，对3C、服装、家居及户外用品的需求量较大。而在西班牙，互联网及智能手机普及率达到70%，网络消费者超过 1 500 万人，电商市场的年增长率达 20%。

跨境电子商务成为新时期我国深化国内改革和对外开放的新窗口，通过打造一条"网上丝绸之路"，促进我国与"一带一路"沿线国家的贸易往来和中小企业发展，增进各国企业和人民之间的互信合作和共同发展。而国家层面的协调，通过与相关国家推进跨境电子商务规则、条约的研究和制定工作，包括跨境电子商务通关服务相关的配套管理制度和标准规范、邮件快件通关商检的监管模式、产品质量的安全监管和溯源机制等，健全跨境电子商务国际合作机制，进一步促进跨境电子商务的国际拓展的资质。在各种双边、多边谈判中，也考虑了我国跨境电子商务发展的实际问题，帮助国内企业处理跨境电子商务贸易纠纷。

二、跨境电子商务与进博会

进博会全称是中国国际进口博览会，首届中国国际进口博览会于 2018 年 11 月 5 日到 10 日在上海举行。

中国国际进口博览会由国家领导人亲自谋划、亲自提出、亲自部署、亲自推动，是我国着眼推进新一轮高水平对外开放的一项重大决策，是我国主动向世界开放市场的重大举措。

作为世界上第一个以进口为主题的国家级展会，进博会由商务部和上海市人民政府主办，中国国际进口博览局、国家会展中心（上海）承办，已连续成功举办三届。经过三年发展，进博会让展品变商品、让展商变投资商，交流创意和理念，联通中国和世界，成为国际采购、投资促进、人文交流、开放合作的平台，成为全球共享的国际公共产品。

进博会的举办对跨境电子商务的发展起到了助推作用，具体作用包括以下几点。

1. 进博会促进跨境电子商务行业转型升级和重塑

有研究人员表示，进博会改变了跨境电子商务。更多的商品、更多的品牌、更多的企业和国家通过进博会来拓展庞大的中国市场，为中国跨境电子商务提供了丰富资源和发展动力。众多国际品牌纷纷把中国跨境电子商务企业作为入华首选的贸易伙伴，跨境电子商务已然成为众多国外企业进入中国市场的首选方式。当前，中国跨境电子商务行业进入转折新时期，跨境电子商务面临发展主体、发展模式和发展动力转换的新局面，开始向精细化、品牌化、本土化及多元化发展，更多传统企业、品牌商开始走向舞台的中央。由此可见，进博会在中国跨境电子商务行业转型升级和格局重塑中发挥着重要作用。

也有研究人员认为，进博会释放了一个积极的政策信号，意味着中国在大力鼓励进口，平衡进出口贸易，并支持自由贸易。每年举办相当于每年强化这个信号，这对于包括跨境电子商务人员在内的所有进口从业者来说，都是政策利好。

2. 进博会搭建跨境电子商务展销平台与生态发展体系

相关研究人员指出，跨境电子商务也改变了进博会。传统展会仅仅只是作为信息撮合平台，而进博会为各国参展企业从高峰论坛、便利通关、保税展示展销、金融综合服务提供了一体化的跨境电子商务综合服务。进博会成为全球首个体系完整、功能完备、服务完善的跨境电子商务展销平台与生态发展体系。比如，上海海关推出先期机检和特殊审批措施，以及落实两步申报改革试点，以进一步简化通关手续和加快通关时间；上海各报关公司积极与海关配合，提供便利通关、仓储物流等一站式跨境供应链综合服务；虹桥商务保税中心投入运营，配合进博会探索保税展销、"前店后库"模式；绿地全球商品贸易港与进博会仅一街之隔，搭建常年展示交易平台；中国进出口银行提供 3 000 亿元人民币量身定制的"进博融"专项金融服务方案；中国银行也发布"跨境电子商务综合金融服务方案"，涵盖收付款、结售汇、外汇兑换与风险管理、金融融资与财务管理；与此同时，一系列跨境电子商务国际论坛也在进博会期间举办，多国电商协会、企业共聚一堂，与国内电商企业共同商讨合作新机遇。

3. 海外品牌借力跨境电子商务加速布局国内市场

相关研究人员表示，进博会展现了开放自信的中国，将有利于世界更多国家、企业和个人了解中国，为中国的发展创造了很好的交流互通平台和国际舆论空间。进博会是参会的众多国外品牌进入中国的重要平台，是天猫国际、海囤全球、考拉海购等跨境进口电商加速引进全球品牌的重要渠道，是跨境进口电商们开辟国际新赛道、重新布局中国市场的有利时机。

另有研究人员指出，中国的消费市场因其巨大潜能及被众多海外品牌所关注。天猫国际、考拉海购、京东海囤全球、苏宁海外购等电商平台成为海外平台在中国的分销渠道，助力海外品牌商降低成本，快速接触国内消费者，用实惠的价格赢得市场。跨境电子商务平台可以引领产销的双向认知，更重要的是，还可以帮助进口品牌更好地了解中国消费者。

也有研究人员指出，受进博会影响，一定会有越来越多的国外品牌把目光转向中国市场。考虑到一般贸易进口的资质，国外化妆品、保健品、婴幼儿配方奶粉等品牌一定会优先选择跨境电子商务渠道进入中国，这将极大促进跨境电子商务行业的发展。

4. 进博会促进跨境电子商务满足多元化消费需求

相关研究人员表示，当前消费需求得到持续释放，消费者不再满足于本土品牌，开始逐步看向世界舞台，并且采买进口好货，进口消费走向常态化。进博会为跨境电子商务平台与消费搭建窗口，双双联手，能够惠及世界，满足消费升级下的多元化消费需求。

5. 搭上跨境电子商务，加速快消品及零售行业的转型

相关研究人员观察，进博会已超越或者脱离了单纯的商品交易，国家通过进博会来彰显大国形象。通过展示中国的形象，来扩大中国国际产品的引进，发挥中国国际生长作用。

三、跨境电子商务与"互联网+"

"大众创业、万众创新"与"互联网+"行动计划在全国遍地开花，电子商务已不仅是虚拟经济，更是数字化的实体经济。百花齐放的互联网创业群体，迎来众创、众享、众智的时代。跨境电子商务是"互联网+外贸"的创新形式，为各种创新产品和服务创造了平台，降低了行业门槛，提高了中小企业的进出口能力。国内消费者也能轻松、便捷地获取多样化的世界各地的商品，满足对高质量消费品的诉求。

政府之所以选择跨境电子商务作为外贸转型升级的突破口，主要是出于贸易模式、技术提升及产品特征等方面的综合考量。跨境电子商务的发展有利于优化外贸产业链，帮助传统外贸企业转型升级，帮助创业创新和中小微企业快速进入外贸市场，捕捉市场新变化，打造更多国际品牌。

跨境电子商务实现了小订单与小需求的对接，符合消费模式转换的新特点，满足了多元化需求。中国消费升级和高性价比制造业输出，"互联网+外贸"，使我国对外贸易及进出口相关产业快速创新融合，跨境支付、外贸服务、物流网络等创业机遇成为对外贸易及口岸经济增长的新动力。

第二部分　实训任务

任务名称：跨境电子商务相关网站访问与学习。

建议学时：2学时。

任务描述：访问1. 中国一带一路网。

2. 中国国际进口博览会网站。

3. 全国大学生创业服务网。

进行学习,并总结:

1. 关于中国一带一路网:简述"一带一路"的最新发展动态。

2. 关于中国国际进口博览会网站:结合历史数据,简述以往三届进博会对跨境电子商务的影响。

3. 关于全国大学生创业服务网:简要介绍比赛时间、比赛形式、比赛内容等信息,并查找一个以往获奖的项目,对其进行点评。

实施步骤:

1. 完成分组,4~6人为一组,选出组长。

2. 每位同学独立访问网站学习。

3. 小组成员围绕问题展开讨论。

4. 小组形成汇报PPT,并在课堂上进行汇报。

任务成果:

每个小组完成一个汇报PPT,PPT内容包含以上3个问题,但不限于这3个问题,鼓励同学们充分学习这三个网站的内容,并在PPT中体现学习成果。

任务评价:

评分标准	分值	得分
小组合作氛围	30	
PPT文稿内容情况	20	
PPT文稿形式情况	20	
PPT演讲情况	30	

第三部分　习题巩固

1. 请谈谈"一带一路"倡议给跨境电子商务发展带来了哪些机遇。

2. 请谈谈进博会给跨境电子商务发展带来了哪些机遇。

3. 请谈谈"互联网+"给跨境电子商务发展带来了哪些机遇。

4. 你觉得还有哪些政策促进了跨境电子商务的发展？

任务三 跨境电子商务就业分析

第一部分 理论知识

跨境电子商务
就业分析

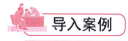

米兰网：成都人的国际品牌梦

2011年4月，著名风投机构红杉资本宣布，已注资1 000万美元给外贸B2C电子商务网站——米兰网。在此之前，国内甚至很少有人听说过这家总部位于成都的跨境电子商务企业。那么，曾经投资过京东商城、唯品会的风投"大咖"为何会选择这家刚成立两年多的西部电商公司呢？

这家成立于2008年的外贸电商，2010年就实现了6 000多万美元的销售，并连续两年保持近600%的增长率。与成立之初就获得天使投资的兰亭集势不同，米兰网仅仅依靠自筹的十几万元和后续充足的现金流，便撬动了这桩3亿多元人民币的跨国生意。从波士顿矩阵来看，这个时候的米兰网不仅是增长迅猛的"明星"企业，而且是利润很高的"现金牛"企业，怪不得如此受到风投青睐。

创始人冯伟出生于1980年，是"80后"创业先锋中开疆辟土的一员。在他看来，米兰网的成功是顺势而为。在经济全球化的背景下，国与国之间的贸易界限逐渐淡化，电子商务作为一个无疆界的销售平台，将拉近买方与卖方的距离。这样的"势"在当时只有28岁的冯伟看来，就是一个创业的好机会。所以，他毅然离开服务多年的政府部门，带领一个三人小团队，在一间不足70平方米的办公室，开始了创业之旅。米兰网刚创立不久，席卷全球的金融危机爆发。这场危机直接影响了中国贸易的订单结构：越来越多的海外买家开始小额高频进行采购，越来越多的海外消费者开始直接通过互联网海淘中国货。幸运的冯伟恰好赶上了这一波，通过一系列网络营销，他的网站很快就获得了国外买家的认可，订单纷至沓来。国际贸易的电商化是趋势，金融危机的爆发是时势，如此看来，米兰网的成功确实是"顺势而为"。

外部的"势"确实重要，但看到这样的趋势并赶上那波时势的人很多，为什么冯伟就脱颖而出了呢？这还得从他的经历说起。毕业后的冯伟直接进入了地方政府部门，从事信息化管理工作，曾主持创建过大型电子政务及信息网络平台。2003年，他开始接触动漫这个行业。两年后，他成立了一家30人左右的小型工厂生产Cosplay服装，兼职做起了动漫服饰的产销生意。因为自己的本职工作一直与网络相关，冯伟从服装厂成立之初就选择了以外贸网站进行在线交易的销售模式，通过雅虎日本向有"动漫霸主"之称的日本销售Cosplay服装。

雅虎日本也可算是一个跨境电子商务平台，在这个平台上，冯伟可以把自家工厂生产的服装直接卖给日本的消费者。那时才2005年，郭去疾刚加入谷歌，王树彤正筹备上线敦煌网，李培亮还在深圳倒腾着淘宝生意，就算是外贸电商第一人陈灵健，也仅仅沉浸在针对欧美市场的eBay平台上。然而，刚刚毕业三年的冯伟却看到了通向日本消费者的这个跨境电子商务平台。虽然这只是他的副业，冯伟却把这门生意的年销售额做到了百万元级别。从2002年刚参加工作到2008年辞职，冯伟通过雅虎日本积累了外贸电商经验，通过政府部门信息化管理工作积累了网络平台创建经验，更重要的是通过自己的这家Cosplay服装工厂，他发现了适合做跨境电子商务的服饰类产品。所以，冯伟不仅看到了外部的"势"，而且"内功"深厚。这样，米兰网的成功也就成了必然。

拿到风投后，冯伟对米兰网有了更高的期望。对内，他希望米兰网能够传播优质的中国品牌，并帮助其成长为真正的国际知名品牌；对外，他希望米兰网是一个聚集了很多中国知名品牌的外贸服装网上商城，海外消费者可以找到自己满意的中国服装。这就是冯伟提出的创新性跨国在线零售B2B2C模式：前端B2C，米兰网直接把中国的（品牌）产品销售给海外消费者；后端B2B，米兰网与中国的中小企业合作，形成国内供应链系统。2011年4月，米兰网全新改版上线，增加了"品牌专区"，里面展示着凡客诚品、梦芭莎、奥康等国内知名品牌。米兰网怀揣着这个伟大的品牌梦，开始了新的征程。

然而，创业之路从来就不可能一直顺风顺水。2011年4月，独立第三方机构Digital Due Diligence对关键词搜索排名进行调查发现，成立不到三年的米兰网居然占据"evening gown" "wedding dresses"等关键词搜索排名的第一位，力压Macy's、Saks、David's Bridal、Dillards和Gap等全球最大的几个零售品牌。此事在美国著名科技博客Techcrunch曝光后，Google便介入调查。2011年7月，米兰网因涉嫌通过购买垃圾链接操纵排名受到Google严厉惩罚，品牌词被卡，网站流量受到极大影响。此后，米兰网每年投入巨额的营销费用，通过购买谷歌关键词广告来获取流量。

2012年，为了应对来自中国的假冒伪劣婚纱礼服产品，美国新娘与毕业舞会行业协会ABPIA成立，其主要任务就是利用法律手段打击销售这些产品的中国外贸电商网站。同年，美国最大的婚纱连锁店David's Bridal起诉了包括米兰网在内的上百家电商网站，原因是这些网站涉嫌抄袭或盗用其婚纱设计作品等。2012年4月6日，米兰网域名milanoo.com的注册人被更新为David's Bridal。虽然没有得到确切消息的证实，但外界普遍认为米兰网的域名可能是因David's Bridal的起诉而被强制转移。这对于米兰网来说无疑是致命的打击。传闻后来在红杉资本尽心费力的帮助下，米兰网才得以继续正常运转。时至今日，我们通过Whois查询milanoo.com发现，该域名注册人名称为"Registration Private"，注册人主体为"Domains By Proxy, LLC"，而非最开始的"Wei Feng"和"MILANOO (HK) Co., LIMITED"。因此，起诉事件之后，米兰网也许仅拥有milanoo.com的使用权，而非所有权。

根据米兰网公布的数据，2011年其销售额增长300%以上，2013年增长了80%。对于2012年的增长数据，米兰网讳莫如深。可见，起诉事件很可能使米兰网大伤元气。

不管怎么样，米兰网还是熬过来了。经过这次危机，冯伟更清醒地认识到，要想帮助更多的中国品牌走出去，首先必须把米兰网打造成国际品牌。2013年，冯伟从产品质量、原创设计和客户服务等方面对米兰网进行了品牌升级：成立专门的品控部门严格把关产品质量，通过新的设计部门发展原创设计和定制化产品，推行"微笑服务"提高客服标准。

2014年3月，米兰网全线改版，整体版面设计更加简洁，更具"欧美范"；2014年6月，米兰网在法国巴黎开设了第一家O2O体验门店，进一步把品牌形象延伸到线下。

专注于时尚服饰，米兰网线上线下结合，欲通过国际化的品牌形象来输出中国时尚。这个成都人，为了一个品牌梦，再次启程。这一次，他希望米兰网浴火重生。

（摘自李鹏博主编《揭秘跨境电商》，电子工业出版社，2015年6月）

案例思考：
1. 简述米兰网的发展过程。
2. 在冯伟创业之初，他具备哪些创业条件？
3. 结合冯伟的创业经历，谈谈创业需要哪些品质。

一、跨境电子商务人才就业情况

中国人民大学中国就业研究所与智联招聘联合推出中国就业市场景气指数（CIER），反映我国就业市场的整体走势及景气程度。通过其发布的《中国就业市场景气报告》可知，2020年第三季度（Q3），互联网/电子商务行业在大学生就业景气较高的行业中排名第五，环比2020年第二季度有所上升，如表1-1所示。这说明了电子商务行业对人才的需求较为旺盛。

表 1-1 2020 年第三季度（Q3）大学生就业景气排行

2020Q3 排名	大学生就业景气较高的十个行业	CIER 指数			2020Q3 排名	大学生就业景气较低的十个行业	CIER 指数		
		2020Q3	2020Q2	数值变化			2020Q3	2020Q2	数值变化
1	中介服务	11.80	8.19	↑	1	航空/航天研究与制造	0.22	0.12	↑
2	教育/培训/院校	6.23	4.97	↑	2	旅游/度假	0.30	0.27	↑
3	保险	3.20	2.19	↑	3	办公用品及设备	0.30	0.24	↑
4	房地产/建筑/建材/工程	3.12	2.42	↑	4	礼品/玩具/工艺美术/收藏品/奢侈品	0.32	0.31	↑
5	互联网/电子商务	2.87	2.14	↑	5	印刷/包装/造纸	0.44	0.30	↑
6	银行	2.65	1.31	↑	6	交通/运输	0.44	0.28	↑
7	专业服务/咨询（财会/法律/人力资源等）	2.16	1.40	↑	7	汽车/摩托车	0.50	0.38	↑
8	娱乐/体育/休闲	2.15	2.43	↓	8	网络游戏	0.50	0.25	↑
9	通信/电信/网络设备	2.00	1.56	↑	9	环保	0.51	0.40	↑
10	电子技术/半导体/集成成路	1.96	1.56	↑	10	物业管理/商业中心	0.52	0.45	↑

本书编写组对 35 家跨境电子商务相关企业展开需求调研，选用的方法为问卷调查法和访谈法。调研共发放问卷 60 份，回收问卷 58 份，有效问卷 58 份。问卷发放情况如图 1-8 所示。

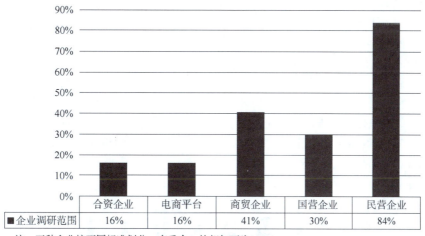

注：五种企业按不同标准划分，有重合，故相加不为100%。

图 1-8 企业问卷发放情况

问卷调查的内容主要涉及跨境电子商务企业对各类人才的需求现状、规模及对应的职业能力等。以下是对调研结果的具体分析。

1. 跨境电子商务人才属于紧缺人才

跨境电子商务是一个新兴行业，业内现有的人才存量很少，而且跨境电子商务属于具有一定门槛的行业，人才增量在短时间内难以形成规模。对外经济贸易大学国际商务学院教授、博士生导师王健2015年的《跨境电子商务人才分析报告》显示,86%的企业存在跨境电子商务人才缺口,有的企业虽然招到人,但是这些人才无法满足企业的需求。跨境电子商务复合型人才缺乏已经成为业内常态。跨境电子商务人才需求现状如图1-9所示。

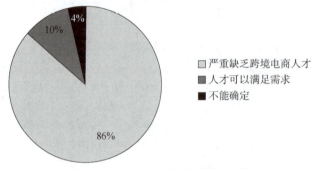

图1-9 跨境电子商务人才需求现状

2. 营销类岗位需求巨大

在关于人才岗位需求的调研中,我们共设计了商务管理类岗位、营销类岗位和技术类岗位三种类型。调研结果显示,目前对跨境电子商务人才需求最为迫切的是营销类岗位(包括销售、推广、客服等),占58%;其次是商务管理类岗位(包括采购、物流、平台操作等),占31%;技术类岗位(包括APP开发、运维等),占11%。访谈中,企业表示,其需要的人才是复合型的,除了营销和商务管理之外,还能会技术,能够和公司的技术人员进行良好沟通。跨境电子商务企业岗位需求分析如图1-10所示。

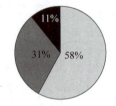

图1-10 跨境电子商务企业岗位需求分析

3. 对综合素质能力的要求提升

调研结果显示,英语仍是我国电商卖家与外商沟通的主要语言。从事跨境电子商务业务的人才,除了语言的要求外,还要能了解国外的市场、交易方式、消费习惯、各大平台的交易规则和交易特征等。企业比较看重的人才能力,按照从高到低的顺序是:工作态度(100%)、团队合作能力(98%)、跨文化交际能力(90%)、计算机操作能力(90%)、创新能力(86%)、英语语言沟通能力(80%)、中文表达能力(75%)、专业实践能力(65%)、专业理论水平(21%),具体如图1-11所示。

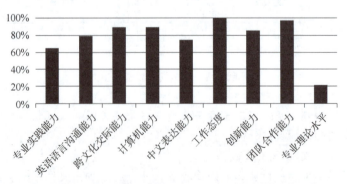

图1-11 跨境电子商务企业对人才能力要求

4. 目前毕业生存在的主要问题

跨境电子商务属于交叉性学科，既有国际贸易的特点，也有电子商务的特点。随着跨境电子商务行业的不断发展，跨境电子商务企业销售的产品品类和销售市场更加多元化，企业对国际贸易人才的要求也不断提高。

调研结果表明，跨境企业普遍认为大部分应届毕业生存在如下问题：解决问题的能力不强（81%），专业知识不扎实（53%），知识面窄（51.3%），视野不够宽（49.7%），时间管理能力弱（45%），如图1-12所示。

企业普遍认为，学生的专业知识和技能可以通过日后在企业岗位培训时进一步强化和提高。因此，企业需要的是学生具备可迁移的通用职业能力（软技能）。学生走向社会后会面临很多新问题和困境，当问题和困难来临时，学会面对和解决，这是一个职业人非常重要的素养。

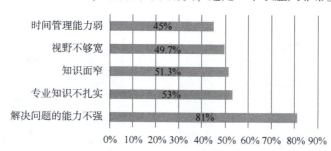

图1-12 跨境电子商务企业对应届毕业生问题的看法

二、上海市跨境电子商务人才需求情况

本书编写组针对上海20家代表企业开展调研，调研方法包括案头调研法、重点单位访谈法、小组座谈会、邮寄调查等。得出如下结论。

1. 上海跨境电子商务人才就业前景喜人

随着中国（上海）自由贸易区试验区和中国上海跨境电子商务综合实验区的建立，进出口贸易市场规模的不断扩大，区域物流和国际贸易的深入，"一带一路"的发展，中国上海进口博览会的举办，跨境电子商务持续扩张，上海跨境电子商务人才的就业前景喜人。

调查显示，目前跨境电子商务市场容量不断扩大，身处其中的卖家业务规模也水涨船高，市场亟待人才持续供应，催生大量的人才需求。超过94%的受访企业表示未来有扩大公司规模、继续招聘人才的计划，说明卖家普遍对行业前景保持乐观。中长期影响已经逐渐凸显，未来上海跨境电子商务人才的就业机会将持续增加。

同时，熟悉电商平台的跨境电子商务外贸人才薪资水平更高。以上海亚马逊招聘运营人员为例，2020年月平均工资为8 060元，比一般的外贸专员月薪6 170元高出23.33%。

2. 上海跨境电子商务人才缺口很大

随着电子商务规模的不断扩大，更多的企业加入电商队伍，以跨境电子商务为代表的新型商业模式在外贸发展中表现抢眼。围绕着电商产业链条上的支付、物流、人才、营销、金融、网络模特、产业园区等产业都随着电子商务行业的发展而加速转型。跨境电子商务异军突起，正成为驱动我国外贸发展的新增长点，然而，与跨境电子商务高速增长形成鲜明对比的是，上海乃至全国跨境电子商务人才严重缺乏，严重制约了跨境电子商务企业的发展，跨境电子商务专门人才培养已经迫在眉睫。

中国电子商务研究中心调研报告显示，当前中国跨境领域对应的人才缺口约450万，2020年这一缺口正以30%以上的增长率在增加。上海跨境电子商务交易额位于全国前列，对跨境电子商务人才的需求量呈快速上升趋势是毋庸置疑的。

人才需求结构呈多样化趋势，除了传统的电商运营、推广销售、技术等人才缺口外，供应链管理、产品策划及规划等人才缺口也开始凸显。

3. 复合型跨境电子商务人才受企业青睐

单一的国际商务专业人才或电子商务专业人才已经无法满足转型外贸企业对"通才"的需求，兼具国际贸易和电子商务特征，同时掌握几项技能的复合型人才成为外贸及电商企业的"香饽饽"。

在"互联网+"时代，不同规模企业对复合型人才的需求明显大于对专业型人才的需求，如图1-13所示。中国电子商务研究中心的研究报告表明，当前电子商务领域急需电商运营、美工、推广销售、供应链管理等方面的人才。

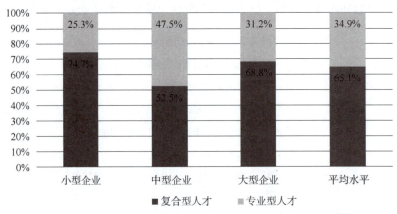

图1-13　不同规模企业对复合型人才的需求情况

同时，在跨境电子商务大背景下，跨境电子商务人才岗位职业能力要求主要集中在进出口实务操作能力、专业英语沟通能力、跨境电子商务平台运营能力、网络营销能力、物流与供应链管理能力等方面，与传统外贸业务下的人才需求存在明显不同，如表1-2所示。

表1-2　传统外贸业务人才跨境电子商务人才的能力需求对比

岗位名称	传统外贸业务下		跨境电子商务背景下	
	岗位职责	任职要求	岗位职责	任职要求
外贸业务人才	1. 熟悉产品，开发新客户； 2. 询价报价，跟进订单生产过程并解决各种问题； 3. 安排报检、报关、订舱、出货； 4. 编制各类单据； 5. 参加专业展会	1. 国际贸易、商务英语等相关专业； 2. 熟练的英语书面及口头表达能力、较强市场开拓能力和谈判技巧，能熟练使用常用办公软件	1. 负责eBay、亚马逊、速卖通等跨境电子商务平台操作； 2. 了解电商平台运营环境、交易规则和推广方式，负责电商平台产品销售，客户开发； 3. 负责电商平台日常订单的处理、跟进； 4. 负责商品运营平台数据收集分析	1. 国际贸易、商务英语、电子商务等相关专业； 2. 熟悉互联网操作，熟练使用网络交流工具和各种办公软件、图片处理软件； 3. 能够熟练运用英语与国外客户沟通

三、跨境电子商务需求人才特征

《中国跨境电子商务人才标准》表明，通用类、商务类、跨境类人才的具体需求有四个明显的特点。

1. 熟悉外贸规则及平台运营

调研显示，跨境类人才中跨境营销与服务类人才占比为78%，此类人才的较大缺口体现出跨境电子商务人才需要熟知外贸规则，对海关、海外仓储物流等跨境贸易需要具备丰富的经验，且具备国际交易平台运营能力。

2. 外语能力要求高

跨境贸易销售衍生的一系列经营过程中，由于贸易对象的不断拓展和加深，对外语口语及阅读、书写能力的要求持续上升。

3. 计算机技术强

计算机技术人才在通用类人才占比达47.5%，该类人才满足跨境电子商务最新的互动式网络开发应用，使计算机技术人才也成为跨境电子商务行业里的紧缺人才。

4. 重视实际操作能力

调研显示，跨境电子商务人才中，大专及以下占比72%，本科及以上占比28%，跨境电子商务行业总体上倾向于专科人才。实操性的需求还体现在对通用类人才需求占比达63%，这类人才也是所有紧缺人才中缺口相对较大的一类。

2020年4月2日，电商智库网经社、电子商务研究中心与赢动教育共同发布了《2019年度中国电子商务人才状况调查报告》，报告陈述了当前电商企业急需人才情况。被调查企业中，47%的企业急需新媒体、内容创作、社群方向人才，44%的企业急需淘宝天猫等传统运营人才，35%的企业急需主播（助理）、"网红"、"达人"方向人才，32%的企业急需客服、地推、网销等方向人才，30%的企业急需专业数据分析与应用人才。由此看出，新媒体、内容创作、社群方向的人才需求已经成为电商企业的第一需求。同时，主播（助理）、"网红"、"达人"方向人才需求增长迅速，达到了35%。值得关注的是，很多电商企业逐步认识到数据的重要性，专业数据分析与应用人才的需求量越来越大。

 思政园地

创新是引领发展的第一动力，是建设现代化经济体系的重要支撑。创业是促进经济增长、社会进步的原始动力之一。在"大众创业、万众创新"的时代背景下，身处大学校园的你，对毕业后就业还是创业有自己的思考吗？

第二部分　实训任务

实训任务一

任务名称：跨境电子商务岗位认知。

建议学时：2学时。

任务描述：在51job、应届生招聘网等招聘平台搜索跨境电子商务相关岗位，选择5个热门岗位，分析岗位职责和岗位条件，与自身现状进行对照，谈谈在校阶段如何规划自己的学习，使自己能够在毕业时胜任该岗位。

实施步骤：

1. 每位同学独立搜索网站。
2. 提炼岗位名称、岗位职责和岗位条件，填表。
3. 对照自身现状，制订学习规划。
4. 教师随机邀请同学发言。

任务成果：

来源渠道	岗位名称	岗位职责	岗位条件	学习规划

任务评价：

评分标准	分值	得分
岗位职责和岗位条件描述准确完整	30	
能结合自身实际进行学习规划	40	
发言主旨明确，条理清晰	30	

实训任务二

任务名称： 跨境电子商务创业案例分析。
建议学时： 2学时。
任务描述： 通过阅读跨境电子商务创业的案例，培养创新创业意识。

 案例

从无到有，瑞安跨境电子商务园成就"80后""90后"的创新创业梦

飞云江畔，瑞安动车站北面，一块"跨境电子商务园"的牌子十分醒目。这幢楼不高，约6层，但承载的使命很"高大上"——为周边1 000多家胶鞋、箱包等时尚轻工类企业提供品牌出海一站式服务。

跨境电子商务服务是"从0到1"。这个"1"，正是黄邦颖多年想做而没有做成的事情，"品牌出海"的这一步始终没迈出去。因此，在过去两个月里，他暂时搁下300多名工人、年销售额超5 000万元的五金工具厂，来这幢楼里的"麒麟阁"，做起了一名跨境电子商务培训班的学员。

黄邦颖很清楚，新冠肺炎疫情的洗牌是一种马太效应，强者越强，弱者越弱。实现自家企业品牌出海的航海梦，是他来到这幢电商楼的最大动力。

每个工作日上午9点，黄邦颖都会准时来到这幢电商楼里打卡上课。这意味着企业里的日班，上不了了。

他所在的温州国新五金工具有限公司，是创办于20世纪90年代的家族企业，主营的各类锤子，90%出口美国，而生产锤子的核桃木手柄，主要从美国进口。

"就算疫情期间，我们从美国进口核桃木的货柜，每个月都在海上漂着两三个。"他说，工厂的复工复产没有大的问题，但自己对外贸有了新的想法。

之前，自家五金厂外销做的是传统的B2B，一般是代加工，顶多做到原始设计制造商。锤子起订量是1 200支。现在，想做B2C，走出"工厂经营自有品牌"这一步。

"麒麟阁"的到来，正好迎合了黄邦颖设想的这一步。他想先在亚马逊平台开家企业店铺，摸清门道再做海外自建站，让锤子从一批一批卖，变成一个一个卖。

一个一个锤子卖，对黄邦颖来说，能第一时间与产品使用者接触，收到最直观的消费者体验，对改良产品有很大好处。对企业而言，从批发转向零售，省去中间商环节，利润率能从

10%~20%提高到30%~50%，有利于把控品牌、提高销售额。

为了走出这一步，黄邦颖学习跨境电子商务平台规则、选品测款、线上推广，以及海外支付、推广、物流等，还要提交作业给培训班的老师们检查。

他的企业在瑞安西部的陶山，家住瑞安市区，相距20多千米。培训班又在两者中间。与父辈创业"白天当老板，晚上睡地板"不同，黄邦颖用白班时间学习，晚班回厂里打理，变成了"白天上学堂，晚上睡工厂"。

对于学习成果，黄邦颖用"非常期待"来形容。"已经进入备货阶段，对不久后的测款很有信心。"

他最新的一条朋友圈就是电商楼里办的首届瑞安产业带跨境电商云展会，国新的这一步，终于迈了出去！

与"80后"的黄邦颖处于学习阶段不同，1994年出生的徐定亨，已经在电商行业摸爬滚打了两年多时间。

他与两个高中同学合伙，创办了瑞安执一网络科技有限公司（简称"执一"），既当老板又当员工，总部就在这幢电商楼里。执一，取自老子《道德经》里的"圣人执一，以为天下牧"。

有句话说，二十几岁的"90后"接受世界，二十几岁的非典型"90后"接手世界。徐定亨看起来就有些"非典型"。2012年从瑞安中学首届中美班毕业，进入美国埃默里大学求学4年。毕业后，凭兴趣在杭州做过宠物交易，2018年进入国内电商领域，通过给机构供货推广、"网红"直播带货，箱包、胶鞋等销售总流水近1亿元。

在创出"一晚上直播销售六七百万元""一天为一家鞋企解决6万双库存鞋销路"的同时，他认为国内市场"同质品杀价""库存压力大"，2019年年底开始掘金跨境电子商务。

做跨境，他走的也不是寻常路。国内一个电商大数据库监测数据显示，2019年中国跨境电子商务B2B交易占比达80.5%，B2C交易占比19.5%。徐定亨起步就选择了B2C，相当于成为一家"美国本土的企业"。

疫情，又让他的"非典型"有了发挥的空间。

得知海外线上平台有产品卖断货，执一随即代理国内鞋盒、运动器材等产品，"出海"售价是国内售价的十几倍。

2020年3月26日，执一的海外口罩自建站buythemask.com上线，当天收到的订单就有1 000多美元。

另一个海外自建站montbelt.com，销售产自温州龙港的皮带，出厂价二三十元人民币的产品，空运到国外消费者手里，价格是二三十美元。

算上在Wish这些平台上开设的店铺，执一在2019年年底接触跨境电子商务后，销售额已超500万人民币。

徐定亨说，执一做跨境不做主流平台。设海外自建站，能自己掌控规则和定价权。没有比价就没有杀价。

可以说，执一把"小、快、灵"的打法发挥到了极致。落户电商楼，背靠温州各地强大的供应链，让公司发展如鱼得水。已举办十届的瑞中中美班有广泛散布海外的同学，能第一时间提供海外市场信息。

徐定亨认为，设海外自建站、选品拿货，对执一来说都不是问题，核心是解决海外推广问题。他已经着手在海外设立分公司。他的设想是把国内电商的这套模式移植过去，这也是执一下一步的努力方向。

在这个跨境电子商务园里，国新与执一并非个例。而在瑞安侨贸小镇，跨境电子商务园也只是众多项目里的一个。

从2017年开始，三年时间里，瑞安侨贸小镇完成投资额跨越30亿元大关，营业收入翻两番达到158.5亿元，税收收入"三倍增"达4.86亿元，几乎实现了侨商经济"从无到有"、跨境贸易从小到大、数字赋能从弱到强的跨越。

值得关注的是，在新冠肺炎疫情期间，通过云峰会、云对接、云孵化、云直播，2020年1至4月，小镇外贸出口逆势增长，出口总额达15.66亿元，同比增长6.18亿元，入驻市场采购企业出口额1.74亿美元，拉动全市出口21个百分点。

这再次印证了一句话：温州人精神，一见雨露就发芽，一见阳光就灿烂。只要滋养空气、厚植土壤，温州人"敢为人先，特别能创业创新"的精神就有用武之地。

跨境电子商务园的模式，放眼温州，并非不可复制。改革开放40多年，温州各地的块状产业展现了强大的生命力，形成了完整的供应链。遍布海内外的温州人，又是温州制造"走出去"不可多得的财富。这些都是温州"几十年磨一剑"的积累。这些厚植的优势需要在抢抓重要窗口期的机遇中变成发展的胜势。从2019年的市场贸易方式采购试点，到2020年获批综合保税区、跨境电子商务综试区、自贸区联动创新区"三大国家级开放平台"等，无不为本地中小微企业掘金全球市场、构建国内国际双循环相互促进提供了更多可能。

国新与执一的"出海记"正生动诠释：在危机中育新机，于变局中开新局。借助产业的基础、平台的优势、温州人的优势，相信还会有不少温企翻开发展新篇。

(转自《温州日报》，《从无到有 瑞安跨境电商园成就"80后""90后"的创新创业梦》，2020-06-15)

案例思考：
1. 如何理解温州人"敢为人先，特别能创业创新"的精神？
2. 如何理解二十几岁的"90后"接受世界，二十几岁的非典型"90后"接手世界？
3. 为什么黄邦颖要从B2B业务转向B2C业务？

实施步骤：
1. 完成分组，4~6人为一组，选出组长。
2. 每位同学独立阅读案例。
3. 小组成员围绕案例问题展开讨论。
4. 小组选出代表发言。

任务成果：

问题1：

问题2：

问题3：

任务评价：

评分标准	分值	得分
小组合作氛围	30	
问题答案准确	40	
发言主旨明确，条理清晰	30	

第三部分　习题巩固

1. 结合跨境电子商务企业对人才能力要求的柱状图（图1-11），谈谈你的看法。

2. 从前面我们了解了企业提出的应届毕业生存在的主要问题，请结合自身实际，谈谈你是否也存在这些问题，若有请提出解决对策。

3. 从前面我们了解了跨境电子商务需求人才具有的特征，请为自己制订一份学习规划，安排学习内容和进度，让自己毕业时能符合这些特征。

4. 在跨境电子商务背景下，相较于传统外贸背景，外贸人员的岗位内容发生了什么变化？

项目测评

测评指标		测评得分	未掌握情况记录
知识	跨境电子商务的概念		
	跨境电子商务的特点		
	跨境电子商务的分类		
	跨境电子商务的交易流程		
	跨境电子商务的产生		
	跨境电子商务的发展历程		
	跨境电子商务的人才需求		
技能	能够依据要求对相关案例进行分析解读		
	能够区别不同的跨境电子商务模式		
	能够进行跨境电子商务的宏观分析		
	能够将自身就业与行业发展联系起来		
素养	创新创业意识		
	诚信价值观		
	职业道德		
	合作意识		
	开放精神		
自评人：		教师：	

测评表使用须知：通过本项目学习，请对自己的学习效果进行测评。测评得分区间为 0～10 分，0 分为完全未掌握，10 分为完全掌握，数字越大，掌握程度越深，测评者依据自身实际情况进行评分。在未满 10 分的情况下，都可以在最右一列陈述未掌握的具体情况，并据此向老师或同学提问。

模块二

跨境电子商务业务模块

项目二
跨境电子商务平台概述

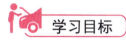 学习目标

知识目标

了解跨境电子商务平台的概念和类别
了解跨境电子商务平台的作用
了解主流跨境电子商务出口平台
了解主流跨境电子商务进口平台
了解跨境电子商务服务平台

能力目标

会分析不同跨境电子商务平台的特点
会根据场景选择合适的跨境电子商务平台

素养目标

遵守平台规则,具备规范意识
具备创新精神和创业能力
培养看待问题的辩证思维能力

任务一　跨境电子商务出口平台认知

第一部分　理论知识

跨境电商
出口平台

杭州"老底子"品牌借力亚马逊走向国际

万事利集团有限公司（简称"万事利"）创办于 1975 年，经过 40 多年的不懈努力，已经发展成一家以丝绸纺织、文化创意为主业，以生物科技、资产经营、金融管理等为辅的多产业现代企业集团。秉承"让世界爱上中国丝绸"的企业使命，万事利也正在尝试借助跨境电子商务这一新经济方式，加快品牌国际化的步伐，为杭州传统丝绸企业转型升级探索实施路径。集团着手对企业研发、生产、营销等各环节进行梳理、整合，并进行适应性调整，在企业内部建立起了上百个小团队电综试区经典案例。目前，万事利主要通过阿里巴巴国际站和亚马逊开展跨境电子商务 B2B 和 B2C 业务，销售围巾、丝绸面料和家纺等产品，针对不同站点的不同账号，他们建立起了不同的团队，每个团队 2~3 个人，负责运营、询盘、接单等事宜，并正在探索借助互联网各种便利化和智能技术实现"一对五十"，甚至是"一对一百"，让线上对接更有效率。万事利入驻跨境电子商务平台经营，更在意通过跨境电子商务这个方式，面向未来市场。做跨境电子商务不能再走以前传统外贸"打价格战"的老路，而是通过获得这个渠道去实现品牌"出海"，形成属于自己的品牌实力。

（摘自武长虹、刘伟主编《跨境电子商务综试区经典案例》，浙江大学出版社，2019 年 7 月）

案例思考：

万事利在新形势下通过何种途径和平台为塑造品牌提供了一个有效、快速的方法？请谈谈你对跨境电子商务平台的认知。

跨境电子商务活动主要通过跨境电子商务平台形成订单、进行支付结算，从而完成交易，平台的合理选择可以促使商家的交易活动更为有力。跨境电子商务平台主要分为进口平台、出口平台和服务平台，本任务介绍主要的出口平台，后面两个任务将对进口平台和服务平台进行介绍。

目前主流的出口跨境电子商务平台是亚马逊、速卖通、Wish、eBay 等。这四大平台在全球拥有非常高的知名度，受到全球消费者的喜爱，也是目前在中国较受欢迎和卖家基数较大的平台。

一、亚马逊（Amazon）

1. 平台简介

亚马逊（Amazon）作为美国最大的网络电子商务公司，总部位于华盛顿州的西雅图，是网络上最早开始经营电子商务的公司之一。美国人口数量约 3.33 亿人（截至 2021 年 2 月），为世界人口第三大国，拥有很大的市场容量以及发展潜力。亚马逊平台市场容量较大的两个站点为北美和欧洲。

（1）北美站

北美站主要消费区囊括了近5亿人口，Prime会员占比高。该电商市场潜力巨大，稳居美国、加拿大和墨西哥电商网站首位，具备创新型服务与工具，提供全业务流程解决方案，能够提升中国卖家运营效率。该站特点是一键开通三大站点，通过北美联合账户开启美国、加拿大和墨西哥三国销售。如果注册的是北美联合账户，只需要支付美国站的月服务金39.99美元。亚马逊的销售佣金，适用于所有卖家，不同品类商品的销售佣金百分比和最低按件佣金都有不同的规定。针对大部分品类，销售佣金基本固定为15%。亚马逊物流（Fulfillment by Amazon，FBA）具有竞争力的价格和运输能力，能助卖家降低成本，同时享有众多优势。FBA配送费用，根据产品尺寸及重量的不同，划分为阶梯式收费标准，用户可在官方网站自行查询。

（2）欧洲站

欧洲站覆盖英国及欧盟多国3.4亿人的线上购物用户，能够快速帮助用户拓展欧洲成熟市场。商家可以通过一个销售账户，面向英国、法国、德国、意大利、西班牙、荷兰、瑞典、波兰八个站点、多元化的亚马逊物流解决方案更便捷，有利于拓展欧洲多国商机，尤其可以利用欧洲丰富节假日和多样促销工具，挖掘更多生意机会。

欧洲站的月服务费收费如下：25英镑（英国站）；39欧元（法国站、德国站、西班牙站、意大利站、荷兰站、瑞典站）。为了庆祝波兰站点的成立，亚马逊还启动了为期12个月的佣金减免促销活动。如果开启亚马逊两个或者以上站点的账户（美国、欧洲、日本、澳洲、印度、中东、新加坡），可享受多个站点月租费总额39.99美元的福利。

欧洲站的销售佣金适用于所有卖家，不同品类商品的销售佣金百分比和按件最低佣金都有不同的规定，针对大部分品类收费标准基本为15%。亚马逊物流的基础费用由仓储费和配送费组成。卖家按照实际使用情况进行付费，即支付入库商品所占仓储空间的仓储费，以及亚马逊配送订单的配送费，还有更多优惠项目，帮助入驻卖家节省物流成本。

2. 入驻流程

亚马逊平台主要通过以下两种渠道入驻，一是自助注册渠道，二是招商经理渠道。

（1）自助注册渠道

自助注册渠道主要是通过亚马逊全球开店官方网站，直接提交申请，等待亚马逊审核资料，审核后会给用户邮箱发送相应的注册链接。用户在注册账户前，务必了解相关资料准备，以便顺利完成账户注册。若资料不完整，将无法注册成功。需提供的资料如下。

1）公司营业执照彩色扫描件。

2）法定代表人身份证彩色扫描件。

3）付款信用卡，可进行国际付款的信用卡（VISA或者MasterCard，首选VISA）。

4）联系方式需要提供的信息有电子邮箱、电话号码、地址等。

5）收款账户。常用的收款账户有P卡、连连、万里汇及亚马逊官方收款渠道等。

（2）招商经理渠道

招商经理渠道主要是通过招商经理提前审核用户提交的资料，及时发送注册链接到用户的邮箱后完成注册。注册完成之后，用户会享受招商经理一年的扶持期，包括注册过程中遇到的问题及后期运营遇到的问题等。还提供其他的一些额外福利，诸如协助用户申报秒杀活动、设计主图视频及360°产品图展示等优质服务。

3. 目标市场

亚马逊平台主要面向的目标市场为欧美等发达国家，这些国家近些年的热销类目如下。

1）消费电子品，包括无线设备、电子产品、个人电脑PC以及数码产品。美国、日本、德国、英国为全球前几大的消费电子市场，占比为50%。据第三方预测，美国站消费类电子产品是旺季排名第一的品类，可占到亚马逊美国整体销售额的26.2%。而且随着居家办公需求增加、宅家时间增加，消费电子产品成为海外当红品类。

2）居家生活用品，是海外消费者最喜爱购买的中国出口商品之一。家居和生活用品、宠物用品、运动和户外用品、汽配产品均为美国消费者最爱在亚马逊购买的居家生活用品。

3）时尚品类，海外消费者多数偏好在亚马逊购买时尚品类，有研究报告称，预计到2024年，全球时尚品类电商收入将达9 916亿美元。

4）个护健康及美容美妆，这是拥有巨大潜力的出口电商蓝海品类。2020年，食品杂货在美国零售电商销售增长率领跑其他品类，达58.5%。预计2025年，母婴用品在美国的市场利润将达111亿美元。

4. 平台规则

为了进一步优化买家购物体验，产品合规化运营为亚马逊大趋势，产品专利授权等问题逐步合规。针对刷单等行为，亚马逊会随时发送警告；针对欧盟产品，拥有CE标志的商品需要提供欧盟负责人信息。亚马逊欧洲增值税自2021年7月开始由亚马逊代扣代缴，合规化运营。

亚马逊入驻界面如图2-1所示。

图2-1 亚马逊入驻界面

二、速卖通（AliExpress）

1. 平台简介

速卖通于2010年4月正式上线，是阿里巴巴旗下面向全球市场打造的在线交易平台，被广大卖家称为"国际版淘宝"，已经日趋成熟。速卖通面向海外买家，通过支付宝国际账户进行担保交易，并使用国际快递发货，是全球第三大英文在线购物网站，是中国最大出口B2C电商平台。平台支持世界18种语言，海外成交买家数量已突破1.5亿人，商品备受海外消费者欢迎。

速卖通自2020年对新入驻的卖家由平台缴纳年费改为提供保证金，并取消年费激励返还机制。每个用户卖家都需要支付平台一定的费用，其中包含保证金、交易佣金等。各类目的佣金收费标准是不同的，大部分类目的佣金是 8%，部分类目为成交总金额的 5%。例如：你的订单买家支付的总金额为 40 美元，类目佣金费率为 8%，那么平台收取的佣金为 3.2（40×8%）美元，也就是说卖家实际收到的费用是 36.8 美元。同时，速卖通也会根据行业发展动态等情况不定期对类目佣金比率进行调整。速卖通除了收取佣金外，还会收取诸如店铺保证金、营销推广费用、其他费用（例如店铺管理、平台处罚等）。

速卖通物流模式由国际小包、国际 EMS、国际专线、国际快递等形式构成，也可以选择线上发货或者线下发货。绝大部分的卖家通常选择自发货，为了提升物流时效和物流成本，对于一些优质的卖家爆款和动销款产品，可以针对性地选择海外仓发货，一般选择西班牙仓、美国仓和俄罗斯仓。

2. 入驻流程

速卖通入驻需要资料有企业营业执照、企业支付宝、商标资质等。

速卖通入驻流程如下。

（1）开通账号

使用企业或个体工商户身份进行卖家账号注册，做好企业认证，提交入驻资料，个别类目须根据类目资质标准提供类目资质，审核通过方可经营。若要经营商标，则须提供商标资料，等待平台审核通过。

（2）缴纳保证金

卖家应有指定缴纳保证金的支付宝账号，并保证其有足够的余额。平台将在卖家的入驻申请通过后通过支付宝冻结相关金额，如果支付宝内金额不足，权限将无法开通。保证金按店铺入驻的类目（经营大类）收取。如果店铺入驻多个类目（经营大类），则保证金为多个类目（经营大类）中的最高金额，不进行叠加。

（3）完善店铺信息

进入卖家后台—店铺—店铺资产管理设置店铺名称和二级域名，二级域名应符合《速卖通店铺二级域名申请及使用规范》，若用户要申请官方店，可以同步设置品牌官方直达及品牌内容介绍。

3. 目标市场

速卖通覆盖全球两百多个国家和地区，主要交易市场为俄罗斯、美国、西班牙、巴西、法国等，覆盖 3C、服装、家居、饰品等 30 个行业类目，其中优势行业主要有服装服饰、手机通信、鞋包、美容健康、珠宝手表、消费电子、电脑网络、家居、汽车摩托车配件、灯具等。

4. 平台规则

速卖通在商标侵权、著作权侵权、专利侵权上有严格要求，保护所有卖家的知识产权，限制卖家销售任何未经授权的产品，严惩任何侵犯了第三方知识产权的卖家，如商标侵权三次违规者关闭其账号。速卖通对于违禁品相关的规则和政策尤为重视，平台会根据速卖通的禁限售规则进行处罚。禁止销售以下产品：①毒品、易制毒化学品和毒品工具；②危险化学品；③枪支弹药；④管制器具；⑤军警用品；⑥药品；⑦非法用途的产品；⑧烟草。速卖通禁止卖方通过发布和提供任何伪造服务或物流信息来获得任何不正当的利润。禁止在以前的账户因违规而关闭后，重新注册卖方账户。禁止从其他方面获得不正当的利润。禁止虚假销售和商店信贷。速卖通入驻界面如图 2-2 所示。

图2-2 速卖通入驻界面

三、Wish

1. 平台简介

Wish 于 2011 年成立于硅谷，是一种基于移动端运行的跨境电子商务平台。Wish 的流量均来自移动端，由于顺应了移动互联网的全球快速普及，Wish 的发展非常迅速，尤其在欧洲和美国的覆盖面较广。Wish 采用精准化大规模获取数据，并快速了解如何为每个客户提供最相关的商品，让消费者在移动端便捷购物的同时享受购物的乐趣，曾被评为硅谷最佳创新平台和欧美最受欢迎的购物类 APP。Wish 的优势是能够运用数据策略、技术手段来寻找、匹配、推送产品，能够帮助用户匹配到感兴趣、心仪的产品，轻松获取精准受众，这一优势使用户黏性加强 50%。不同用户因为需求、习惯不同，看到的产品不同，买家能够迅速找到自己想要的产品，商家也能更快地售出自己的产品。Wish 结合大数据和人工智能算法，让用户体验个性化、方便快捷的全球购物体验。

Wish 卖家在平台上上传任何商品都是免费的，只有在交易成功后才需要向平台按交易额（包括运费）支付 15% 的佣金。另外，在采用 PayPal 收款的情况下，每笔款项还要支付一定的费用，所以卖家实际收到的款项会略少。

Wish 平台常用的几种物流发货方式为平邮或挂号、E 邮宝（EUB）、邮政 EMS、专线物流、商业快递，如 DHL、FedEx、UPS、顺丰快递等。

2. 入驻流程

入驻 Wish 的平台卖家或贸易商可以是京东/天猫/淘宝等国内主流平台卖家、跨境第三方平台卖家、跨境独立站卖家，可以是能提供优质产品且实力较大的工厂，也可以是线下知名品牌。需要注意的是：

1) 一个实体只能注册一个店铺，严禁重复注册，多开的店铺会被关闭。
2) 传的营业执照等资料的彩色照片，照片要求清晰完整，无后期处理。
3) 上传法人代表手持身份证原件，需要以办公场所为拍摄背景，须上传原件（不能是复印件、扫描件），不能 PS，文件控制在 2MB 以内，拍照对焦身份证，确保身份证任何信息在放大的情况是清晰明了的。
4) 注册需要完成后台的所有项，并且确保点击开通店铺，后台显示待审核状态。

3. 目标市场

Wish 有 90% 的卖家来自中国，也是北美和欧洲最大的移动电商平台。产品类目众多，具有

3C 数码、母婴、家居、美妆等全品类。

4. 平台规则

Wish 卖家用户只能售卖版权归自己所有或者被授权的产品，售卖的商品信息必须是符合 Wish 要求的产品资料，比如图片、价格、文案等。产品展示必须清楚、详细，描述和图片必须准确地展现商品。物流配送必须具有快速可靠。订单须在 1~5 天内发货，并且使用可信任的物流公司进行配送，而且需要提供有效的物流单号。卖家需要为用户提供自主服务，如商户自己需要履行订单并及时回复用户问题。

一些产品在 Wish 上是不允许售卖的，如果出现违规，相关产品将被移除，并且商户的销售权将被暂停或终止。以下类型禁止出售：虚拟数字产品、仿品、礼品卡、未授权的商品（品牌权归属他人）、酒精类产品、烟草及其他烟类产品、打火机、药品、活体动物、枪支或者武器。Wish 入驻界面如图 2-3 所示。

图 2-3　Wish 入驻界面

四、eBay

1. 平台介绍

eBay 成立于 1995 年，中文名又称电子湾、亿贝、易贝，是一个可让全球民众上网买卖物品的线上拍卖及购物网站。eBay 排名仅次于亚马逊。eBay 在全球覆盖 190 多个国家和地区，有近 3 亿用户，支持全球 23 种语言，拥有 37 个独立的站点及门户网站，其中最大的四个站点为美国站、英国站、澳大利亚站、德国站。

（1）美国站

美国站是 eBay 最成熟且流量最大的站点，拥有最多的活跃买家和商品类目，同时竞争也最激烈。电子、服饰品类都属于美国站点的热门品类。因此，美国站通常为初次接触 eBay 平台卖家的首选站点。

（2）英国站

英国站是大多数卖家进驻欧洲市场时的首选站点，每周英国在线消费支出高达 11 亿英镑，对于所有年龄层，网络购物使用率高达 90%。服饰和体育用品属于英国站点的大热门品类。但卖家需要注意的是，在英国站点销售物品所在地为英国境内的产品必须按时缴纳和申报合规 VAT（增值税）。

（3）澳大利亚站

澳大利亚是目前全球第十大电商市场，而在众多电商平台中，eBay 可谓是澳大利亚的龙头老大。时尚类在澳大利亚市场份额中占比较大。但澳大利亚地广人稀，部分地区物流费用偏高，卖家在选品时需要考虑这一因素。

（4）德国站

德国的人口和消费在欧盟排名中远超过英国，近年来，德国市场在 eBay 平台上增速较快，被誉为欧洲"新蓝海"。德语是卖家打通德国市场的一大难点，eBay 已推出 AI 智能翻译帮助卖家解决这一大难题。

在中国，eBay 致力于推动跨境电子商务零售出口产业的发展，为中国卖家开辟直接面向海外的销售渠道。为了更好地协助中国卖家在 eBay 平台上进行销售，eBay 设立 eBay.cn 网。eBay 以 B2C 垂直销售模式为主，主要针对个人客户或小型企业，类似淘宝 C 店。eBay 热销品类有园艺品类、数码产品、时尚品类等。

2. 入驻流程

（1）eBay 平台费用构成如下。

1）费用 = 刊登费 + 成交费（每个国家收取的费用是不同的）。

2）月租费：价格依据店铺级别来，每月从 15.95 美元到 290.05 美元。

（2）eBay 平台主要通过以下两种渠道入驻，一是自注册渠道，二是招商经理渠道。

1）自注册：通过 eBay 官方网站，直接提交申请，等待 eBay 审核资料，完成注册。需要注意的是，自注册较为有难度，会出现刚注册就被永久冻结这样的状况。

2）招商经理渠道：联系 eBay 官方渠道，填写企业信息，等待招商团队联系，需要联系账户经理提前备案，需提供营业执照、地址证明、VISA 双币信用卡和实际运营仓库照片，根据招商经理引导去完成注册。

3. 目标市场

eBay 平台有点类似于国内的淘宝，消费群体基本上是以学生和年轻人为主。目前，eBay 上越来越多的卖家依赖目的国海外仓库来销售产品。由于海外仓的市场份额远高于直邮，从中国发往欧美的直邮比例逐渐降低。目前，eBay 在以汽车零部件、极客改装和工具工作台为代表的一些类别上是远远优于其他平台的。

eBay 是一个以销售消费品知名的电商平台，鞋服及配饰、家居园艺、eBay Motors、收藏品以及健康与美容品类占据榜单的主导地位。在 eBay 的畅销榜中，家居和园艺相关产品最受欢迎，销售这些产品无疑会给卖家带来更多的好处。据了解，在家居类产品中，床单是最畅销的产品之一，其他热门产品包括 LED 灯带、户外燃气发电机、吸尘器等。

4. 平台规则

eBay 虽然对订单发货时间没有较为具体的限制，但是卖家需要尽快发货的，否则容易收到买家投诉。如果不能及时发货，最好在详情中标明大致的发货时间。建议在买家下单后就马上安排发货。

eBay 对订单物流跟踪码的上传也是有一定要求的。卖家上传物流跟踪码之后，eBay 会先进行验证，看看卖家是否真实发货；反之不会通过验证。通过之后，买家才可以跟踪自己的产品运输流程。

eBay 不允许一个卖家有多个 eBay 账户，如果两个店铺销售的产品高度相似，这样也会被平台认为同时拥有两个账号。建议在上传产品之前，要看看同款产品，避免标题和描述过于相似，导致违规。

eBay 同样不允许卖家通过刷单、返现等操作，去提升产品的销量和好评。一经发现，轻则予以警告，重则暂停账号的销售权。

eBay 入驻界面如图 2-4 所示。

图 2-4　eBay 入驻界面

五、其他主要平台

跨境电子商务除了亚马逊、速卖通、Wish、eBay 这几个主要平台外,以下平台也具有一定的规模。

1. 敦煌网

敦煌网(DHgate.com)创建于 2004 年,是国内领先的专业跨境电子商务平台,也是全球领先的在线外贸交易平台,致力于帮助中国中小企业通过互联网将中国制造的商品卖往世界各地,供应商遍布全中国。敦煌网的最大特点是拥有完善的在线交易环境和配套的供应链服务,它把跨境电子商务的各环节整合在自身服务体系中,将买卖双方从繁杂的交易过程中解放出来,从而使跨境电子商务交易简单化,大大降低了交易成本。敦煌网也提供特有的拼单砍价服务,会把同一时间发往同一个地方的许多货物信息搜集起来一并发送,帮助互不相识的客户把货物集中在一个集装箱里运输,从而达到降低运输成本的目的。敦煌网实行免费注册,采用佣金制,买卖双方交易成功后才需要收取 7%~15% 的费用,它的优势项目是手机和电子商品。目前,敦煌网拥有 120 多万家中国供应商、3 000 多万种商品,1 000 万买家遍布全球 220 多个国家和地区。敦煌网入驻条件包括:

1)个人卖家需要提供手持身份证正反面照片。
2)需提供合法真实有效的企业营业执照。
3)需提供法人身份证正反面照片。
4)如有商标或者授权产品,则需商标注册证以及授权书。
5)部分准入类目需要提供相关准入资质。
6)新卖家需要缴纳平台使用费,有 299 元/季度、598 元/半年、999 元/年三种选择。

敦煌网入驻界面如图 2-5 所示。

2. Shopee

Shopee(虾皮)是目前东南亚最大的电商平台,总部设在新加坡。Shopee 的起步就是 C2C,在急速发展后逐渐在融入 B 端,平台类似 Wish,主要目标渠道是移动端。Shopee 卖家可以在 Shopee 的 7 个不同站点(中国台湾、马来西亚、印度尼西亚、泰国、菲律宾、新加坡、越南)进行销售。Shopee 以高效物流、安全快捷收款、管理平台强大、本地客服优质、选品推荐等优点得到广大用户的青睐。Shopee 开店是不需要交保证金的,新手开店前 3 个月减免交易佣金,佣金

图 2-5　敦煌网入驻界面

为交易金额的 3%。Shopee 的热门类目主要有女装类、鞋包配饰类、家居用品类、母婴类（其中更多是服饰）。卖家建议优先开通马来西亚站点，因为马来西亚对于产品的包容性较高，且偏向于欧美风格。Shopee 的卖家界面是非常人性化的中文界面，使卖家操作的时候更加方便和得心应手。Shopee 平台入驻条件包括：

1）需要有公司营业执照。
2）卖家销售的产品需要符合国家出口政策，同时符合目标国家的进口要求。
3）产品 SKU（库存量单位）数量要求：SKU 数量不低于 200。
4）店铺的订单流水或者资金流水截图，需要提供近 3 个月的总体数据截图。
5）需提供 ERP 系统或者店铺后台系统的产品数量截图。

Shopee 入驻界面如图 2-6 所示。

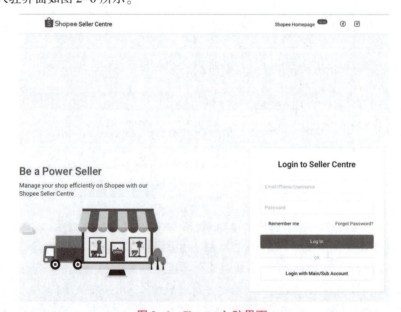

图 2-6　Shopee 入驻界面

 **拓展阅读**

没有规矩，不成方圆。为了更好地保障广大用户的合法权益，也为了文明交易、维护经营秩序，任何跨境平台制定规则势在必行。我们要通过学习规则、了解规则，做到不违反规则，做到遵守平台规则、合法经营，做到清楚了解平台注册规则。

速卖通注册规则

规则一：在注册速卖通账户时，所使用的邮箱、速卖通店铺名都必须符合国家法律法规，不能涉嫌侵犯他人权利或干扰全球速卖通运营秩序等。

规则二：不得利用虚假信息在速卖通注册海外买家账户，否则速卖通有权关闭买家会员账户；对于卖家，速卖通亦有权根据违规行为进行处罚。

规则三：未通过身份认证或者连续一年未登录速卖通或账户，速卖通有权终止和收回。

规则四：当账户因严重违规被关闭后，不得再重新注册账户；如被发现重新注册了账户，速卖通将关闭该会员账户。

规则五：注册速卖通账户时所使用的注册邮箱必须是注册人本人的邮箱。

规则六：若卖家已通过认证（支付宝实名认证、身份证认证），不论其速卖通账户状态开通与否，不得以个人的身份信息来取消绑定。

规则七：一个通过个人实名认证的会员仅能拥有一个可出售商品的速卖通账户，一个通过企业认证的会员仅能拥有6个可出售商品（速卖通账户所指为主账户）。

规则八：当速卖通账户通过了"个人实名认证"或"企业认证"后，不得以任何方式转让出租或出借会员账户，由此产生的一切后果均由会员自行承担，并且速卖通有权关闭该速卖通账户。

规则九：中国供应商付费会员如果在阿里巴巴平台中因严重违规被关闭账户，则其在速卖通平台的相关服务或产品也将同时被停止使用。

规则十：全球速卖通的会员ID是系统自动分配的，不能修改。

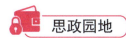 **思政园地**

以上为速卖通的注册规则，其他平台也都有其注册规则，如果你是一名在校生，想要创业，计划选择一个平台进行账号注册，你会遵守这些规则吗？为什么？

第二部分　实训任务

任务名称：跨境电子商务平台选择分析。

建议学时：2学时。

任务描述：通过学习主流平台及主要特征，归纳比较速卖通、亚马逊、eBay、Wish、Shopee五大电商平台的特点，如表2-1所示，并为以下企业提供两个备选平台，并说明你的理由。

一家江西南昌的外贸企业，成立于 2011 年，专注出口纯天然竹制家具，对接有稳定的工厂供货、保质保量，主要销往欧美等发达国家和地区。随着跨境电子商务创业浪潮的来临，该企业想通过入驻跨境电子商务平台将产品直接销往境外的商家和消费者。

表 2-1　主要跨境平台特点介绍

平台名称	成立时间	服务市场	平台特点
eBay	1995	美国、欧洲	开店的门槛低，手续较多； 平台规则多偏向买家，商家质量要过关； 免费开店，上架需收费，审核周期长； 选品是关键； 操作简单，投入小
亚马逊	1995	全球	拥有较为强大的物流 流量大，成本低，利润高，货源较为充足； 注册无须押金，支持全球开店； 商品审核速度快
速卖通	2010	俄罗斯、巴西、以色列	门槛较高，需要卖家大量资金进行站外引流； 平台流量较倾向于金牌买家； 收取保证金、佣金、年费、手续费等各项费用； 平台价格竞争激烈
Wish	2011	美国	商品物美价廉，在美国有较高人气； 偏向客户，卖家在退货过程中较为吃亏； 商品审核期时间较长，平台佣金高； 物流方面较为薄弱
Shopee	2015	东南亚国家	用户数量庞大； 零成本开店； 订单量大，利润偏低

实施步骤：
1. 完成分组，4~6 人为一组，选出组长。
2. 小组成员围绕实训任务展开讨论。
3. 小组选出代表进行陈述。

任务评价：

评分标准	分值	得分
选择理由充分到位	30	
小组内讨论热烈积极	40	
发言主旨明确，条理清晰	30	

第三部分　习题巩固

1. 跨境电子商务出口平台有哪些？请列举 5 个，并简介。

2. 请简要介绍速卖通平台的入驻流程。

3. 请简要介绍亚马逊平台的规则。

4. 请简要介绍亚马逊平台和 Wish 平台的目标市场。

任务二 跨境电子商务进口平台认知

第一部分 理论知识

跨境电商
进口平台

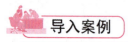

揭秘天猫国际诞生过程

前年的"双十一"我和团队组织天猫上的国际品牌做了一个国际分会场,连加入天猫好几年的优衣库也参加了,并全店 5 折,效果非常好。事后有同事找我说,要是不仅能买到海外快时尚和高端大牌,也能买到奶粉、纸尿裤、进口小吃就更好了。我突然意识到这个需求是有市场的。购物已经成为出国旅游的必备节目,而周围让香港同事帮忙代购的需求越来越多,身边也很多朋友控诉海淘的体验太差。不仅要懂外语,要有海外信用卡,还要自己找转运公司搞物流订单,有时等个半年都没有音讯。我立刻和几个小伙伴分析后拿出了一个进口方案。决定要给消费者提供接近国内购物的语言、支付、购物的体验,这个方案涉及的交易底层改造和跨境支付的开发需要动用不少跨部门甚至跨公司的资源。逍遥子听完方案汇报后,一反平常,居然很快批准我们去做,仿佛他等这个模式已经很久了。

第一批商家是和支付宝团队联合招募的,那些热门的海淘目标网站听说在这个模式下他们不需要到中国注册公司、开办公室、建仓库,就能和中国消费者做生意,都很兴奋。这使得那些从未进入中国市场的海外品牌或遇到困难的海外商家,终于可以以更加高效的方式试水中国市场。日本的 KENKO 和 NISSEN 等是最早一批进来试水的商家,这些亚太的商家沟通起来还算顺畅,通过几个月的共同努力,终于把店铺、商品、运营、支付和物流等关键环节都打通摸熟了。

在这个过程中,我们还要跟政府的各个部门包括海关等积极沟通。沟通中我们发现,他们对这块也比较头疼,也希望能摸索出一条新形势下行之有效的路径。我们利用阿里大数据把支付宝消费者的实名信息、天猫国际的订单交易信息和菜鸟的物流信息三单合一和海关电子口岸对接,商检等部门也能从这个系统中获取全量信息。这一下子改变了局面。2012 年 12 月 19 日,海关总署在郑州召开跨境贸易电子商务服务试点工作启动部署会,上海、重庆、杭州、宁波、郑州这 5 个试点城市成为承建单位,标志着跨境贸易电子商务服务试点工作的全面启动。

天猫国际加快了试运行的探索,在 2014 年 2 月正式上线。之后与郑州、宁波、杭州、广州、上海签约,和各个试点城市一起探索保税模式。而后,国家在几个跨境试点城市保税区的单量绝大多数是天猫国际上的商品。之前商家要自己解决跨境物流问题,收到订单后单个包裹发出,效率低、成本高,对于消费者时效不确定。天猫国际希望重点打造保税模式,让商家提前把商品用集装箱海运的低成本模式备放在海关的保税区中,等相应的营销活动上线后产生订单,保税区仓内分单清关配送,基本在 5 个工作日内送达全国。

看到同行业的商家在天猫国际上的成功,不少商家在线申请加入。而就在一年前,我的进口团队在美国参加 IRCE 展会,还很少有人知道淘宝、天猫。而今天,近百个世界顶级的零售商和各国本地特色品牌都在排队申请开通天猫国际店铺。美洲、欧洲、亚太的商家见面会从"双十一"后一直安排到了 2015 年 3 月。

天猫国际这个高效、便捷、阳光的模式，因为无中间的贸易商、进出口商，让商家直接面对消费者，成本大大节约。而在保税模式下，大宗货物的集装箱海运又相比单个包裹的运输降低了 90% 的物流成本。

在阿里巴巴的生态圈中，天猫国际这个新人一来就享受到了同等的资源和待遇，我们的商家可以做广告，可以用淘客，可以上聚划算等所有淘宝系的活动。在这个生态圈里，所有的资源都不是被计划经济分配的，而是市场经济的高效匹配。

跨境电子商务领域的全球竞争已经开始。而中国拥有世界上最大的电子商务市场，这对于一直在寻找转型方向的中国制造，对于想要全球化国际化的本土企业，对于渴望价廉物美的中国商品的全球消费者，都是一种希望。

（摘自新浪微博，文/逸方）

案例思考

从案例中，我们看到天猫国际的出现和成长过程。除了天猫国际，你还可以从哪些国内平台购买到海外商品？

目前主流的进口跨境电子商务平台是京东国际、天猫国际、唯品国际、聚美急速免税店等。

一、京东国际

1. 平台介绍

京东于 2015 年 4 月正式宣布上线全球购，主营跨境进口商品业务。此后，京东合并前身京东的"海囤全球"与"京东全球购"，更名为"京东国际"。作为国内首个全面专注于大进口业务的消费平台，京东国际为消费者带来更加优质和丰富的进口商品购物体验，从而打造可信赖的进口商品一站式消费平台。进入平台销售的商品超过 15 万种，品牌数量超过 1 200 个，商铺超过 450 家，覆盖时尚、母婴、营养保健、个护美妆、3C、家居、进口食品、汽车用品等产品品类，来自美国、加拿大、韩国、日本、澳大利亚、新西兰、法国、德国等 70 多个国家和地区。

京东国际是属于 B2C 的跨境电子商务企业。京东国际与海外商家的合作包括自营模式和平台模式两种。自营模式是指京东自主采购，由保税区内服务企业提供支持服务；平台模式是指通过跨境电子商务模式，海外品牌商家直接签约入驻。全球售海外华人业务于 2017 年上线，利用 JD.com 积累多年的交易、支付、物流、营销、技术等商业基础设施，将京东的整个生态模式扩展到海外市场，面向全球华人输出海量优质商品。京东和泰国 CENTRAL GROUP 强强联手，于 2018 年共同打造的 JD CENTRAL 开创了全新的电子商务生态系统，为泰国消费者带来全新的线上购物体验。京东印尼从 2015 年起正式运营，截至 2020 年 6 月平台已经拥有 3 000 多万注册用户，商品涵盖 19 个一级品类、127 个子品类，包括 3C/家电/时尚/家居用品等。

京东国际的物流系统主要是自建物流体系，通过保税区出货，然后京东的自有物流进行发货。京东国际的支付系统包括自建支付系统和第三方支付系统。京东自有的支付系统即京东支付（打白条），第三方支付如微信等。

2. 入驻流程

（1）入驻准备

入驻商家应为合法登记的企业用户，并且能够提供京东入驻要求的所有相关文件，不接受个体工商户。

准备资质材料，资质要求详见《京东国际开放平台招商标准及商家入驻规范》，资料加盖开店公司公章（鲜章），需授权至 www.joybuy.com；如申请材料缺少，会退回重新提交。商家用户应事先准备齐全资料，尽可能一次性通过审核。

（2）入驻申请

在进入入驻流程前，前往注册京东海外站个人用户账号，用于入驻关联，进入个人邮箱，完成注册，进入商家入驻页面，点击"我要入驻"，进入入驻流程。

确认入驻协议、查看入驻须知；录入开店联系人的信息，便于在入驻过程中遇到任何问题，可以得到帮助；填写公司信息，包含营业执照和经营信息等。资质复印件均须盖章。

填写店铺信息，包含店铺类型、经营类目和品牌。提交公司和类目品牌相关资质；填写商家用户希望使用的店铺名称。

个人注册品牌须上传品牌注册人给店铺注册公司的授权书、注册人身份证正反面复印件盖章，及公司给京东的授权书盖章。

其他公司注册的品牌须上传品牌注册公司给公司的授权及公司给京东的授权。给京东的授权需使用统一模板，授权书均须盖章。

自有品牌：店铺注册的公司注册的品牌，须上传公司给京东的授权。授权须使用京东统一模板。

确认在线服务协议，提交入驻申请。

3. 平台规则

京东海外商城商家系统对同一 SKU 商品只能维护一个保质期，如同 SKU 商品存在多个保质期，无论何种原因，商家均应按照保质期最短的时限录入系统。

商家不得出售国家法律法规禁止销售，或根据京东管理要求禁止销售的商品。禁售商品名录详见《京东开放平台禁发商品及信息名录对应违规处理》。

京东国际网站界面如图 2-7 所示。

图 2-7　京东国际网站界面

二、天猫国际

1. 平台介绍

天猫国际于2014年2月正式上线,作为阿里集团旗下独立运营的子公司,天猫国际为国内消费者直供海外原装进口商品。天猫国际是海外商家在淘宝天猫上开店的平台,主要聚焦在海外华人的市场。入驻天猫国际的商家都具有海外零售资质;销售的商品均原产于或销售于海外,通过国际物流经中国海关正规入关。天猫国际进口方面商品主要源于欧美、日本、韩国、澳大利亚、新西兰等发达国家,商品主要有奢侈品、珠宝、服饰、美妆、母婴、数码、保健品等品类。

天猫国际目前采取的是M2C模式,M2C是生产厂家直接对消费者提供自己生产的产品或服务的一种商业模式,特点是减少流通环节,降低销售成本,保障售后服务质量。天猫国际通过引入海外品牌商、职业商家和渠道商等入驻天猫国际平台,使消费者可以更加便捷地购买到海外优质商品。

天猫国际保证72小时内发货,保证7天内让商品送达顾客。通过直接从国内保税仓发货,减少商品在国际物流上花费的时间,让顾客能够更快收到商品,有一个方便快捷的体验。发货时,顾客需要提供身份证号及名字,以便商品通关检查。商品均从保税仓直接发货。对于消费者来说,整个过程有物流追踪,让他们能够有效掌控流程。

如果商品有任何问题,天猫国际也要求商家在国内设置退换点,让消费者售后有保障,买得更放心;对于商家来说,他们缴纳每单不到十元的服务费,就能加入"环球闪购"平台,享受保税仓货物的分拣、保税区内的配送、入境通关等服务。保税仓发货代替了原先的国际直邮,邮费大大降低,从而降低商品售价,让消费者更容易接受,也让商家的供货能力更稳定。

2. 入驻条件

目前海外品牌商进驻天猫国际主要分以下三种模式:一是品牌直接入驻天猫国际平台,可以让客户放心便捷地购买到真正与官网同质同价的商品;二是TP(Third Partner)模式,即电子商务代运营或电子商务外包模式;三是国际地区馆,国家和地区通过国际地区馆进入中国市场是天猫国际的一大创新。天猫国际通过与各个入驻商家深入合作,确保独家资源。

海外卖家可以通过天猫国际全球招商网站,更好地了解天猫国际业务。天猫国际英文网站详细介绍了天猫国际的业务范畴,以及为打算进入中国市场的海外商家提供的各类解决方案。其中,相关指引包括如何在天猫国际开设旗舰店,以及使用海外仓直邮(TOF,Tmall Overseas Fulfillment)等直接进口渠道。对于需要通过互联网了解中国市场的品牌以及在中国市场的品牌认知度较低的海外品牌,可以考虑入驻天猫国际海外仓直购;而对中国市场已经有一定程度的认知,并愿意投入更多的海外品牌,可考虑开设B2B模式的天猫国际官方直营店,或者是B2C的天猫国际旗舰店。

品牌商申请加入天猫国际时,需要填写品牌类型,例如是品牌商、品牌经销商、天猫合作伙伴、淘宝合作伙伴还是其他;还需提供品牌名称、品牌原产地、公司注册地址等信息。目前,天猫国际招商的品类包含3C、化妆品、时尚品、健康、家居、儿童用品、个护、宠物用品等。

3. 平台规则

天猫国际对于商家发货行为有一套严格的规范,严格审查商家发货信息,并严厉打击利用系统物流功能中存在的漏洞违规造假的现象，即从发货信息入手，意图从海外货源端开始把控货品真实性，从源头上控制假货的流入，规定"天猫国际商家销售的海外商品均为优质海外采购商品，消费者下单后，商品从中国大陆以外的地区或国家通过国际无路方式发出或从中国保税区发出，且有物流公司提供的从商家发货地到消费者目的地之间完整物流状态信息"。

随着天猫国际业务的发展，天猫国际于 2020 年 12 月 25 日重新修订了《天猫国际服务条款规则》中关于"违规处理"的相关规则。

天猫国际网站界面如图 2-8 所示。

图 2-8　天猫国际网站界面

三、唯品国际

1. 平台介绍

唯品国际是唯品会旗下的跨境电子商务平台，凭借其"精选品牌＋深度折扣＋限时抢购"的正品特卖模式，被卖家形象地誉为"线上奥特莱斯"。美护、孕婴童用品、营养保健、孕婴童食品和女装是最受欢迎的跨境商品类型。其中，日本纸尿裤和欧美奶源地奶粉最受欢迎。其中，最受消费者欢迎的跨境品牌榜单括 Swisse、Blackmores（澳佳宝）、Heinz（亨氏）、Equilibra、Ocean Spray、资生堂、高丝、爱茉莉等品牌。

唯品国际发挥多年积累的买手经验，并结合美国硅谷海外研发中心的大数据挖掘能力，精选出全球各地最新、最热、最优性价比的尖货，智能研判全球购物趋势，第一时间为中国消费者把握全球前沿的购物风潮。通过深化正品、精选、价格、服务、规模五大核心，为用户提供一系列全新的跨境购物体验。唯品国际依托遍布全球 12 大海外仓和国内 11 大保税仓的快速配送优势，以及三单对接高效通关模式，在接到用户订单后 12 小时内发货，通过遍布全国的自建物流体系和复合配送模式高速运输实现快速送达，除了物流优势外，在售后服务方面，唯品国际实行 7 天无理由放心退，并且退货流程全部在中国境内完成，退款快，操作简便，让消费者的跨境网购省力省心，享受到跟国内购物一样的快速体验和安心保障。

2. 入驻要求

和其他进口电商平台相比，唯品国际选择商家的条件更为严苛。入驻品牌商家除了必须是具备法人资格的合法经营的公司或企业外,还应至少具备以下条件之一:著名、知名品牌的生产商;著名、知名品牌的授权总代理商;著名、知名品牌的授权总经销商;著名、知名品牌的分公司;著名、知名品牌的分支机构;著名、知名国籍品牌驻中国的办事处。

除了上述必备条件之外,商家还须提供以下资料。

1) 公司简介、公司网址、公司实体店面位置、供应商级别(品牌方、总代理、区域代理、省级代理等)经营商品类别(男装、女装、家居等)、相关资质证明。

2) 联络方式,如联系人、联系电话、邮箱(非腾讯邮箱)、地址等。

3) 是否可开具增值税发票。

3. 平台规则

唯品国际打造"最规范供应链"的一环就是对买手近乎严苛的追求,唯品国际始终在快与稳之间寻求平衡,构建最规范的供应链。除此而外,唯品国际的一贯要求是和品牌方直接合作或和官方授权的一级代理商合作,有时候甚至降低品牌和货品入驻的速度,也要专注品牌授权和100%正品保障。

在质检环节,唯品国际则通过最严的标准确保货品高质量,例如,对于一手货源,其商品依然会在入仓和出仓时接受唯品会质检流程,并与国内一样,按照最严标准来执行,保证发给消费者的货品是质量完好的;唯品会跨境商品手续完全符合海关程序,满足海关检查标准;货品保质期超过1/3就不准进仓,超过一半就不准上架销售。

唯品国际在2016年持续优化物流体系,发展物流技术,优化仓储布局,进一步提高注册用户在物流端的购物体验。唯品会早已在2015年提前实现了160万平方米仓储面积的短期目标,订单逐步转向由自有物流配送。同时,唯品会的"最后一公里"配送服务也在持续优化,GPS定位、移动支付技术升级,完成资金流、商品流、信息流"三流合一",部分城市亦可自有物流"上门取退货",用户体验得到最大限度的提升。唯品国际购物页面如图2-9所示。

图2-9 唯品国际购物页面

四、聚美极速免税店

聚美优品是一家化妆品限时特卖商城。聚美优品创立于2010年3月,它首创了"化妆品团购"模式,每天在网站推荐十几款热门化妆品,其前身为团美网。聚美优品本质上是一家垂直行业的 B2C 网站。从最初每日一件限时折扣团购模式到如今每日多件产品限时抢购，在品类管理上主要通过推荐明星产品搭配其他产品进行销售。

聚美极速免税店提供美妆产品的海外直邮和快速清关服务，在聚美优品 APP 上占据了很重要的位置，其在 banner 和主界面上得到了双重体现。聚美认为，"跨境电子商务对我们绝对是个利好，通过海外直采，可以提供接近免税店的优惠价格。"

聚美极速免税店购物页面如图 2-10 所示。

图 2-10　聚美极速免税店购物页面

第二部分　实训任务

任务名称：跨境电子商务进口平台对比与认知。

建议学时：2 学时。

任务描述：为熟悉进口电商平台，学生以买家的身份登录京东国际、天猫国际、唯品国际三大主流平台官网，了解每个平台的特点，如购物流程、支付方式、物流方式和物流时效、售后政策等，每位同学独自浏览，再通过小组合作完成一个汇报 PPT，下次上课进行交流。

实施步骤：

1. 完成分组，4~6 人为一组。
2. 小组成员围绕实训任务展开讨论。
3. 小组选出代表进行汇报。

任务评价：

评分标准	分值	得分
对各平台分析充分	30	
小组内讨论热烈积极	40	
发言主旨明确，条理清晰	30	

第三部分　习题巩固

1. 列举 3 个常用的跨境电子商务进口平台，并简介。

2. 请简述天猫国际的入驻流程。

3. 请简述京东国际的平台规则。

4. 上网查找资料，简要介绍网易考拉平台。

任务三 跨境电子商务服务平台认知

第一部分 理论知识

跨境电商
服务平台

天生挑战者，爱秀爱战斗

我叫毕天义，所在的广州畅纵进出口服务有限公司（简称"畅纵"），是阿里巴巴跨境供应链官方合作的拍档之一。2019年7月份，佛山市场采购政策在当地试点还不到1年时间，畅纵就参与到阿里巴巴数字化市场采购项目中。

畅纵的项目接口人跟阿里市场采购项目负责人一起拜访了佛山市市场采购中心、海关、工商等主管部门，摸底政府政策、所有市场采购操作环节都——吃透。刚开始对市场采购这一创新业务模式，我们非常慎重，全部流程都要——了解清楚，毕竟涉及报关、外汇、财务，对客户体验影响很大，而畅纵一直都以客户第一、服务至上来要求自己。

经过摸底和调研，佛山市的客户通过市场采购无票出口、免增值税不退税、阳光收汇的市场需求还是非常大的。很多家具行业、五金材料行业等的客户，都面临进项不足的问题，在阿里巴巴国际站上之前都没有合适的大额订单出货渠道，因为无足够的进项发票或无退免税资质，无法通过"一达通"代理出口退税，市场采购政策恰好服务了这部分无进出口权、外贸经验不足的中小微企业。

畅纵在南粤地区第一个响应并大力投入阿里的数字化市场采购TAP项目，组织新的业务构架、人员配备，并盘点合适的客户进行试运营。

从第一个客户、第一单开始，从头到尾客服按照梳理好的规范化操作流程仔细跟进，既帮客户一站式出货，又能阳光收外汇，同时还能帮客户在国际站沉淀数据提升网站星等级，一举多得。畅纵顺利在2019年9月"采购节"拿下南粤第一单市场采购订单。

一年过去了，佛山的市场采购规模超过120亿美元，畅纵的市场采购客户规模也在不断扩大，服务流程更加成熟和顺畅，对客户的服务体验也稳步提升。2020年9月"采购节"大促期间，单月通过市场采购收汇的规模相比"66大促"增长245%，累计收汇规模超2亿元。

畅纵如今对于TAP项目投入3个报关员、6个财务的团队，组成市场采购1039事业部，独立运营。畅纵的市场采购项目，如今已初具规模，线上信保TAP和线下客户1039都能够成熟操作和运营。市场采购1039事业部，已经是畅纵一个盈利变现部门。

相信在不久的将来，畅纵的市场采购业务规模能够突破一年1亿美元。

（摘自阿里巴巴跨境供应链网站《"天生挑战者，
爱秀爱战斗"，数字化市场采购超2亿元》，2020-11-24）

案例分析

从企业人员的自述中我们可看出，阿里巴巴采购服务对企业的发展有着什么样的意义？

除了前面任务中提到的跨境电子商务进口平台和跨境电子商务出口平台，跨境电子商务服务平台也在跨境电子商务发展中发挥着重要作用，其主要包括通关服务平台、公共服务平台和综合服务平台。

虽然这三种平台都服务于传统中小型外贸企业及跨境进出口电子商务企业，却是分别由海关、政府和企业建设的，在整个进出口流程中把控着不同的环节、承担着不同的职能。三种平台之间相互联系，形成信息数据之间的统一交换和层层传递，如图2-11所示。

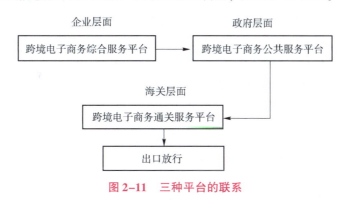

图 2-11　三种平台的联系

一、跨境电子商务通关服务平台：海关总揽全局

跨境电子商务通关服务平台即为外贸企业进出口通关提供便利服务的企业平台，属于海关总揽全局。从目前的统一版通关服务平台来看，服务对象主要集中在小包裹的出口领域。但从实际操作上看，小包裹使用通关服务平台会在短时间内增加成本。因此，通关服务平台服务的对象应该是进出口规模较大的外贸企业小订单业务，监管部门为海关总署和地方海关。推出跨境电子商务通关服务平台是应对当前外贸订单碎片化趋势明显，小包裹、小订单急剧增多，政策空缺，无监管实施的对策之一。

全国首个统一版海关总署跨境电子商务通关服务平台于2016年7月1日在广东东莞正式上线运营，其是一个为外贸企业进出口通关提供便利服务的系统平台，意在统一报关流程。该平台所上传的数据可直接对接海关总署内部系统，节省报关时间，提升通关效率。在跨境电子商务通关服务平台上，货物通关采用"三单对比"的方式进行监管，"三单"指电子商务企业提供的报关单、支付企业提供的支付清单、物流企业提供的物流运单，"三单"数据确认无误后即可放行。通过企业数据与海关数据进行匹配，达到监管统计目的。从目前的统一版通关服务平台来看，服务对象主要集中在小包裹的出口领域。但从实际操作上看，小包裹主要是个人或小卖家习惯使用的进出口方式，这类卖家大多存在"捞一票就走"的心理，使用通关服务平台会在短时间内增加成本，作用微乎其微。因此，跨境电子商务通关服务平台真正服务的对象应该是进出口规模较大的外贸企业小订单业务。

二、跨境电子商务公共服务平台：政府企业面对面

跨境电子商务公共服务平台即对接各政府部门监管统计系统的公共信息平台，服务对象为传统中小型外贸企业、跨境进出口电子商务企业，监管部门为国税局、经信委等政府职能部门。跨境电子商务公共服务平台沟通政府职能部门、对接海关通关服务平台，是政府职能部门面向

外贸企业的服务窗口。

跨境电子商务公共服务平台由政府投资兴建，其含义具有双向性，一方面为各地政府的职能部门之间搭建公共信息平台，另一方面是服务大众（主要是指外贸企业）。阳光化的外贸环节众多，涉及国检局（检验检疫）、国税局（纳税退税）、外汇管理局（支付结汇）、商委或外经贸委（企业备案、数据统计）等政府职能部门及银行结汇等，传统外贸企业需一一对接。而跨境电子商务行业多碎片化订单，若每笔订单都重复与职能部门对接，将成为极其繁重的工作。另外，政府职能部门之间也需要一个公共区域共享企业上传的数据，并进行数据采集、交换对比、监管等工作。目前，公共服务平台均由各地政府自行建设，并无全国统一版本，服务内容有所差异，界面操作也有所不同。这些地方性公共服务平台也普遍采用"三单对比"的方式进行监管，"三单"手续齐全并监管认可，才可享受正常的结汇退税。跨境电子商务公共服务平台在政府各职能部门之间形成了一个交集圈，也在政府与外贸企业之间搭建了一座沟通的桥梁。不过，目前服务对象主要集中在小包裹的进出口领域，使用价值不大。

三、跨境电子商务综合服务平台：新兴代理服务

跨境电子商务综合服务平台囊括了金融、通关、物流、退税、外汇等代理服务，服务对象为传统中小型外贸企业、跨境进出口电子商务企业、跨境电子商务平台卖家，由企业自建，为中小型外贸企业和个人卖家提供一站式服务，属于新兴的代理服务行业。

一些传统中小型外贸企业和跨境电子商务平台个人卖家在面对新出现的监管政策时，产生了不适应感和紧迫感，而一些大型跨境电子商务企业在对接中国政府、海关等部门，处理跨境电子商务长链条环节的问题上比较有经验，于是孕育出了跨境电子商务综合服务平台。跨境电子商务综合服务平台一般由大型跨境电子商务企业建设，意在为中小企业和个人卖家提供代理服务，目前业内知名的综合服务平台主要有阿里巴巴建设的一达通、大龙网建设的海通易达等。

跨境电子商务综合服务平台在降低外贸门槛、处理外贸问题、降低外贸风险等方面为相关企业提供了便利和解决方案。这类平台目前仅适用于小包裹、小订单等多种业态，或将随着跨境电子商务的发展拓展出更深层次、更专业的服务。

第二部分 实训任务

任务名称：跨境电子商务服务平台案例分析。

建议学时：2学时。

任务描述：通过阅读以下关于一达通企业服务公司的案例，了解跨境电子商务服务平台的重要性。

一达通是阿里巴巴旗下外贸综合服务平台，也是专业服务于中小微企业的外贸综合服务行业的开拓者和领军者。通过线上操作及建立有效的信用数据系统，一达通一直致力于持续地推

动传统外贸模式的革新。通过整合各项外贸服务资源和银行资源，一达通目前已成为中国国内进出口额排名第一的外贸综合服务平台，为中小企业提供专业、低成本的通关、外汇、退税及配套的物流和金融服务。阿里巴巴一达通秉承"客户第一、拥抱变化、团队合作、诚信、激情、敬业"等企业文化价值观，立足中国，放眼世界。

外贸综合服务：打造外贸领域开放式生态圈，引入社会上中小出口代理企业、物流服务商和财税公司等作为合作伙伴（即一拍档），为平台上的客户提供专业化、个性化、本地化服务。

出口基础服务：基础通关服务，如协助完成全国各口岸海关、商检的申报。

退税服务：为企业与个人正规快速办理退税，加快资金周转，同时提供个性化的退税融资服务，满足不同类型企业退税融资需求。

外汇服务：联合中国银行首创在一达通公司内设置外汇结算网点，提供更方便快捷的外汇结算服务。客户直享外管A级资质待遇，可灵活选择结汇时间。亦可为客户提供外汇保值服务，提前锁定未来结汇或者购汇的汇率成本，防范汇率波动风险。

金融服务：覆盖外贸各环节的融资需求。

超级信用证：针对出口企业在信用证交易中面临的风险和资金问题推出的综合服务。服务覆盖信用证基础服务，打包贷款（出货前），交单后贷款（包含出货后的买断和融资），可按需灵活选择。

一达通流水贷：面向使用阿里巴巴一达通出口基础服务的客户，以出口额度积累授信额度的无抵押、免担保的纯信用贷款服务。

结算宝：由阿里巴巴和银行合作，提供安全、省心的高收益企业活期理财服务。

保单贷：通过备货融资、尾款融资等一揽子金融服务，解决国际贸易结算中的融资问题，最大化利用产能，赢得订单，并在激烈的市场竞争中占据一席之地。

案例思考：请结合一达通的服务项目，谈谈跨境电子商务服务平台存在的必要性。

实施步骤：

1. 完成分组，4~6人为一组，并选出组长。
2. 每位同学独立完成案例阅读。
3. 小组成员围绕案例问题展开讨论。
4. 小组选出代表进行陈述。

任务评价：

评分标准	分值	得分
对服务平台有较为深刻的见解	40	
小组内讨论热烈积极	30	
发言主旨明确，条理清晰	30	

第三部分　习题巩固

1. 跨境电子商务服务平台对跨境电子商务发展有什么作用？

2. 请简要介绍跨境电子商务通关服务平台。

3. 请简要介绍跨境电子商务公共服务平台。

4. 请简要介绍跨境电子商务综合服务平台。

项目二测评

测评指标		测评得分	未掌握情况记录
知识	跨境电子商务平台的概念		
	跨境电子商务平台的类别		
	跨境电子商务平台的作用		
	主流跨境电子商务出口平台		
	主流跨境电子商务进口平台		
技能	会分析不同跨境电子商务平台的特点		
	会根据场景选择合适的跨境电子商务平台		
素养	遵守平台规则，具备规范意识		
	具备创新精神和创业能力		
	培养看待问题的辩证思维能力		
自评人：		教师：	

测评表使用须知：通过本项目学习，请对自己的学习效果进行测评。测评得分区间为 0～10 分，0 分为完全未掌握，10 分为完全掌握，数字越大，掌握程度越深，测评者依据自身实际情况进行评分。在未满 10 分的情况下，都可以在最右一列陈述未掌握的具体情况，并据此向老师或同学提问。

项目三

跨境电子商务物流

 学习目标

知识目标

了解国际物流的概念
了解国际物流的特点
了解物流相关的信息技术
掌握跨境电子商务进出口物流模式的过程和特点
掌握供应链的产生、概念和风险

能力目标

能描述出跨境电子商务进口物流模式
能描述出跨境电子商务出口物流模式
会对各种物流模式进行分析和选择
能认知供应链管理过程的风险并进行规避

素养目标

通过物流过程的学习树立法治观念
通过物流技术的学习树立大国自信
通过供应链内涵的学习培养合作意识
通过供应链风险的学习培养风险意识

任务一 跨境电子商务物流认知

第一部分 理论知识

跨境电商物流

运营成本高、配送时间长、包裹无法全程追踪、不支持退换货，以及出现清关障碍和破损甚至丢包的情况，这些都是中国制造企业在跨境电子商务起步时经常遇到的难题。物流在跨境电子商务业务中，扮演重要的角色，将决定制造企业的服务水平和市场竞争力。

对于物流难题，小布涂涂文化创意（大连）有限公司（简称小布涂涂）有过切肤之痛。这是一家融研发、设计、销售及生产为一体的跨境电子商务公司，是大连向欧美出口热烫压图文定制最大的生产商，主要生产烫钻、刺绣等服装配饰品。通过跨境电子商务平台，这家企业开拓了海外业务。当订单不断增长后，负责人却为物流服务伤透了脑筋。因为服装配饰品订单小、客户多而零散，填写物流快递单往往会耗费大量的人力与时间。

在全球越来越激烈的市场竞争环境中，终端客户的体验度对于企业利润的增长或减少起着决定性作用。为了优化流程、降低运营成本，小布涂涂与跨国物流公司UPS合作，将UPS功能集成到自有系统和电子商务网站，这样所有信息只需填写一次，订单、发票等都可以通过企业自有系统直接打印，无须再登录物流公司的系统。仅此一项，小布涂涂每个业务员平均每天可节省约45分钟，不仅改善了客户的物流体验，还大幅提升了业务效率，缩短了货件出口前的准备时间，同时更便于查询物流状态。小布涂涂的负责人表示，找对物流供应商后，他们的物流效率提高了11%。

"当前国际市场的竞争愈加激烈，要持续保持市场竞争力以争得领先，出口制造企业更需要优化运作效率，节约运营成本，实现长远的可持续发展。" UPS中国区市场部总监说。

（摘自微信云端，《【物流案例】UPS：解决跨境电商的物流难题》，2016-08-19）

案例分析

看完案例，你认为，物流和跨境电子商务之间是怎样的关系？

一、跨境电子商务物流的概念

1. 国际物流概念

我们通常说的国际物流（International Logistics，IL）指的是，当生产和消费分别在两个或在两个以上的国家或地区独立进行时，为了克服生产和消费在空间距离和时间距离方面的障碍，对物品进行移动从而完成交易的一项活动。

2. 跨境电子商务环境对物流提出更高要求

随着跨境电子商务的高速发展，适应跨境电子商务的新型物流衍生出来。跨境电子商务对物流提出了更高要求，具体表现在以下几个方面。

1) 跨境电子商务"多品种、少批量、多批次、周期短"的运营方式对物流的敏捷性提出了更高的要求。跨境电子商务网上交易后，要对物流信息进行快速更新，这就需要国际物流配合提升反应速度，使库存商品实现快速分拣和配送，从而满足跨境电子商务的时效要求。

2）对于跨境电子商务商家来说，国际物流不仅仅只有运输的功能，终端客户的产品体验也包括了国际物流的时效体验，甚至国际物流的成本决定了商家产品的竞争力。

3）跨境电子商务物流强调整合化和全球化。在跨境电子商务零售模式下，订单小而多，销售地分布范围广泛，如何将小订单按照区域或产品性质进行整合来实现规模效应，是国际物流应当思考的问题。

4）跨境电子商务要求物流注重IT系统化、信息智能化。在跨境电子商务的推动下，以信息技术为核心，对国际物流全过程进行优化。现代各大国际物流服务商致力于开发技术领先的物流ERP系统，以期提供更全面便捷的物流信息操作模式，实现跨境电子商务网上购物的一体化和智能化。

3. 物流与跨境电子商务的关系

（1）从属关系

跨境电子商务产业链主要包括跨境电子商务平台、国际物流及跨境支付三个部分，国际物流是跨境电子商务在整个产业链中不可缺少的部分。在整个跨境电子商务环节中，物流成本占到整个成本的30%~40%，物流在跨境电子商务贸易中扮演着非常重要的角色。

（2）相互促进

跨境电子商务的迅速发展对国际物流提出了高效化的要求，物流效率甚至成为二次订单转换的关键。反过来，高效的国际物流体系为跨境电子商务带来了更好的用户体验，国际物流的全球化促进了跨境电子商务发展范围的扩大。

（3）相互竞争

在境内电商环境下，物流更多的是依赖于电商的流量，物流的议价能力相对较弱。但在跨境电子商务环境下，因为"跨境"二字赋予了物流企业更多的职责——通关，行业有了更高的门槛，所以相关企业的议价能力和占据的市场份额也更高。

4. 国际物流特点

（1）存在通关环节

相比于国内物流，国际物流存在通关环节，国际物流的过程受到各国海关及相关法律法规的约束，所以国际物流从业人员应当掌握相关法律知识，树立法治观念。

（2）存在国家或地区之间的差异

国际物流涉及两个及两个以上的国家或地区，不同国家或地区之间存在法律、文化、政治、地理、科技等方面的差异，跨境物流从业人员应当关注这些差异，并制定应对措施。比如，不同国家或地区之间的信息基础设施存在差异，中国具有较为完善的信息基础设施，国内快递能够做到全追踪、少丢件，但在国际物流过程中，会存在物流难以追踪或丢件的情况。

（3）存在流通品类差异

在禁运和限运物品品类上，国际物流和国内物流之间存在差异，物流从业人员应当掌握不同国家对禁限售商品的规定，规避法律风险。

思政园地

通过以上学习，我们了解到国际物流与国内物流存在较大差异，我国基础设施完善，公路、铁路等为物流发展奠定了基础，但当包裹到国外时，存在很多不确定性。你能从跨境物流从业人员的角度，思考如何应对这些不确定因素吗？

二、跨境电子商务物流常用的技术

在跨境电子商务的发展过程中，信息技术发挥了重要作用，如条码技术、GPS 技术、RFID 技术等，大大提高了物流流通和管理效率。下面选取部分技术进行简单的介绍。

1. 条码技术

条码是一种数据载体，它在信息传输过程中起着重要作用。采用条码作为物流过程中信息传递的载体，可以有效避免人工输入可能出现的失误，大大提高入库、出库、制单、验货、盘点的效率。

常见的条码有一维条码和二维条码，一维条码在一维空间中使用条、空进行编码，二维条码需要在水平方向和垂直方向识读全部信息。二维条码符号有矩阵式及行排式两种，具有检错与纠错特性。

2. GPS 技术

GPS（Global Positioning System），是一种以人造地球卫星为基础的高精度无线电导航定位系统，它在全球任何地方以及近地空间都能够提供准确的地理位置、车行速度及时间信息。

中国北斗卫星导航系统（BeiDou Navigation Satellite System，BDS）是中国自行研制的全球卫星导航系统，也是继美国 GPS、俄罗斯 GLONASS 之后的第三个成熟的卫星导航系统。

北斗系统由空间段、地面段和用户段三部分组成。空间段由若干地球静止轨道卫星、倾斜地球同步轨道卫星和中圆地球轨道卫星组成。地面段包括主控站、时间同步/注入站和监测站等若干地面站，以及星间链路运行管理设施。用户段包括北斗及兼容其他卫星导航系统的芯片、模块、天线等基础产品，以及终端设备、应用系统与应用服务等。

3. RFID 技术

射频识别（Radio Frequency Identification，RFID）技术，又称无线射频识别，是一种通信技术，俗称电子标签。射频识别是一种无线通信技术，可以通过无线电讯号识别特定目标并读写相关数据，而且无须识别系统与特定目标之间建立机械或者光学接触。射频识别系统最重要的优点是非接触识别，它能穿透雪、雾、冰、涂料、尘垢和条形码无法使用的恶劣环境阅读标签，并且阅读速度极快，大多数情况下不到 100 毫秒。

4. 大数据技术

物流行业联系着企业、公司、商家、家庭和个人，所涉及的数据量非常大且具有一定价值，而大数据恰恰能对这些数据进行快速高效的处理，得到正确有用的信息，对物流行业发展具有重大意义。

大数据涵盖了许多高新技术，主要包括大数据存储、管理和大数据检索使用（包括数据挖掘和智能分析）等技术。这些技术对物流行业发展的各个环节都有重要的影响，如采集信息端中的识别、定位和感知，传输信息中的移动互联网技术，以及数据应用和开发方面，将会使越来越多的数据中心出现。通过在这些环节中对大数据的充分利用，物流企业可以有效地管理公司员工，快速制定高效合理的物流配送方案，确定物流配送的交通工具、最佳线路，进行实时监控，在很大程度上降低物流配送的成本，大大提高物流配送的效率，给客户提供高效便捷的服务，实现与用户之间的双赢。

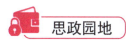

以上介绍了跨境电子商务物流发展过程中的一些技术，其中的北斗卫星导航系统对于我国军事、农业、运输等行业发展都具有重要意义。我国是世界少数几个具有导航系统的国家之一，每个国人应为之自豪，我们应当有大国自信。请思考：我们能为中国梦的实现做什么？

三、跨境电子商务物流的模式

根据贸易模式，我们将跨境电子商务分为批发业务和零售业务，也就是 B2B 和 B2C 模式。对于批发业务，因交易具有少品种、大批量的特点，其物流模式与传统的国际贸易类似；对于零售业务，因交易具有多品种、小批量的特点，其物流模式较传统国际贸易发生了较大变化。在此重点对批发业务的物流模式进行介绍。跨境电子商务中贸易模式和物流方式的对应关系如图 3-1 所示。

跨境电子商务物流常用的技术和物流模式分类

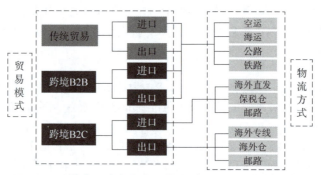

图 3-1　跨境电子商务中贸易模式和物流方式的对应关系

四、跨境电子商务（B2B）物流模式

跨境电子商务批发业务，因其交易对象多为大批量货物，其物流模式与传统国际贸易采用的国际多式联运相似。

1. 国际多式联运的概念

国际多式联运是采用两种或两种以上不同运输方式进行联运的运输组织形式，这里所指的至少两种运输方式可以是海陆、陆空、海空等。

2. 各运输方式的特点

各种运输方式均有自身的优点与不足，由于国际多式联运严格规定必须采用两种或两种以上的运输方式进行联运，因此这种运输组织形式可综合利用各种运输方式的优点，节省物流成本。不同物流方式的对比如表 3-1 所示。

表 3-1　不同物流方式的对比

物流方式	优点	缺点	适用物品
海运	运量大、运费低、续航能力强	灵活性差、受天气影响大、慢	运费负担能力小的大宗货物
空运	速度最快、不受地形限制、基建周期短	运量小、成本高、受天气影响大	价值高、紧急需要的货物
公路	灵活、速度快、门到门	运量小、成本高、安全性差	近距离、小批量的货物
铁路	运量较大、受天气影响小、费用较低	前期投资大、基建周期长	价值低的大宗货物

3. 典型多式联运介绍

由于国际多式联运具有其他运输组织形式无可比拟的优越性，因而这种国际运输新技术已在世界各主要国家和地区得到广泛的推广和应用，其组织形式包括以下几种。

（1）海陆联运

海陆联运（Sea-Land Service）是国际多式联运的主要组织形式，也是远东/欧洲多式联运的主要组织形式之一。目前组织和经营远东/欧洲海陆联运业务的主要有班轮公会的三联集团，北荷、冠航和丹麦的马士基等国际航运公司，以及非班轮公会的中国远洋运输公司，中国台湾长荣航运公司和德国那亚航运公司等。这种组织形式以航运公司为主体，签发联运提单，与航线两端的内陆运输部门开展联运业务，与大陆桥运输展开竞争。

（2）陆桥运输

陆桥运输（Land-Bridge Service）是指采用集装箱专用列车或卡车，把横贯大陆的铁路或公路作为中间"桥梁"，使大陆两端的集装箱海运航线与专用列车或卡车连接起来的一种连贯运输方式。严格来讲，陆桥运输也是一种海陆联运形式，只是因为其在国际多式联运中的独特地位，故在此将其单独作为一种运输组织形式。在国际多式联运中，陆桥运输起着非常重要的作用，它是远东/欧洲国际多式联运的主要形式。

（3）海空联运

海空联运又被称为空桥运输（Air-bridge Service）。在运输组织方式上，空桥运输与陆桥运输有所不同，陆桥运输在整个货运过程中使用的是同一个集装箱，不用换装；而空桥运输的货物通常要在航空港换入航空集装箱。这种联运组织形式是以海运为主，只是最终交货运输区段由空运承担。

 思政园地

2021年3月，一艘名为"长赐号"的集装箱船堵塞了苏伊士运河，使得后方大量船舶航期受到影响，在短期内影响了全球经济。同学们可以上网搜集该事件的相关报道，并思考：为什么一条运河堵塞会影响到全球经济？物流在整个国际贸易中充当着什么样的角色呢？

第二部分　实训任务

任务名称： 跨境电子商务物流监管模式认知。

建议学时： 2学时。

任务描述： 通过阅读以下材料，了解国家增列9610、1210等针对跨境电子商务的物流监管方式代码，这些监管方式提高了企业的通关效率，降低了企业成本，也反映了国家政策的灵活性。国家重视企业发展，扶持中小微企业，公平公正地为所有企业营造良好的营商环境，我们可以从中体会到生活在中国的幸福感，感受到平等的人权，感受到中国共产党为人民谋幸福的初心。

 案例

中华人民共和国海关总署公告2014年第12号

为促进跨境贸易电子商务零售进出口业务发展，方便企业通关，规范海关管理，实现贸易统计，决定增列海关监管方式代码，现将有关事项公告如下：

一、增列海关监管方式代码"9610"，全称"跨境贸易电子商务"，简称"电子商务"，适用于境内个人或电子商务企业通过电子商务交易平台实现交易，并采用"清单核放、汇总申报"

模式办理通关手续的电子商务零售进出口商品（通过海关特殊监管区域或保税监管场所一线的电子商务零售进出口商品除外）。

二、以"9610"海关监管方式开展电子商务零售进出口业务的电子商务企业、监管场所经营企业、支付企业和物流企业应当按照规定向海关备案，并通过电子商务通关服务平台实时向电子商务通关管理平台传送交易、支付、仓储和物流等数据。

上述规定自 2014 年 2 月 10 日起实施。

特此公告。

中华人民共和国海关总署
2014 年 1 月 24 日

中华人民共和国海关总署公告 2014 年第 57 号

为促进跨境贸易电子商务进出口业务发展，方便企业通关，规范海关管理，实施海关统计，决定增列海关监管方式代码，现将有关事项公告如下：

一、增列海关监管方式代码"1210"，全称"保税跨境贸易电子商务"，简称"保税电商"。适用于境内个人或电子商务企业在经海关认可的电子商务平台实现跨境交易，并通过海关特殊监管区域或保税监管场所进出的电子商务零售进出境商品（海关特殊监管区域、保税监管场所与境内区外（场所外）之间通过电子商务平台交易的零售进出口商品不适用该监管方式）。

"1210"监管方式用于进口时仅限经批准开展跨境贸易电子商务进口试点的海关特殊监管区域和保税物流中心（B 型）。

二、以"1210"海关监管方式开展跨境贸易电子商务零售进出口业务的电子商务企业、海关特殊监管区域或保税监管场所内跨境贸易电子商务经营企业、支付企业和物流企业应当按照规定向海关备案，并通过电子商务平台实时传送交易、支付、仓储和物流等数据。

上述规定自 2014 年 8 月 1 日起实施。

特此公告。

中华人民共和国海关总署
2014 年 7 月 30 日

案例思考：
1. 阅读以上案例，搜集网络信息，阐述这两个物流监管模式对于跨境电子商务发展的意义。
2. 你认为企业和个人发展与国家政策导向之间有什么样的关系？

实施步骤：

1. 完成分组，4~6 人为一组，选出组长。
2. 每位同学独立查找资料并思考。
3. 小组成员围绕问题展开讨论。
4. 小组选出代表发言。

任务评价：

评分标准	分值	得分
小组合作氛围	30	
问题答案准确	40	
发言主旨明确，条理清晰	30	

第三部分　习题巩固

1. 简述国际物流的特点，以及国际物流与跨境电子商务的关系。

2. 条码分一维条码和二维条码，请查阅资料简述二者的区别和应用场景。

3. 跨境电子商务有哪些物流模式？跨境电子商务物流相对于传统国际贸易物流有什么区别？

4. 简述国际多式联运的概念和其典型组织形式。

任务二 跨境电子商务进口物流模式选择

第一部分 理论知识

跨境电商进口物流模式

天猫国际"黑五"新玩法：把直播间开到保税仓

在2020年4月27日，杭州跨境电商综试办、钱塘新区管委会与天猫国际在杭州共建"跨境保税仓直播基地"，探索保税仓直播跨境电商新模式。

在杭州保税仓堆满进口商品的货架前，电商主播搭起设备进行直播，消费者下单后，商品直接从仓内清关发出，最快次日即可送达。随着直播基地正式落地，保税仓直播将每周进行，每月固定直播4场至6场。

天猫国际负责人表示，消费者直播时下单，保税仓里工作人员马上分拣包装，商品缴税通关后就能通过物流配送，退换货也很方便。

2019年4月，杭州海关对保税仓直播模式进行了前期探索。2019年"黑五"期间，仅仅3小时，整整一个保税仓的商品就被一扫而光。

到11月27日，"黑色星期五"购物活动期间，天猫国际把直播间搬进杭州综合保税区下沙园区保税仓，这是双方创新的"网紫+保税仓"直播电商新模式。

25日晚通过直播给消费者推荐进口商品。22 000份燕窝、18 000件葡萄酒、18 000份护发精油等爆品开售一秒即售罄。3小时的直播卖出30万单，清空一个保税仓。

作为全国首个跨境电商试点园区，下沙园区是第一个与天猫国际合作开展海外直邮合作的园区，此次"黑五"首推保税仓直播的创新模式。

天猫国际升级的直播电商新模式，通过保税仓里实地实景的直播，让消费者直观了解进口商品。

德勤中国研究中心联合中国国际商会与阿里研究院发布的《中国进口消费市场研究报告》指出，直播电商引领进口新消费形态，对消费者引流作用明显。全球的明星、达人等在向中国聚集。

（摘自亿邦动力网，《天猫国际"黑五"新玩法：把直播间开到保税仓》，2019-11-27）

案例思考：
1. 结合案例，思考保税仓物流模式的特点。
2. 查询资料，简述保税仓物流模式的过程。

一、保税仓物流模式

1. 保税仓物流模式的概念

保税仓物流模式又称保税备货模式，是指跨境电子商务企业通过集中采购的方式，将商品由境外统一调配至国内的保税仓库，当接到消费者的网上订单

保税仓物流过程

之后,由境内物流公司直接从保税仓库取货并配送至用户手中。

2. 保税仓物流模式的过程

我们可以扫描二维码观看动画,动画以一支口红为例,采用拟人的方式讲述了通过保税仓物流模式实现交易的过程。

总之,保税仓物流模式分为两个阶段:提前备货阶段和客户下单阶段。在提前备货阶段,跨境电子商务进口企业向海外供应商批量采购,并委托第三方物流企业进行清关和运输,送达国内保税仓;在客户下单阶段,客户下单后,跨境电子商务进口企业向中国海关进行申报,申报通过后,委托国内快递企业向客户进行货物的配送。保税仓物流模式的物流过程如图3-2所示。

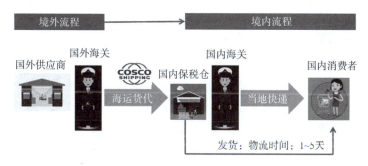

图3-2 保税仓物流模式的物流过程

3. 保税仓物流模式的特点

(1)速度快

在保税仓物流模式下,进口电商企业将货物提前备货到保税仓,客户下单后,商品从国内保税仓发货,客户的等待时间从国内保税仓处理发货开始计算,相对于国外发货,时间大幅缩短,物品在运输过程中发生损坏的概率降低,能够提升客户的购物体验。

(2)费用低

在保税仓物流模式下,因为是提前备货,跨境电子商务进口企业可以对商品进行批量采购,并使用费用较低的航运等物流方式,采取批量货物对物流成本进行均摊,实现规模效应。

(3)存在风险

在保税仓物流模式下,因为存在仓储环节,在提前备货阶段,跨境电子商务进口企业无法准确预知客户的需求量,只能根据以往销量进行预测。预测数据存在不准确的可能性,若预测数量高于实际需求数量,就会存在库存过剩的风险;若预测数量低于实际需求数量,则存在缺货的风险。

(4)品类受限

因为保税仓物流模式存在仓储环节,所以一些不适合存储的商品就无法采用该物流模式,比如保质期短的商品、对仓储环境要求很高的商品。

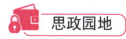 思政园地

保税仓物流模式中的重要环节是两次清关,未清关的产品就是走私品,这也让我们明白懂常识和懂法律在工作、学习中的重要性。请谈谈你对社会主义核心价值观中的"法治"这条的理解。

保税制度

保税制度是指由国家在港口或机场附近设立保税区、保税仓库或保税工厂，外国商品运进这些保税区域不算进口，不缴纳进口税。保税制度具有批准保税（或保税备案）、纳税暂缓、监管延伸、核销结案的特点。

1. 批准保税

进境货物可否保税，要由海关依据国家的有关法律、法规和政策来决定。货物经海关批准才能保税进境，这是保税制度的一个十分明显的特点。

2. 纳税暂缓

办理纳税手续，包括办理征税手续和减免税手续。在一般情况下，进口货物和特定减免税货物都必须在进境地海关或主管地海关办妥纳税手续（包括办妥征税或减免税手续）后才能提取。保税货物在进境地海关凭有关单证册不办理纳税手续就可以提取。但是这不等于保税货物最终均可以不办理纳税手续。当保税货物最终不复运出境或改变保税货物特性时，须按货物实际进口申报情况办理相应纳税手续。比如，加工贸易保税进口货物，因故不能复出口，经批准内销，海关对不能复出口的成品或节余料件等按有关规定对料件进行补税。至于保税货物转为一般贸易进口，"纳税暂缓"的特点更加明显。

3. 监管延伸

一般进出口货物，海关监管的时间是自进口货物进境起到办结海关手续提取货物止，出口货物自向海关申报起到装运出境止，海关监管的地点主要是在货物进出境口岸的海关监管场所。保税货物的海关监管无论是时间，还是场所，都必须延伸。从时间上说，保税货物在进境地被提取，不是海关监管的结束，而是海关监管的开始，一直要监管到储存、加工、装配后复运出境办结海关核销手续或者正式进口海关手续为止。从地点上说，保税货物提离进境地口岸海关监管场所后，直至向海关办结出口或内销手续止，凡是该货物储存、加工、装配的地方，都是海关监管该保税货物的场所。所以，"监管延伸"也是保税制度的一大特点。

4. 核销结关

一般进出口货物是放行结关。进出口货物收发货人及其代理人向海关申报后，由海关审单、查验、征税、放行，然后提取货物或装运货物。在这里，海关的放行，就是一般进出口货物结关的标志。保税货物进出口报关，海关也加盖"放行章"，也执行放行程序。但是，保税货物的这种放行，只是单票货物的形式结关，是整个监管过程的一个环节。保税货物只有核销后才能算结关，核销是保税货物监管最后一道程序。所以核销是保税制度区别于海关一般进出口货物通关制度的一个重要特点。

二、邮路物流模式

在邮路物流模式下，商家将个人消费者购买的商品通过快递和邮政渠道派送至国内。通过邮路从国外运输至国内的商品，一般是由电商企业单件发货，视同个人行为，因此物流主体主要就是邮政和国际快递公司（比如UPS、FedEx和DHL等）。邮路物流模式的物流过程如图3-3所示。

邮路物流模式过程

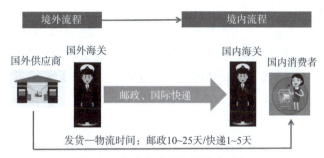

图 3-3 邮路物流模式的物流过程

关于邮路物流模式下货物的流通过程，我们可以通过一个动画来进一步了解。

邮政途径的国际物流模式主要通过"国际小包"实现。目前常见的国际小包服务渠道有：中国邮政小包、新加坡邮政小包、荷兰小包、瑞士小包、俄罗斯小包等。相对于其他运输方式（如快递），国际小包服务有绝对的价格优势。采用此种发货方式可最大限度地降低成本，提升价格竞争力。国际小包物流服务价格包括邮费、处理费、挂号费及保险费等。

国际 e 邮宝是中国邮政为适应跨境电子商务物品寄递需要，与主要电商平台合作推出的速递产品，目前主要发往美国、澳大利亚、英国、加拿大、法国、俄罗斯等国家。其时效相对于国际小包来说较快。

整体来看，采用邮政渠道寄送商品，借用了"万国邮政联盟"的庞大网络，具有如下特点：覆盖全球的庞大网络；顺畅的通关能力有效提高发货时限；合理的资费；安全可靠的运输服务；提供仓储、理货、拣货、寄递一条龙服务；为国际电子商务市场提供整合的全球化运递服务；快捷多样的运输方式，拥有签约航班和签约货轮。

快递途径的物流模式主要是通过 EMS、DHL、UPS、FedEx、TNT、顺丰等快递公司的国际快递业务，将商品送至客户手中。快递递送优点是速度快、递送及时，运输过程透明可查询；缺点是大部分快递物流费用较高，因此采用快递递送的跨境电子商务商品主要是一些价值高、重量轻的商品。

三、海外直发物流模式

海外直发是指跨境电子商务平台将接收到的消费者订单信息发给供应商，后者按照订单信息以零售的形式向消费者发送货物。在海外直发物流模式中，一般来说，供应商和电商企业会将跨境物流环节整体外包给专业的跨境综合物流公司（比如递四方），最终由这些公司负责商品的全程门到门物流服务。通常 C2C 模式平台的卖家会选择海外直发物流模式，因为其销量不是很高，没有建立保税仓的必要性。

以递四方旗下的跨境 B2C 进口产品转运四方为例，核心线路能覆盖主要的发达国家发往国内的线路，清关一般为 1~3 天。由于这些线路货量充足，基本能保证每周 5 次的发货频率，如美国专线 14 天以内达到的运费在 100 元以内，10 天以内达到的运费在 280 元左右。

四、进口物流模式的选择

在多种进口物流模式中，一般认为，保税仓模式是未来发展潜力最大的一种，原因有以下几点。

1）商品物美价廉。由于保税备货模式具有速度快、价格低、透明化的特点，因此商家提供的商品物美价廉，适合中国现阶段的消费国情。

2）电商化趋势下，提前备货可直接实现。从本质上来说，保税备货模式是依托大数据精准预测的仓库前置，而电商化的购物过程和大数据技术的发展使其成为可能。

3）国家政策支持。在国家推出国内的试点城市以后，保税模式下的跨境消费得到了极大的发展。

第二部分　实训任务

任务名称：国际物流企业资料整理与分析。

建议学时：2学时。

任务描述：物流是跨境电子商务的重要组成部分，认知常见的国际物流企业是从业人员的必修课之一，通过相关资料搜集和整理，掌握国际物流企业情况，有助于理解物流模式。

实施步骤：

1. 学生分组，4~6人为一组，选出组长。

2. 小组针对DHL、UPS、FedEx、TNT、顺丰速运（跨境业务）、中国邮政（跨境业务）6个物流公司，展开数据搜集，并进行整理；资料搜集和分析可以围绕但不限于以下内容展开：企业介绍、物流产品介绍（特点、收费、时效等）、SWOT分析等。

3. 以小组为单位，共同撰写一份报告，以Word的形式呈现；Word文件以小组成员名字命名，提交的报告应内容丰富切题、格式整洁，统一用小四宋体、一倍行距，段首缩进2个字符。

任务成果：每个小组提交一份报告，以Word的形式呈现。

任务评价：

组别	标准			
	报告内容（30分）	报告格式（30分）	团队协作（40分）	总分
小组一				
小组二				
小组三				
小组四				
小组五				
小组六				
小组七				
小组八				

第三部分　习题巩固

1. 简述保税仓物流模式的过程和特点。

2. 绘制保税仓物流模式的过程图。

3. 邮路物流模式的过程是什么样的？请绘制其物流过程图。

4. 为什么说保税仓是未来最具有发展潜力的进口物流模式？

任务三 跨境电子商务出口物流模式选择

第一部分 理论知识

速卖通物流再提速，中韩跨境包裹专线可实现5日达

8月23日，阿里巴巴旗下跨境零售电商平台速卖通宣布，联合菜鸟正式推出中韩跨境包裹5日达专线，为中国外贸商家提供更低成本、更高效率的跨境物流解决方案，开拓新兴市场。

2020年以来，中国跨境电商增长迅猛，中国制造在全球主要市场获得消费者青睐，其中作为近邻的韩国市场表现尤其亮眼。

据环球网报道，2020年1—6月，中国首次超过美国，成为韩国消费者跨境网购最多的国家，占比达到44.2%。据韩国《金融新闻》报道，中国购物网站上的产品种类很多，丝毫不逊于美国购物网站，并且购物也很便利，形成了韩国消费者跨境网购中国产品的新趋势。

韩国也是速卖通运营的新兴重点市场之一。速卖通数据显示，韩国的销量一直保持高速增长，韩国消费者对中国制造的需求量持续猛增，2021年上半年速卖通出口韩国包裹数量比2020年有近1倍的增长。"618"期间，平台销售额同比增长接近100%。

速卖通中韩跨境包裹5日达专线依托位于山东的华北优选仓。选择该专线的韩国消费者下单后，可以在5个工作日内收到包裹，部分地区甚至最快3天（72小时内）可送达。相比于直发专线，韩国5日达在时效和成本上均有优化。时效方面，备货在华北优选仓省去了国内揽收和调拨的时间，包裹通过海运12小时内可抵达韩国口岸；而成本方面，仓发专线相比于直发专线降低了近30%。

"5日达的时效标志着中韩跨境配送速度的进一步提升，预计在年底渗透率可达整体订单量的30%。"速卖通平台韩国市场负责人称，此次速卖通充分利用数字化技术，系统整合商家在供应链仓库过程中的入仓备货、数字化分拣和配送发货，提高商品在仓库的数字化程度，大幅度提高物流时效，同时，降低物流运营和发货成本。

韩国5日达上线之际，正值速卖通开启韩国夏季季末大促活动。此次季末大促活动汇集速卖通平台商家优质爆款商品，以此打造5日达会场，主要精选商品包括耳机、手机配件等消费电子及户外装备等。

速卖通平台韩国市场负责人表示，未来速卖通将不断加大对韩国市场的投入，深入洞察消费者的需求，整合中国供应链能力，为韩国市场消费者提供更多优质优价的商品以及极致快速的物流配送服务。

至此，速卖通联合菜鸟建立的华北、华东、华南、香港四地的优选仓网布局已经完成，各优选仓之间形成调拨网络，自动帮助商家匹配最优的干线物流，节省物流成本。

另据介绍，2021年，速卖通还联合菜鸟将包机频次提升50%，日常包机运行频次达到去年"双十一"水平。能享受"十日达"购物体验的区域，也将日前覆盖的西班牙、法国、荷兰、比利时、英国、德国、葡萄牙等国家，扩展到速卖通20个头部市场国家，覆盖俄罗斯、巴西、美国以及一些欧洲国家。

（摘自雨果网《速卖通特流再提速，中韩跨境包裹专线可实现5日达》，2021-08-24）

案例思考
1. 速卖通物流提速带来了哪些积极影响？
2. 你认为国际物流的速度和哪些因素有关？

一、海外仓物流模式

1. 海外仓物流模式的概念

海外仓指的是跨境电子商务卖家在买家所在国内设立的仓库，在海外仓物流模式下，卖家利用跨境电子商务销售平台的大数据，分析未来一段时间可能的销售量，按照预测数量将货物用海运、空运、陆运或多式联运的方式运至海外仓，待到客户下单后直接从海外仓寄送至买家手中。

2. 海外仓物流模式的过程

我们可以扫描二维码观看动画，动画以一个毛绒玩具为例，采用拟人的方式讲述了海外仓物流模式下货物的流通过程。

总而言之，海外仓物流模式分为两个阶段：提前备货阶段和客户下单阶段。跨境电子商务企业将提前备货的商品委托第三方物流企业进行清关（两次）和运输，到达海外仓；客户下单后，跨境电子商务企业委托当地仓库工作人员进行货物分拣，交由当地快递企业向客户进行货物的配送。海外仓物流模式的过程如图3-4所示。

海外仓物流过程

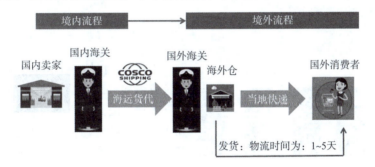

图3-4 海外仓物流模式的过程

3. 海外仓的类型

海外仓包括跨境电子商务平台自建的海外仓、专业物流公司建设的海外仓、跨境电子商务卖家探索建立的海外仓三种类型。

跨境电子商务平台自建的海外仓较为著名的有亚马逊的FBA仓，另外，eBay和速卖通也开始建设。FBA，全称Fulfillment by Amazon，即亚马逊提供的代发货服务。亚马逊在美国、加拿大、欧盟、日本都建有自己的配送仓库，为商家提供包括仓储、拣货、打包、派送、收款、客服与退货等处理的一条龙式物流服务。

在专业物流公司建设的海外仓中，当前比较著名的有飞鸟国际、出口易、递四方等。飞鸟国际是一家在英国注册的国际物流公司，它针对广大中国电子商务卖家的需求，为卖家提供仓储、分拣、包装、派送等一站式服务。

还有部分跨境电子商务卖家，他们也在尝试自行在目的市场建立海外仓。卖家自建海外仓储物流的公司比较著名的有兰亭集势（Light in the box）。2015年2月，该公司位于美国内华达州雷诺市的第一个北美海外仓投入运营。目前，全国各地的一些成规模的跨境电子商务卖家纷纷以各种形式在海外建立自己的发货基地。

4. 海外仓物流模式的特点

（1）速度快

在海外仓物流模式下，跨境电子商务出口将货物提前备货到海外仓，客户下单后，商品从海外仓发货，客户等待时间从海外仓发货开始计算，相对于国内发货，时间大幅缩短，能够提升客户的购物体验。

（2）费用低

在海外仓物流模式下，因为存在提前备货阶段，跨境电子商务出口企业可以进行批量采购并使用费用较低的物流方式，采取批量货物进行物流成本的均摊，实现规模效应。

（3）存在风险

海外仓物流模式存在仓储环节，在提前备货阶段，跨境电子商务出口企业无法准确预知客户的需求量，只能根据以往销量进行预测。预测数据存在不准确的可能性，若预测数量高于实际需求数量，就会存在库存过剩的风险；若预测数量低于实际需求数量，则存在缺货的风险。

（4）品类受限

海外仓物流模式存在仓储环节，因此一些不适合存储的商品就无法采用该物流模式，比如保质期短的商品、对仓储环境要求很高的商品。但一些体积较大、快递无法发货的商品，则可以采海外仓物流模式。

5. 海外仓物流模式的收费

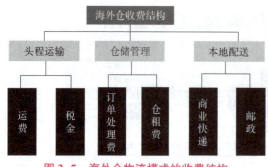

图 3-5　海外仓物流模式的收费结构

海外仓一般包括头程运输、仓储管理和本地配送三个部分，因此海外仓费用由三个部分构成。

头程运输指的是中国商家通过海运、空运、陆运或多式联运等方式将商品运送至海外仓；仓储管理指的是卖家通过物流信息系统，远程操作海外仓储货物，对海外仓进行实时库存管理；本地配送指的是，海外仓储中心根据订单信息，通过当地邮政或快递将商品配送给客户。

海外仓物流模式的收费结构如图 3-5 所示。

二、邮路物流模式

出口业务的邮路模式与进口业务的邮路模式相对应，主要有邮政路径和国际快递路径。在邮路物流模式下，卖家将个人消费者购买的商品通过快递和邮政渠道派送至国外。通过邮路方式从国内运输至国外的商品，一般是由电商企业单件发货，视同个人行为，因此，物流主体主要就是邮政和国际快递公司（比如 UPS、FedEx 和 DHL 等）。邮路物流模式的物流过程如图 3-6 所示。

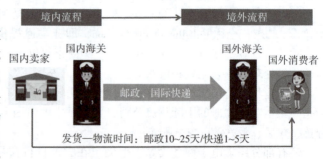

图 3-6　邮路物流模式的物流过程

三、海外专线物流模式

海外专线快递专注于一个或者几个目的地国家,自身主要承担将在国内集约后的货物从国内向目的地国运输的职责,然后将自身的运输与目的地国的国内快递实现有效对接,从而达到降低费用、保障时效的效果。在价格上,专线快递比商业快递低;在时效上,海外专线快递比商业快递慢,比邮政包裹快。国内较为有名的海外专线快递公司包括递四方、三态速递等。

四、出口物流模式的选择

国内卖家在进行物流模式选择时,可以依据买家需求、物流成本、物流模式安全性、物流时效等维度进行综合考量。目前,越来越多卖家选择海外仓物流模式,海外仓的建设既满足当前跨境电子商务出口的需求,又代表了中国跨境电子商务企业走向海外的潮流,是中国经济升级扩张的经典案例。

拓展阅读

海外仓并非万能

海外仓不仅克服了跨境物流中的种种痛点,而且增加了运输品类,降低了物流费用,并有助于提升销售额。

然而,当前海外仓仅仅在北美、西欧和澳洲运作成熟,对于俄罗斯和巴西两大新兴市场,海外仓未必适用。

对于俄罗斯市场,海外仓运作复杂、费用很高,主要体现在以下几个方面。(1)头程"白色清关"流程多、费用高。2009年切尔基佐沃市场的关闭,是对"灰色清关"渠道的重要警示,中国商家长期发展必须走"白色清关"途径。然而,"白色清关"涉及海关商检等流程,且关税手续费都较高,需要正规且操作经验丰富的当地清关公司配合。(2)本地化运作赋税高。2013年俄罗斯总统企业家权利全权代表鲍里斯·季托夫就公开表示,近一半的俄罗斯企业家(46%)因高赋税水平而不得不从事影子经济活动。因此,在俄罗斯运作海外仓,需要合法注册多家公司,并借助银行来实现合法避税。(3)本地人才缺乏,劳动力成本高。物流仓储的打造需要专业的IT技术人才和供应链管理人才,俄罗斯本身的物流仓储很不发达,相应的人才也很匮乏;此外,物流仓储属于典型的劳动力密集型产业,而俄罗斯本地劳动力成本很高,这些都增加了海外仓的运营成本。

正是基于以上三个方面原因,不少对俄物流服务商提出"边境仓"概念,也即在靠近俄罗斯的中国境内设立仓储基地,从该基地通过邮政包裹发货到俄罗斯全境。2014年6月,首个对俄边境仓在哈尔滨落户并开仓。作为有20余年对俄物流从业经验的专家,俄速通总经理于航从成本和时效两方面对俄罗斯海外仓和边境仓进行了比较,得出的结论是:海外仓成本高于边境仓(1千克羽绒服海外仓至少贵1~2美元),时效方面边境仓比海外仓慢1~2天。当前,俄罗斯消费者主要从中国电商卖家手中购买客单价低、重量小的轻纺品,而且俄罗斯人对物流的时效性要求不高,因此边境仓成为大多数中国卖家的选择。然而,对于价值高的商品或者大件商品,采用邮政投递的边境仓依旧无能为力,卖家还得选择海外仓操作。在未来,随着俄罗斯电商产业的升级,俄罗斯人对物流时效性、退换货服务等要求会越来越高,海外仓终究要成为对俄电商贸易的标配。那个时候,边境仓可以作为海外仓的补货基地继续存在。

至于巴西市场,考虑到该国税收政策非常严格,建立海外仓成本很高,目前还鲜有电商企业或者物流服务商成功在巴西运作海外仓模式。利用南美自由贸易协定,通过巴西周边国家建仓转运的模式也会受到巴西海关的严密监管,存在一定的法律风险。难怪DealeXtreme(DX)公司执行董事在第九届中国中小企业电子商务大会上坦言:"巴西的物流非常成问题:小包慢,丢包率高;快递贵,被收关税的可能性高;当地建仓非常困难;从附近国家建仓,利用南美自由贸易协定空运货物进入巴西也有操作上的复杂度。"可见,海外仓也不是万能的"解药"。在欧美成熟市场,海外仓是标配;在俄罗斯市场,海外仓和边境仓结合使用是一个更好的选择;在巴西市场,海外仓则还停留在概念阶段,难以落地实践。

此外,无论是在欧美还是在新兴市场,海外仓都面临一定的法律风险。从法律层面来看,海外仓应该是一家当地的实体企业,而不是简单的"仓库"。从海外仓给当地消费者配送商品,是一种买卖的商业行为,必须依法缴纳消费税、营业税或综合税。欧洲国家已经开始重视这个问题,并在法务上给了中国卖家严重的警示。例如英国规定,2012年12月1日之后,对于非英国注册商业机构,无论销售金额多少,如果销售时货物所在地在英国,都需要注册VAT税号并缴纳销售税金。这就要求使用英国海外仓的中国商家,必须注册VAT税号并定期进行真实、及时、准确的税务申报,否则可能受到英国税务局的处罚,例如查封货物、向eBay举报导致账号冻结、罚款等。在英国,绝大多数商品和服务的标准税率为20%,这无疑大大增加了海外仓使用成本。另外,海外仓的运作需要雇用当地人,因此得符合当地的劳动法和工会组织的要求。当有货物需要销毁时,海外仓还涉及环境保护方面的问题,这些都必须符合当地的法律法规。在欧美国家,法律对税收、用工和环保等都有严格的要求。在运作海外仓时,一定要注意防范法律方面的风险。

因此,对于海外仓,中国卖家需要根据自身产品需求,结合销售区域实际情况,并综合考虑海外仓使用成本及其中可能存在的法律风险,做出最适合自己的选择。

(资料来源:雨果网,作者李鹏博)

第二部分 实训任务

任务名称:FBA模式认知与总结。

建议学时:2学时。

任务描述:跨境电子商务卖家入驻亚马逊平台,可以选择FBA模式。请通过网络资料搜集,总结FBA物流模式的优势和劣势,站在卖家的视角,衡量选择FBA模式和租赁海外仓两种情况的利弊。

实施步骤:

1. 分组,组内分工。
2. 搜集资料。
3. 小组讨论。
4. 形成报告。

任务成果:小组进行明确分工,完成本次任务,最终形成的Word形式的实训报告,包含FBA物流模式的优势和劣势罗列,以及卖家选择FBA模式和租赁海外仓两种情况的利弊分析。

任务评价:

评分标准	分值	得分
分析总结内容完善准确,条理清晰	40	
组内分工明确,讨论气氛热烈	40	
报告内容丰富、格式规范	20	

第三部分　习题巩固

1. 简述海外仓物流模式的过程、特点和收费结构。

2. 绘制海外仓物流模式的过程图。

3. 海外专线物流模式的过程是什么样的？请绘制其物流过程图。

4. 为什么说海外仓是未来最具有发展潜力的出口物流模式？

任务四　跨境电子商务供应链

第一部分　理论知识

跨境电商供应链的产生

1. 问：为什么耐克不生产一双鞋子，却能遍销全球，并取得不俗的市场份额？

答：耐克负责产品的设计，而将产品的制造和销售外包给了合作伙伴，从而实现轻资产发展，将资源集中于优势领域。

2. 问：为什么戴尔只有一星期的库存，却能够满足来自全球的订单，并且出货速度比竞争对手更快？

答：戴尔能在保有少量库存的情况下满足消费者需求，得益于与供应商的库存合作。戴尔与供应商共享订单信息，使得供应商能够快速响应其物料需求，实现戴尔的准时制造。

3. 问：为什么沃尔玛能够做到天天低价，对门店的补货频率是竞争对手的两倍，而价格却更低？

答：沃尔玛能够天天低价，是凭借高效的物流信息系统，将全球门店的销售信息与供应商共享，帮助供应商优化产品结构，制订适销对路的产品生产和销售计划，为沃尔玛提供更低的价格和更及时的补货服务。

案例分析：

根据以上三个企业的问答，你能试着说说供应链的含义吗？

一、供应链的产生

在资源稀缺的市场环境下，企业掌握越多资源就越有话语权，因此，传统企业经营采用的是纵向一体化管理模式。也就是，无论企业规模大小、实力强弱，从原材料的采购、成品的制造到市场的销售、客户的服务等，所有业务流程由企业独自承担，这样的管理模式存在一些缺陷。

1. 增加企业投资负担（资源约束）

企业要承担全流程业务，那么必然要在采购、制造、销售、客户服务等领域投入相应的资源，但企业的资源是有限的，在企业有限资源的约束下，很难做到每个领域都投入充足的资源，反而会因此背负沉重的财政负担。

2. 承担丧失市场时机的风险（船大难掉头）

企业涉足的领域越多，企业的规模就会越庞大，当市场发生转变时，企业很难快速调整经营策略，去适应市场的变化，就好比船小好调头，船越大，惯性就越大，想转变航向会比较困难，从而错失市场时机。

3. 迫使企业从事不擅长的业务活动

企业要独自承担全流程业务，但往往企业能力有限，很难在所有领域表现出色，这就迫使企业去从事不擅长的业务活动，从而出现短板。决定一个木桶盛水量的，往往是最短的那块板。

随着时间的推移，市场环境发生了变化。如今，消费者需求呈现出多样化、个性化的特点，企业想要控制的资源越多，反而越无法灵活地满足消费者需求。企业开始意识到，企业做大未必能够做强，做强未必能够做精，传统的纵向一体化管理模式已经不再适用，企业各自为政、独善其身的时代已经过去，只有团结合作，才能走得更远、发展得更好。

于是，企业开始建立合作联盟，将非核心的业务外包给合作伙伴，集中资源开展优势业务，借助合作伙伴的资源和能力对自身进行补充，实现协同发展。横向一体化管理模式，也就是供应链应运而生。

从以上内容我们看到，合作产生了 1+1>2 的效果，合作使企业共赢未来，这是时代的选择。对于个人来说，合作同样重要。假设要开一个跨境电子商务店铺，你会选择独立完成选品、上架、财务分析、营销推广、客户服务等所有工作，还是和他人合作进行分工呢？

二、供应链的概念

供应链是围绕核心企业，通过对物流、信息流、资金流的控制，从采购原材料开始，制成中间产品以及最终产品，最后由销售网络把产品送到消费者手中的将供应商、制造商、分销商、零售商，直到最终用户连成一个整体的功能网链结构。

其中，物流包括实质产品从供货商至顾客的供应链管理，乃至反向的产品退件以及产品服务与弃置等；信息流包含需求测试、订单传递、产品运送状态的查询与告知等；资金流包含信用卡资料、信用控管、付款方式与计划，以及委托销售等相关措施等。

供应链结构如图3-7所示。

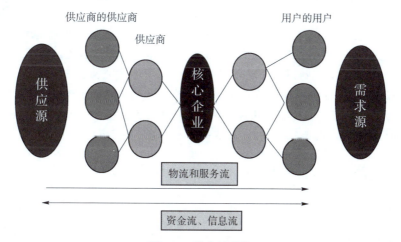

图3-7 供应链结构

下面，我们以一只口罩为例，对供应链的结构进行讲解，具体过程可以通过扫描二维码查看动画。

口罩的产品结构为：外层具有防飞沫设计（纺粘无纺布），中层过滤（熔喷无纺布），内层吸湿（纺粘无纺布）。

口罩的主要环节包括石油—聚丙烯纤维料—无纺布专用料—无纺布—口罩。纺布和熔喷无纺布的差异来自生产工艺，主要原材料均为聚丙烯。

聚丙烯的生产商将聚丙烯供应给熔喷布和纺粘布的生产商，由他们生产出熔喷布和纺粘布，供给给下游口罩生产商，口罩生产商结合其他原材料把口罩生产出来后，交由药店、网络平台等渠道销售给最终消费者。在这条供应链中，口罩生产商作为核心环节，协调上游和下游企业，共同完成口罩的市场供给，整个过程都伴随着物流、信息流、资金流的发生。口罩作为功能性产品，消费者需求变化不大，供应链结构相对简单。口罩供应链结构如图 3-8 所示。

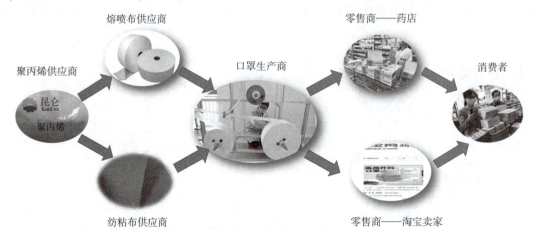

图 3-8 口罩供应链结构

 思政园地

在特殊的疫情环境下，口罩供应链爆发出巨大能量，一点也不简单。它的不简单来源于一个数字"3 647"，指的是比亚迪等 3 647 家企业短期内"跨界"加入了口罩的生产保卫战。中石化一周之内完成了熔喷布的研发生产，8 天完成了关键设备采购、安装，并攻克了相关技术难题；比亚迪加入保卫战后，实现了每天 500 万只的产能；上汽通用五菱联合旗下的供应商，改造厂房，布置无尘车间，装备了 12 条生产线；富士康在龙华园区导入首条生产线；爹地宝贝，产品由纸尿裤转变，实现了日产 350 万只的产能；三枪交付 10 条自动化生产线。各企业通过微博、微信公众号等平台进行需求信息发布，自发联合起来，快速响应需求并加入口罩的供应链。

口罩供应链

这些企业是口罩这条供应链的构建者，也是疫情阻击战中的另一类逆行者，他们身上那种万众一心、同舟共济的守望相助精神，是人类文明中的宝贵财富。

三、供应链风险

本任务的导入案例提到的三个企业，同学们看后可能会有疑问：耐克把生产都外包给了其他企业，那么它如何去把控产品质量？戴尔把生产时间计算得那么精准，能及时收零部件吗？沃尔玛的补货计划，会不会因为供应商的问题而无法执行？

跨境电商供应链
的概念和风险

这些问题都是供应链运行过程中存在的合作风险，要规避这些风险，除了企业在构建供应链之初，就抱着审慎、公正的态度去选择合作伙伴之外，供应链成员的自觉维护就显得尤为重要了。

我们来看一个案例。

Acme 是一家生产和组装家用吸尘器的公司，吸尘器的组装需要 149 号部件，这个部件虽然价格不高，但是安全性能要求很高，它的电气绝缘特性能够防止用户使用过程中遭到电击，正是看中 Elston 公司产品的质量优势，Acme 选择 Elston 作为 149 号部件的供应商，并承诺对其产品实行免检政策。过去 6 年的时间，Elston 和 Acme 合作一直比较愉快，直到最近，Acme 下游的很多用户反馈,在家用吸尘器的使用过程中听到有电流声,严重的是,一位心脏衰弱的客户在使用过程中遭到电击致死。事故发生后,Acme 的企业形象受到重创。通过调查,电击是由 149 号部件造成的,Elston 在未通知 Acme 的情况下,使用了更便宜的绝缘材料代替。

从案例中,我们看到作为供应商的 Elston 公司违背诚信原则,导致整条供应链受损。Elston 本身要为本次事故负责;作为它下游的生产商 Acme 需要召回销售的产品,在寻找新供应商的过程中,它的生产线只能停顿下来;作为供应链终端的用户则付出了生命代价。

供应链是环环相扣的,一旦构建,其成员之间就是一荣俱荣、一损俱损的关系,任何一个环节出现问题,都会影响整条供应链的稳定。

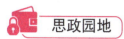

诚信是企业间合作的基石,企业间的诚信关系对整条供应链运作的顺畅与效能的提高有重要作用。要降低供应链运作过程中的风险,需要每个成员共同努力。成员以诚信为本,在擅长的领域精益求精,才能促进整条供应链的发展,才能共同赢得市场。

工匠精神对于企业来说也尤为重要,踏踏实实做产品,才是企业的长久生存之道,不能只看眼前利益,不顾大局。

如果你选择和小伙伴合作开一个跨境电子商务店铺,你认为合作过程中会存在哪些风险?

四、跨境电子商务供应链

1. 跨境电子商务供应链结构

在跨境电子商务业态下,企业采用的依旧是横向管理化模式,但因为交易基于网络进行,相对于传统的企业,跨境电子商务供应链呈现出扁平化的特点。一般来说,跨境电子商务企业销售的商品来源有自有渠道和供应商渠道,在自有渠道下,供应商就是销售商本身;在供应商渠道下,跨境电子商务企业的上游是各种批发平台或工厂。在 B2C 模式下,跨境电子商务下游直接对接消费者,因此整条供应链呈现出扁平化的特征。跨境电子商务 B2C 模式下的供应链结构如图 3-9 所示。

图 3-9　跨境电子商务 B2C 模式下的供应链结构

2. 跨境电子商务供应链特点

1)跨境电子商务属于国际贸易的范畴,跨境电子商务从业人员需要融合供应链首尾两端,因此需要了解不同国家的市场和文化,从而构建具有竞争力的供应链。

2)跨境电子商务是基于互联网发展起来的,因此需要紧跟互联网的发展,充分运用互联网技术,对互联网资源进行开发和整合,获取和分析消费者需求信息等。

3)跨境电子商务供应链在产品品质保障、物流服务保障、售后服务保障等方面较为薄弱。在跨境电子商务企业销售的产品来源于各种批发平台的情况下,平台产品质量参差不齐,跨境电子商务企业很难保障产品质量可靠。跨境物流因为涉及不同的国家,存在诸多不确定因素,很难保障服务满足消费者的全部预期。跨境电子商务交易周期较国内电商更长,物流时间较久,物流费用较高,因此存在退换货困难的情况。

跨境电子商务进口领域涉及的商品以母婴用品和化妆品居多，此类商品消费涉及消费者的健康，因此，如何保证此类商品的绝对安全，并且保证一旦出现问题，能够实现可追溯追查，是跨境电子商务进口领域经营者关注的一个重点。请思考，树立诚信价值观对于进口业务经营者的重要性。

第二部分　实训任务

任务名称：供应链案例分析。
建议学时：2 学时。
任务描述：阅读以下案例，分小组进行讨论，回答案例相关问题。

DX 如何依靠供应链管理优势获得利润

在外贸电商领域，潜伏着这样一条见尾不见首的"神龙"：19 岁从 eBay 起家，23 岁上线了 B2C 独立网站 DealExtreme.com，27 岁成功让自己的公司上市，此后便不再参与公司经营管理活动。

这条"神龙"名叫陈灵健，1983 年出生于中国香港，曾就读于加拿大 Simon Fraser Unversity，并获得工商管理学士学位。他创立的外贸 B2C 网站 DX 用四年左右的时间便达到两亿美元的销售额，而且有几千万美元的盈利。

这条"神龙"的"神"到底体现在哪里呢？

第一，营销很"神"。陈灵健在推广时积极活跃在各大论坛，把"论坛营销"做到了极致。通过和论坛合作，用一种间接的手段曝光自身网站的产品、打折优惠信息，不仅不会招来消费者的反感，反而让消费者觉得"DX 满足了我对廉价电子产品的需求"。此外，论坛一般有一个主题，聚集的都是某个领域里面的发烧友或对此感兴趣的人，因此论坛营销有很强的"精准性"，极大地提升了网站的点击率和订单的转化率。为了不被各大论坛绑架，DX 还自己独立运营着一个论坛（http：//club.dx.com/forums/），上面活跃着大批早年追随 Sonny.Chen（陈灵健英文名）的买家。虽然这个论坛由 DX 运营，但所有版主都是消费者，而且 DX 不允许员工删除论坛上的任何一句评论。这种富有互联网自由精神的论坛赢得了外国人的认可：他们积极讨论电子产品、游戏等宅男们热衷的话题，对 DX 的产品服务或赞美或"吐槽"……良好的口碑使得 DX 论坛持续不断地吸引了越来越多的新客户，而这一切，几乎不产生任何营销费用。后期，DX 也开展了社交网络等其他营销手段。但总体来看，DX 把整体营销费用控制在营收的 2% 左右，而同期（2012 年）兰亭集势的营销费用则占比 26.7%，营销能力高下立判。

第二，供应链管理很"神"。2002 年刚开始做外贸电商的时候，陈灵健神奇地把国际物流费用做到很低，低得几乎可以忽略不计，而其他卖家则常常为几十上百美元的运费苦恼不已。原来，陈灵健使用的是"航邮小包"，一种以重量计价的国际快递，其他卖家使用的是 UPS、DHL 等商业快递。当然，现在"航邮小包"已经是业内常识了，但在十几年前，能够率先想到使用这种运输方式的绝对是"神人"。陈灵健在供应链管理方面的"神"还体现在仓储方面。西丽是深圳西边的一个小镇,离深圳市区有近30千米。随着创维、爱普生等大型企业的落户,这里已经成为一片喧嚣的工业园区,地价当然也不菲。然而,在陈灵健刚到这里的时候,西丽是一个安静的小地方,拥有大量廉价的仓库用地。陈灵健马上在此建了4000平方米的仓库,并把人工成本压到最低。2007年的时候,DX的仓库管理员一个月的薪水才1000多元。更神奇的是,陈灵健通过一个Excel表格就可以管控整个供应链,包括其中涉及的信息流、资金流等。当然,这些仅仅是DX创立初期的情况。上市后的DX在供应链管理方面同样出色,其3C类产品的采购成本比同行要低20%。这主要归因于DX的规模化采购,上量之后能够直接向主要供应商订货。根据其2013年年报,前五大供应商的发货量占据DX全年采购量的82%,第一大供应商的发货量占据DX全年采购量的38%。在"小批量多频次"采购的外贸电商中能把供应商集中度做到如此之高,足以见得DX在供应链管理方面的"神奇"。此外,DX还积极引入"无库存实时采购",把采购和库存都外包给专业的第三方,使得整个供应链变得更加高效。可见,不管是在陈灵健个人管理时代,还是上市后规模化管理时代,DX的供应链管理都做得"出神入化",令同行难以望其项背。

营销,是外部管理范畴,强调的是与(潜在)消费者的沟通;供应链,是内部管理范畴,侧重的是内部流程的优化。陈灵健就是把这一内一外做到了极致,才让DX取得了迅猛的发展。

在2010年上市之后,陈灵健几乎淡出了公司管理。根据公开资料显示,其仅仅在2011年1月至2012年2月担任公司的非执行董事。在股权方面,陈灵健也逐步退出。从2013年6月30日DX的股权结构来看,孟虎间接持有20.62%的股权,是第一大股东,黄少康紧随其后,陈灵健排第三。

现在的DX处于孟虎掌舵中。在孟虎的掌舵下,DX在不断地进行尝试和创新。在品类拓展方面,DX曾与凡客合作,引进男装品类,后面还推出了DX Mall,售卖婚纱礼服等产品。在细分市场方面,DX已经拥有折扣品、成人用品、美容产品等垂直B2C网站。在商业模式方面,DX推出了闪购、团购业务,甚至上线了"DX Deal"子频道,使团购成为网站的常规业务。在产业链延伸方面,DX于2011年收购了madeinchina.com,进军B2B小额外贸批发市场。在品牌建设方面,DX在2013年推出了自有品牌DXman,涵盖服饰及3C类产品。在物流配送方面,DX通过与当地物流商合作,开通了欧洲直送业务(EU Direct)和澳大利亚直送业务(AU Direct),从而提升消费者的购物体验。在这一系列的尝试和创新中,也许有些项目未必成功,但这些都是DX不断发展的引擎。

案例分析:
1. 描述DX的供应链结构。
2. 结合案例,谈谈你对供应链管理的理解。

实施步骤:
1. 个人独立阅读案例。
2. 小组讨论。
3. 小组派代表发言。
4. 教师总结。

任务评价:

评分标准	分值	得分
小组合作氛围	30	
问题答案准确	40	
发言主旨明确,条理清晰	30	

第三部分 习题巩固

1. 简述供应链的概念及其产生过程。

2. 简述口罩的供应链结构。

3. 简述供应链存在的风险,并思考如何规避。

4. 简述跨境电子商务的供应链结构和特点。

项目测评

	测评指标	测评得分	未掌握情况记录
知识	国际物流的概念		
	国际物流的特点		
	物流相关的信息技术		
	跨境电子商务进出口物流模式的过程		
	跨境电子商务进出口物流模式的特点		
	供应链的产生		
	供应链的概念		
	供应链的风险		
技能	能描述出跨境电子商务进口物流模式		
	能描述出跨境电子商务出口物流模式		
	会对各种物流模式进行分析和选择		
	能认知供应链管理过程的风险并进行规避		
素养	法治观念		
	大国自信		
	职业道德		
	合作意识		
	风险意识		

测评表使用须知：通过本项目学习，请对自己的学习效果进行测评。测评得分区间为 0～10 分，0 分为完全未掌握，10 分为完全掌握，数字越大，掌握程度越深，测评者依据自身实际情况进行评分。在未满 10 分的情况下，都可以在最右一列陈述未掌握的具体情况，并据此向老师或同学提问。

项目四
跨境电子商务支付

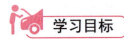 学习目标

知识目标

掌握跨境电子商务支付的概念
掌握跨境电子商务支付的特征
掌握跨境电子商务支付的方式
掌握 PayPal 等支付方式
了解跨境电子商务支付的产生和发展历程

能力目标

会运用国际信用卡进行跨境支付
会运用 PayPal 等第三方支付方式进行跨境支付

素养目标

通过了解支付监管培养法治观念
培养资金结算安全意识、风险意识
树立正确的消费观

任务一　跨境电子商务支付认知

第一部分　理论知识

跨境电商支付认知

"双十一"支付宝国际交易笔数同比增六成

2016年11月12日消息，蚂蚁金服公布数据显示，"双十一"当天，支付宝国际交易笔数同比增长了60%，全球共有224个国家和地区的消费者用支付宝参与活动。

数据显示，海外用户参与"双十一"热情空前高涨：全球共有224个国家和地区消费者使用支付宝网购，支付宝国际交易笔数同比增幅60%。其中，俄罗斯人"血拼"战意最旺盛，交易笔数占到总量的48%；其次是西班牙，占比8%；乌克兰、以色列和法国则以5.5%、4.8%、3.9%份额分列3~5位。

目前，通过打通世界各地的资金渠道，支付宝已经实现"全球收全球付"能力，可以服务全球220多个国家和地区的用户，并且支持18种货币结算。不仅中国消费者，海外消费者也能在天猫或速卖通平台购买商品，用支付宝方便地付款。

蚂蚁金服方面表示，"双十一"不仅是全球用户的网购盛宴，也是全球支付系统的一次大演练。中国新金融技术已经领先全球，12万笔/秒的支付峰值代表了中国速度和中国效率，尤其是今年的中国各大银行，已经共同支撑起了5.4万笔/秒峰值的体验，这是非常了不起的成绩。不过，对于全球其他地区而言，还是一个巨大的挑战，一如几年前中国"双十一"所经历过的那样。

据悉，为了保证全球支付网络的稳定，支付宝专门成立"全球支付成功率"技术项目组，并早早地与海外发卡行、金融机构等进行了密集测试，通过输出技术和经验，帮助全球各地支付网络系统提升稳定性。今年"双十一"，支付宝的海外支付成功率达到86%，比往年提升了8个百分点。蚂蚁金服表示，希望通过每年的"双十一"，跟全球的金融机构共同努力，帮助全球其他地区的支付能力提升到"中国速度"水平。

(摘自牛华网，《支付宝"双十一"数据曝光：
覆盖224个国家和地区国际交易同比增六成》，2016-11-12)

案例思考

通过案例，你如何看待跨境支付在跨境电子商务交易中的作用？

一、跨境电子商务支付的概念

跨境电子商务支付指两个或两个以上国家或者地区之间因国际贸易、国际投资及其他活动所发生的国际间债券，借助一定的结算工具和支付系统实现资金跨国和跨地区转移的行为。如中国消费者在网上购买国外商家产品或国外消费者购买中国商家产品时，由于币种不一样，就需要通过一定的结算工具和支付系统实现两个国家或地区之间的资金转换，最终完成交易。

近些年来，电子商务日益发展壮大，支付方式也随之多样化。而互联网的出现，为支付方式的创新与发展提供了广阔的平台。

二、跨境电子商务支付的特征

跨境电子商务支付伴随着商品进出口而发生，具有以下特点。

1）跨境支付与结算是以特定的工具进行支付的。跨境支付与结算的工具一般为货币与票据，一方面，涉及货币的选择和外汇的使用，以及与此有关的外汇汇率变动带来的风险问题；另一方面，涉及票据或凭证的使用问题，与此相关的是各国或各地区有关票据或凭证流转的一系列复杂的法律问题。

2）跨境支付与结算是以一定的支付方式来保障交易的安全。这就涉及如何根据不同情况，采用国际上长期形成的汇付、托收、信用证、PayPal等不同的支付方式，以处理好货款收付中的安全保障和资金融通问题。

3）由于收付双方处在不同的法律制度下，受到相关法律的限制，只能采用国际结算的传统惯例，协调双方之间的关系并相互约束。

4）国际支付与结算必须以收付双方都能接受的货币为支付结算货币，为了支付方便和安全，一般采用国际通行的结算货币，如美元、欧元、英镑等，特殊情况下也有例外。结算过程中有一定的汇兑风险。

5）跨境支付与结算主要通过中间人——银行进行，以确保支付过程安全、快捷、准确、保险、便利。

三、跨境支付流程

境内消费者通过境外电商网站购买商品，境外消费者通过境内电商网站购买商品，由于币种不同，就得通过一定的支付工具和资金结算系统来实现货币转换从而完成跨国交易。

跨境电子商务的资金结算方式有跨境收入结汇方式和跨境支付购汇方式两种。结汇和购汇都是外汇兑换，结汇是将外汇兑换成人民币，即个人或企业将外汇卖给银行；购汇是将人民币兑换成外汇，即个人或企业从银行购买外汇。

1. 购汇支付

1）境内消费者登录境外电商网站，选购商品，并下订单。
2）境外电商将消费者的订单（即商品信息）发送给第三方支付平台。
3）第三方支付平台获取境内消费者认证信息。
4）境内消费者选择人民币支付方式，输入认证信息，确认支付。
5）第三方支付平台将支付信息发给托管银行服务端。
6）托管银行服务端将购汇、付款信息发送给第三方支付平台。
7）第三方支付平台将购汇、付款信息发送给境外电商。
8）境外电商向境内消费者发送商品。

境内消费者跨境购物支付流程如图4-1所示。

购汇支付和收汇支付流程

2. 结汇支付

1）境外消费者登录境内网购平台，选购商品，并下订单。
2）境内外贸电商将消费者的订单（即商品信息）发送给第三方支付平台。
3）第三方支付平台获取境外消费者认证信息。
4）境外消费者选择外币支付方式，输入认证信息，确认支付。
5）第三方支付平台将支付信息发给托管银行服务端。
6）托管银行服务端将收汇、付款信息发送给第三方支付平台。

7）第三方支付平台将收汇、付款信息发送给境内外贸电商。
8）境内外贸电商向境外消费者发送商品。
境外消费者跨境购物支付流程如图 4-2 所示。

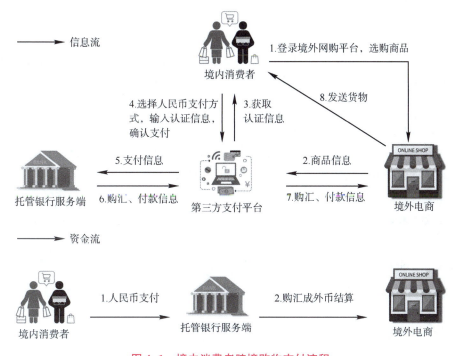

图 4-1　境内消费者跨境购物支付流程

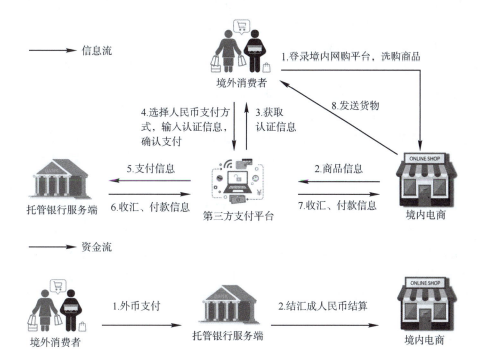

图 4-2　境外消费者跨境购物支付流程

以上支付流程，我们可以扫描二维码查看动画，进一步了解，加深印象。

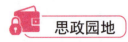
思政园地

环球同业银行金融电讯协会（Society for Worldwide Interbank Financial Telecommunications，SWIFT），是一个国际银行间非营利性的国际合作组织，总部设在比利时的布鲁塞尔。SWIFT运营着世界级的金融电文网络，银行和其他金融机构通过它与同业交换电文（Message）来完成金融交易。除此之外，SWIFT还向金融机构销售软件和服务。

中国人民银行为满足人民币跨境使用的需求，自2012年4月12日决定组织开发独立的人民币跨境支付系统（Cross-border Interbank Payment System，CIPS），进一步整合现有人民币跨境支付结算渠道和资源，提高跨境清算效率，提高交易的安全性，构建公平的市场竞争环境。人民币跨境支付系统（CIPS）一期于2015年10月8日在上海成功上线运行。它作为人民币国际化的重要里程碑和基础设施，为境内外金融机构人民币跨境和离岸业务提供资金清算、结算服务。

CIPS的产生和发展，使我国的银行减少了对SWIFT的依赖，提高中国对外贸易结算的主导权，具有里程碑意义，有利于培养学生大国自信和民族责任感。

四、跨境电子商务支付的前景

1. 跨境支付规模高速增长

随着监管层在2013年对国内第三方支付机构放开，以支付宝为代表的支付机构开始发展跨境购物、汇款及境外移动支付，国内第三方支付机构的跨境互联网支付交易规模迅速增长，早在2018年交易规模就已逼近5 000亿元。

2. 第三方支付机构加速布局

截至2019年5月，支付宝已与全球250多个金融机构建立合作，一方面为海外商家和用户提供在线收付款服务，另一方面在全球54个国家和地区为中国消费者提供境外线下支付服务。同时，还在9个国家和地区发展"本地版支付宝"，服务当地用户。财付通的微信支付接入的国家和地区已增至40个，支持13种外币直接结算，有8亿用户绑定自己的银行卡账户，目前在全球范围具有大约10亿的用户。2019年6月5日，连连支付跨境收款产品全面接入Shopee六大站点，帮助中国跨境电子商务卖家淘金东南亚和中国台湾市场。

3. 跨境支付市场竞争加剧

跨境支付市场竞争加剧，合规和服务能力或成为市场竞争门槛。随着跨境支付牌照数量的逐渐稳定和监管条款的逐渐清晰，跨境支付牌照的价值不断凸显，合规性也将成为跨境支付行业重要的竞争门槛之一。随着市场竞争逐渐激烈，跨境支付的手续费率呈现走低的趋势，支付也将逐渐成为基础性的底层服务。而如何为用户创造更多的价值、提供更加完善的服务，开始成为支付企业的关注焦点。

4. 我国跨境支付投融资跨入中后期

根据IT桔子的数据，2018年我国跨境支付的投融资热度达到顶峰，发生投资事件19起，完成投资金额 28.06 亿元。2019 年投融资热点开始消减，在 2020 年开始反弹。2020 年 1—10 月，我国跨境电子商务支付发生投融资事件 11 起，共完成投资金额 32.72 亿元。2020 年与 2018 年对比，我国的跨境支付的投融资已经开始跨入中后期，整体呈现投资数量减少但投资金额也扩大的态势。

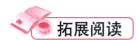

外汇局通报 10 起通过地下钱庄非法买卖外汇案

据国家外汇管理局 16 日消息，根据《中华人民共和国反洗钱法》（中华人民共和国主席令第五十六号）和《中华人民共和国外汇管理条例》（中华人民共和国国务院令第 532 号），国家外汇管理局加强外汇市场监管，严厉打击通过地下钱庄非法买卖外汇行为，维护外汇市场健康良性秩序。根据《中华人民共和国政府信息公开条例》（中华人民共和国国务院令第 711 号）等相关规定，现将部分违规典型案例通报如下：

案例 1：燕赵园林景观工程有限公司非法买卖外汇案

2018 年 3 月至 4 月，燕赵园林景观工程有限公司通过地下钱庄非法买卖外汇 6 笔，金额合计 565.3 万美元。

该行为违反《结汇、售汇及付汇管理规定》第三十二条，构成非法买卖外汇行为。根据《外汇管理条例》第四十五条，处以罚款 468 万元人民币。处罚信息纳入中国人民银行征信系统。

其他还有 9 起个人和企业通过地下钱庄非法买卖外汇案。涉案个人和企业共被罚 2 834 万元人民币。

（摘自央广网，《外汇局通报 10 起通过地下钱庄非法买卖外汇案》，2021-07-17）

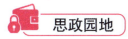

跨境支付具有涉及业务主体更多、业务结构较国内支付业务更为复杂、涉及的资金链条更长等特点，更易被不法分子用于从事洗钱活动。我们应当认识到跨境支付洗钱风险，了解反洗钱的防范措施，了解反洗钱的法律法规，自觉主动地做行业净土的守护者。如果你是一名跨境电子商务从业者，你会认识到这些风险并自觉规避吗？

第二部分　实训任务

任务名称：常见跨境电子商务支付方式认知。

建议学时：2 学时。

任务描述：跨境电子商务支付是跨境电子商务的一个重要组成部分，认知常见跨境电子商务支付方式是从业人员的基本功课，通过支付方式网页浏览、百度搜索等，获取相关信息。将这些信息进行搜集和汇总，运用 PPT 的方式展现出来，和班级同学分享。

实施步骤：

1. 完成分组，4~6人为一组，选出组长。

2. 小组成员独立浏览下方各网站或百度搜索、论坛（如雨果网）搜索，了解各支付方式，搜集和汇总内容包括但不限于该支付方式的简介、哪些跨境电子商务平台可以使用这种支付方式、该支付方式的安全机制、支持币种、收费方式等。

西联支付（https：//www.westernunion.com/cn/en/home.html）

连连支付（https：//www.lianlianpay.com/home）

国际支付宝（https：//intl.alipay.com/ihome/index.htm）

PayPal（https：//www.paypal.com/c2/webapps/mpp/consumer PayPal）

PingPong（https：//www.pingpongx.com/zh PingPong）

派安盈（https：//www.payoneer.com.cn）

万里汇（https：//www.worldfirst.com.cn/cn）

信用卡1：银联+JCB（http：//www.unionpay.com/）（http：//www.jcbcard.cn/）

信用卡2：Visa+万事达（https：//www.visa.com.cn/）（https：//www.mastercard.com.cn/zh-cn.html）

3. 小组成员围绕案例问题展开讨论。

4. 以小组为单位，共同撰写一份报告，以PPT的形式于本次课下课之前交给老师；若下课时未做完，请于当天内完成并提交给课代表。

5. 每个小组派代表上台展示和讲解PPT；小组代表在汇报中可以设计互动环节，目的在于让同学们掌握汇报的这种支付方式。

任务成果： 形成PPT文稿并汇报。

任务评价：

评分标准	分值	得分
小组合作氛围	30	
PPT文稿内容情况	20	
PPT文稿形式情况	20	
PPT演讲情况	30	

第三部分　习题巩固

1. 请解释跨境电子商务支付的概念。

2. 跨境电子商务支付有哪些特征？

3. 请简要说明购汇支付和收汇支付的流程。

4. 请谈谈你对跨境电子商务支付前景的看法。

任务二 跨境电子商务支付方式认知

第一部分 理论知识

跨境电商支付方式认知-1

PingPong 的跨境支付之战："了不起的1%"和"光年"

面对几乎被海外机构垄断的跨境收款市场，PingPong 金融成为该领域为数不多的中国创业公司，也是国内首家跨境支付机构。自成立以来，PingPong 主动发起了两场跨境收款领域的"支付战争"，分别指向了跨境收款领域的费率高和回款慢、融资难的痛点。

跨境电商支付方式认知-2

美国支付公司 PayPal、英国支付公司派安盈（Payoneer，即"P 卡"）和 Worldfirst（即"WF 卡"）纷纷进入中国，面对几乎被海外机构垄断的跨境收款市场，中国商户往往需要支付约 3% 甚至更高的费率。成立不久的 PingPong 金融在 2016 年便迅速打出了一张"了不起的 1%"的王牌，即"跨境支付手续费 1% 封顶"，迅速找出跨境出口行业的第一个痛点，在跨境收款市场投入了一枚重磅炸弹。PayPal 等被迫调低手续费，从彼时至今，中国跨境支付行业便一直保持着 1% 的低服务费。

PingPong 近期发布了一款基于支付行为的结构化融资产品——"光年"，瞄准的正是跨境贸易回款账期长、资金周转慢的第二个痛点。如果商户选择使用该产品，只要电商平台出账，PingPong 就会显示入账，商户便可以即刻发起提现，可比全球的其他电商支付渠道提前 3~7 天拿到货款。

（摘自中国电子银行网，《PingPong 的跨境支付之战："了不起的 1%"和"光年"》，2017-09-26）

案例思考：

跨境电子商务支付有哪些方式？支付方式对于跨境电子商务有什么作用？

跨境电子商务支付方式主要有第三方平台支付、国际信用卡支付和银行汇款。其中，第三方支付平台费用低、安全性高，受到越来越多用户的青睐。目前，在跨境电子商务支付方式中，第三方支付平台占据主流地位。跨境支付需求的迅速增长促使国内第三方支付抢滩境外支付蓝海，向境内买家和海外卖家提供一站式的资金结算解决方案，进一步提升跨境支付体验。未来几年，国际贸易形式也将由 B2B 迅速向 B2C、C2C 转化，第三方支付机构跨境业务将得到爆发式的增长。

一、第三方平台支付

第三方平台支付是指国内第三方支付机构获得国家外汇管理局颁发的跨境电子支付业务牌照，提供交易支持平台，集中为跨境电子商务交易双方办理跨境收付汇和结售汇业务。

跨境电子商务中常用的第三方支付平台有：PayPal、国际支付宝、派安盈、PingPong、连连支付、万里汇等，下面进行详细介绍。

1. PayPal

（1）简介

PayPal 成立于 1998 年，拥有超过 20 年的历史，是一家总部设在美国加州硅谷的互联网金融公司，也是目前全球最大的网上支付公司。它是 eBay 旗下的一家公司，致力于让个人或企业通过电子邮件，安全、简单、便捷地实现在线付款和收款。PayPal 用于便捷的外贸收款、提现与交易跟踪，能够快捷支付并接收包括美元、加元、欧元、英镑、澳元和日元等 25 种国际主要流通货币。PayPal 账户分两种类型：购物账户和商家账户（个体/企业）。用户可根据实际情况进行注册，购物账户可以升级为商机账户。

PayPal 具有风控系统、全球用户、品牌效应强、资金周转快和安全保障高等优势。

（2）开户方式

1）登录 PayPal 官网页面（https：//www.paypal.com），点击"注册"按钮。

2）进入相关注册界面后，选择"个人账户"或者"企业账户"。点击"个人账户"，进入"下一步"。

3）填写个人信息。包括邮箱地址、姓名、创建密码、确认密码。点击"下一步"。

4）完成注册。

（3）收费方式

PayPal 注册开户和付款都是免费的，但在进行收款、提现时会收取一定的费用。

1）PayPal 收款手续费。

标准收费：3 000 美元以下的，费率为 4.4% +0.30 美元；

优惠收费：3 000～10 000 美元的，费率为 3.9% +0.30 美元；

10 000～100 000 美元的，费率为 3.7% +0.30 美元；

100 000 美元以上的，费率为 3.4% +0.30 美元。

使用美元收款时，固定费用为 0.3 美元，使用其他币种的固定费用可前往 PayPal 官网查询。

2）PayPal 提现手续费。

PayPal 提现有四种方式，相应的手续费为：

①电汇至中国内地地区的银行账户：35 美元；

②提现至中国香港地区的银行账户：提现 1 000 港币及以上，免费；提现 1 000 港币以下，每笔 3.50 港币；

③提现至美国的银行账户：免费；

④通过支票提现：每笔 5 美元。

拓展阅读

PayPal 的冻结

PayPal 账户冻结，是指账户的某笔交易被临时冻结，账户使用者不能对这笔交易进行退款、提现等操作。先了解一下为什么账户会被冻结？一个账户从注册到收款然后到提现，PayPal 公司从来没有从用户手里得到过任何的资料，所以每个账户从开通到提现的过程中肯定要被冻结一次，然后要求账户使用者递交身份证明、地址资料等来证明使用者是真实存在并且遵纪守法的公民。出现以下几种情况也会被冻结。

1）收款后立马提现，比如，账户收了 1 000 美元，收款后马上提现 900 美元，存在这种情况，卖家收了款，货还没发就提现，难免引起怀疑，导致被冻结。

2）提现金额过高。例如，收款 1 000 美元，发货后，卖家需要资金周转，把 1 000 美元全部提现，这种情况比较危险。一般提现金额为 80%，留 20% 首先是为了防止买家退单，其次是为了让 PayPal 放心。

3）被客户投诉过多、退单过多。一般投诉率超过 3%、退单率超过 1% 就会被 PayPal 公司终止合作。

4）所售产品有知识产权问题。也就是仿牌或者假货，这些是 PayPal 禁止交易的。国外对知识产权的保护非常重视，一旦国际品牌商投诉，后果是非常严重的，所以从事跨境电商业务的卖家，一定要重视知识产权问题。

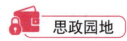

以上阅读材料帮助我们梳理了 PayPal 账户被冻结的原因，从中我们意识到，需要重视第三方支付工具的使用规则和法律规定。在生活中，微信、支付宝已成为常用的第三方支付工具，请你结合生活经验思考：这些支付工具有哪些使用规则？违反这些规则需要承担什么后果？

2. 国际支付宝

（1）简介

阿里巴巴国际支付宝（Escrow）由阿里巴巴与支付宝联合开发，是指在保护国际在线交易中买卖双方的交易安全的一种第三方支付担保服务。

国际支付宝的第三方支付服务是由阿里巴巴国际站同国内支付宝（Alipay）联合支持提供的。全球速卖通平台只是在买家端将国内支付宝改名为国际支付宝。

使用国际支付宝有品牌优势、多种支付方式、安全保障和方便快捷等优势。

（2）开户方式

如果用户已经拥有国内支付宝账户，只需绑定国内支付宝账户即可，无须再申请国际支付宝（Escrow）账户。当用户登录"My Alibaba"后台（中国供应商会员）或"我的速卖通"后台（普通会员），用户可以绑定自己的国内支付宝账号来收取货款。如果用户还没有国内支付宝账号，可以先登录支付宝网站申请国内支付宝账号，再绑定即可。

（3）收费方式

国际支付宝注册开户、付款、提现都是免费的，只在交易完成后对卖家每笔订单收取 5% 的手续费。

3. Payoneer

（1）简介

Payoneer（派安盈）简称为 P 卡，成立于 2005 年，总部设在美国纽约，对接亚马逊、Wish、Lazada、Google、Cdiscount 等全球 3 500 家合作平台，在全球 200 多个国家和地区开展跨境支付服务，主要业务是帮助合作伙伴将资金下发到全球用户。Payoneer 批量支付服务，尤其专注于单笔资金额度小但是客户群分布广的跨境电子商务网站或卖家。同时，Payoneer 全球收款服务也为全球客户提供美国、欧洲等七个国家和地区的银行收款账户，支持美元、欧元、英镑等七个币种的结算。Payoneer 是万事达卡组织授权的具有发卡资格的机构，平安银行是 Payoneer 在我国的合作机构。

（2）开户方式

Payoneer 提供个人账户、企业账户两种身份类型。由于亚马逊欧洲站、Newegg、Lazada、京东海外站等平台只允许卖家以企业身份入驻,越来越多的电商选择注册企业账户。

1)登录 Payoneer 官网页面(https://www.payoneer.com.cn),点击"注册"按钮。

2)进入相关注册界面后,选择"个人账户"或者"公司账户"。默认是"个人账户",我们选择点击"公司账户",依次以拼音填写相关信息:公司名称、联系人姓名,下拉菜单选择企业类型、联系人出生日期,填写邮箱地址。点击"下一步"。

3)填写公司联系地址信息。详细到门牌号(以拼音填写)。点击"下一步"。

4)填写密码和密码保护等安全信息。点击"下一步"。

5)填写银行账户信息。点击"完成"。

6)打开邮箱,找到邮件,有提示需要上传对公银行账户、股东居民身份证照片及公司营业执照扫描件等文件信息,点击"上传文件"。等待账户审核通过,一般不超过7个工作日。

7)完成注册。

(3)收费方式

Payoneer 注册开户和付款都是免费的,注册时默认无卡账户,提现时收取1.2%的手续费,收款量大的客户可以申请将提现费降至1%甚至更低。同时,Payoneer 提供实体卡服务,即P卡,需另外收取29.95美元的年费。

2021年 Payoneer 取代 PayPal 从 eBay 收款,免除了 PayPal 35美元的提现费。

4. PingPong

(1)简介

PingPong 成立于2015年6月,公司总部位于杭州跨境电子商务综合试验区,先后在美国、欧盟、日本等业务区获得了相关业务牌照,并建立分支机构。PingPong 当前主要业务是为 Amazon(亚马逊)、eBay、Wish 等平台的中国跨境电子商务提供跨境收款服务以及为跨境电子商务提供企业信贷服务。PingPong 与中国银联、中国银行、中国跨境电子商务综合试验区(杭州)、上海跨境电子商务公共服务平台等机构联手,为中国卖家提供更合规、更安全的跨境收款服务以及多种重量级产品。

(2)开户方式

1)登录 PingPong 官网页面(https://www.pingpongx.com/zh),点击"注册"按钮。

2)进入"创建账号"界面后,选择"个人信息注册"或者"企业信息注册"。填写个人信息,包括地区、手机号、创建密码、确认密码等。点击"立即创建"。

3)注册完成,自动进入"完善账号"界面,设置邮箱与安全问题,点击"发送验证邮件"。

4)打开邮箱,找到 pingpong 发的验证激活邮件,打开并点击"继续注册"。

5)登录 PingPong(注册手机号或邮箱都可以登录)。

6)如果是企业账号,需要填写卖家平台店铺信息及绑定平台。

7)完善实名信息。

8)实名认证审核。

9)完成注册。

(3)收费方式

PingPong 注册开户和付款都是免费的,提现费以1%为封顶费率。没有汇损,银行工作日9:40—17:00提现汇率参考的是中国银行的实时现汇买入价,非工作时间为固定汇率,提现时页面会显示交易汇率,所见即所得。

5. 连连支付

(1)简介

连连支付(lianlianpay)为连连集团旗下全资子公司,成立于2003年,注册资金3.25亿元,是专业的第三方支付机构。2017 年，连连支付正式上线跨境收款产品。连连支付为跨境出口电商卖家提供收款、付款、多平台多店铺统一管理、VAT 缴纳等一站式跨境金融服务。支持全球 10 多个结算币种（上线英镑、欧元、日元、澳元、加元等）的收款服务，免费缴纳五国的 VAT 税费。连连支付在美国、英国、欧洲、巴西、东南亚等地设立海外公司，拥有当地的海外金融牌照。在 2018 年上线的实时到账功能最快 2 秒即可提现。

连连支付是第一家专注移动支付风控系统的公司，开发欺诈风控引擎系统，通过风险策略、数据模型，全方面、多角度实时对交易进行监控。风险控制能力行业领先，资损率低于十万分之一。

在 2020 年独立站崛起的风口，连连国际已经支持独立站平台 Shopify、Magento、Bigcommerce、自建站、XShoppy、Shoppy 收款服务，这是很多大收款品牌所不具备的。

（2）开户方式

连连支付提供个人账户、企业账户两种身份类型。由于亚马逊欧洲站、英国站、京东海外站等平台只允许卖家以企业身份入驻，越来越多的电商选择注册企业账户。

1）登录连连国际官网页面（https://global.lianlianpay.com），点击"注册"按钮。

2）进入注册界面后，选择"手机注册"或者"邮箱注册"。如选择"手机注册"，填写个人信息，包括地区、手机号、创建密码、确认密码等，点击"创建"。注册完成，自动进入下一步。

3）申请境外收款账户。选择要收款的平台，点击进去。如果暂时不想申请收款账户，也可以直接点击"跳过"。如果没有找到自己可用的平台，点击右下角的反馈。

4）填写境外收款账户信息。根据自己的店铺，填写相关信息，点击"下一步"。也可以选择"暂无产品售卖/暂无店铺"，或者直接点击"跳过"。

5）实名认证。根据第一步实名主体认证所在地进行选择，然后根据不同类型，填写信息、提交资料，点击"提交"进行认证。

6）等待账户审核通过，一般 1 个工作日内完成审核。

7）等待账户审核的时间，为了账户的安全和使用方便，点击右上角的图标，到个人中心完成邮箱绑定、登录密码设定、支付密码设定和密保问题设定。

8）完成注册。

（3）收费方式

连连支付注册开户和付款都是免费的，采用每个平台不同的提现费率，比如北美、加拿大的提现费率，亚马逊平台是 0.7%，eBay 平台是 0.5%，AliExpress 平台是 0.7%。可锁定中国银行实时汇率，零汇损。

6. WorldFirst 万里汇

（1）简介

WorldFirst（万里汇），俗称 WF 账户，成立于 2004 年，是一家注册于英国的国际汇款公司，总部位于英国伦敦。2019 年，被蚂蚁金服收购，成为蚂蚁金服全资的子公司。支持亚马逊、eBay、PayPal、Cdiscount 等主流电商平台收款。WorldFirst 目前支持 10 个币种：美元、欧元、英镑、加元、日元、澳元、新西兰和新加坡元、港币和离岸人民币。

（2）开户方式

①登录 WorldFirst 官网页面（https://www.worldfirst.com.cn/cn/），点击"注册跨境电商账号"按钮。

②进入注册界面，选择"注册个人账号"或者"注册企业账号"。如果选择"注册个人账

号",接着根据实际情况如实填写信息。

③点击"下一步",选择注册方式"支付宝极速注册"或者"标准注册"。建议使用支付宝极速注册,最快1分钟内即可完成注册。国内的小伙伴基本都有支付宝了,使用"支付宝极速注册"简单一点。使用支付宝快捷登录,授权登录成功后,填写用户名和密码、电子邮件。资料提交后,等待审核。大概半个小时内就会收到World First审核通过的邮件通知。客服也会把一些关于账号的基本操作发送到邮箱。

如果选择"标准注册",还需要提交身份证材料用于身份审核,速度比较慢,需要1~2天。

④完成注册。

（3）收费方式

WorldFirst注册开户是免费的,单笔提现金额不小于250美元（或等值其他币种）的提现手续费为0.3%。

其他第三方支付方式

1. **Cashrun Cashpay**

Cashrun Cashpay中文是铠世宝,旨在通过其诈骗防范和全球支付方案服务,保护电子商务免受不确定风险。铠世宝的产品,分别为现金盾和现金付。

2. **WebMoney**

WebMoney（WM）是俄罗斯最主流的电子支付方式,在俄罗斯各大银行均可自主充值取款。

3. **Paysafccard**

Paysafecard是欧洲比较流行的预付卡支付方式,购买手续非常简单,报刊亭、加油站、商场和店铺都可以买到,其支付过程也相当快捷安全。主要用于购买虚拟类产品。

4. **CashU**

CashU是中东和北非地区非常流行的一种预付支付方式,用户线下购买充值卡,线上使用充值卡付款。

5. **Qiwi Wallet**

Qiwi Wallet即Qiwi钱包,是俄罗斯当地的一种在线支付方式,Qiwi钱包和用户手机号绑定,但目前不支持中国手机号注册。

6. **Boleto**

Boleto是受巴西中央银行监管的一种官方支付方式,每年大约有20亿笔交易,其中30%的交易是在线交易。

二、国际信用卡支付

跨境电子商务网站可通过与Visa、MasterCard等国际信用卡组织合作,或直接与海外银行合作,开通接收海外银行信用卡支付的端口。目前国际上五大信用卡品牌包括Visa、MasteCard、America Express、Diners club、JCB,其中前两个使用广泛。

信用卡又叫贷记卡,是由商业银行或信用卡公司对信用合格的消费者发行的信用证明。其形式是一张正面印有发卡银行名称、有效期、号码、持卡人姓名等内容，背面有磁条（或芯片）、签名条的卡片。卡号是由16位数字组成，4开头的是Visa卡，5开头的是Master卡，有效期是指信用卡能有效使用的期限。持有信用卡的消费者可以到特约商业服务部门购物或消费，再由银行同商户和持卡人进行结算，持卡人可以在规定额度内透支。

国际信用卡支付网关，就是指专业提供国际信用卡收款的银行支付接口。国际信用卡支付网关一般由第三方支付公司和银行一起合作开发。一般信用卡支付有两种通道。

第一种，3D通道。3D通道是指持卡人付款时，需要到发卡行进行认证的信用卡支付通道，是涉及发卡行、收单行、卡组织、持卡人、第三方支付平台及身份验证的一种安全认证通道。

第二种，非3D通道。无须3D认证，持卡人只需要输入简单的信息，即可进行支付，这符合国外买家的消费习惯。

常见信用卡组织介绍如下。

1. Visa

Visa是全球支付技术公司，运营着全球最大的零售电子支付网络，连接着全世界200多个国家和地区的用户。Visa的前身是1900年成立的美洲银行信用卡公司。1974年，美洲银行信用卡公司与西方国家的一些商业银行合作成立了国际信用卡服务公司，并于1977年正式改为Visa国际组织，成为全球性的信用卡联合组织。Visa国际组织拥有VISA、Electron、Interlink、PLUS以及VISA CASH等品牌商标。

2. MasterCard

万事达卡国际组织（MasterCard International）是全球第二大信用卡国际组织。1966年，美国加州的一些银行成立了银行卡协会（Interbank Card Association），并于1970年启用Master Charge的名称及标志，1978年更名为MasterCard。万事达卡国际组织拥有MasterCard、Maestro、Mondex、Cirrus等品牌商标。

3. Diners Club

大来卡（Diners Club）公司于1950年由创业者Frank MCMamaca创办，是第一张塑料付款卡，后发展成一个国际通用的信用卡。1981年，美国最大的零售银行花旗银行的控股公司——花旗公司接受了Diners Club International卡。

4. JCB

JCB（Japan Credit Bureau）于1961年作为日本第一家专门的信用卡公司宣告成立，它是代表日本的信用卡公司，其业务范围遍及世界各地100多个国家和地区。JCB信用卡的种类达5 000多种，成为世界之最。

5. AmericanExpress

自1958年发行第一张运通卡（AmericanExpress）以来，运通卡已在68个国家和地区以49种货币发行，构建了全球最大的自成体系的特约商户网络，并拥有超过6 000万名的优质持卡人。

6. 中国银联

中国银联是经中国人民银行批准的、由80多家国内金融机构共同发起设立的股份制金融服务机构，注册资本16.5亿元人民币。公司于2002年3月26日成立，总部设在上海。

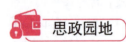 思政园地

以上信用卡组织中，银联是我们生活中最常见到的，作为后起之秀，银联在国内外使用范围

越来越广。请思考，银联的产生对中国在国际支付中的地位提升有帮助吗？

三、银行汇款

传统跨境大额交易平台（大宗 B2B）模式主要为中国外贸领域规模以上 B2B 电子商务企业服务，如为境内外会员商户提供网络营销平台，传递供应商或采购商等合作伙伴的商品或服务信息，并最终帮助双方完成交易。跨境大额交易平台的典型代表有 eBay、阿里巴巴国际站、环球资源、made-in-china 等。大宗交易平台仅提供买家和买家信息，提供商家互相认识的渠道，不支持站内交易。外贸交易以线下支付为主，金额较大。

1. 电汇

（1）简介

电汇（Telegraphic Transfer，一般简写为 T/T）是付款人将一定款项交存汇款银行，汇款银行通过电报或电话传给目的地的分行或代理行（汇入行），指示汇入行向收款人支付一定金额的一种交款方式。由于电报电传的传递方向与资金的流向是相同的，因此电汇属于顺汇。电汇是传统的 B2B 付款模式，适合大额的交易付款。

业务上，电汇分为前 T/T（预付货款）和后 T/T（装船后或收货后付款）。

（2）汇款流程

1）汇款人委托汇出行办理电汇汇款，填写汇款申请书，注明"电汇"，缴纳汇款金额和手续费。

2）汇出行受理汇款业务，收妥汇款金额及费用，将汇款申请书第二联作为回执交汇款人，从而确立双方的委托关系。

3）汇出行根据汇款申请书的内容，以加密押的电报、电传或 SWIFT 系统发送电汇委托书至汇入行。

4）汇入行核对密押，确认指示的真实性，缮制电汇通知书通知收款人。

5）收款人凭电汇通知书及有效证件取款。

6）汇入行核对相对凭证无误，解付款项。

7）汇入行寄送付讫通知书至汇出行，告知款项付讫。

电汇业务流程如图 4-3 所示。

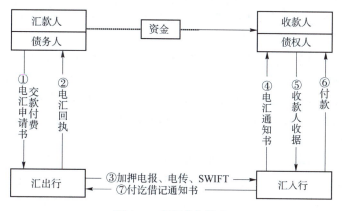

图 4-3 电汇业务流程

（3）优缺点

电汇的优点是：电汇以电报、电传作为结算工具，安全迅速；电汇是实际外贸中运用最多的支付方式，大额的交易基本上选择电汇方式，但实际上，低于10 000美元、高于1 000美元的交易选择电汇方式也是一种不错的支付方式。

电汇的缺点是：一是手续费较高，电汇中银行收取的费用一般分三部分，第一部分是付款人付款银行产生的手续费，可以由付款人单独支付，也可以在付款金额中扣取；第二部分为中转行的手续费，一般在汇款金额中扣取；第三部分为收款人收款行的手续费，从汇款金额中扣取。二是风险大，资金负担不平衡，前T/T风险和资金负担都集中在买方，而后T/T则集中在卖方。

2. 西联汇款

（1）简介

西联汇款是西联国际汇款公司（Western Union）的简称，是世界领先的特快汇款公司，迄今已有150年的历史。它拥有全球最大、最先进的电子汇兑金融网络，代理网点遍布全球近200个国家和地区，在中国拥有超过28 000个合作网点。西联公司是第一数据公司（FDC）的子公司，中国光大银行、中国邮政储蓄银行、中国建设银行、吉林银行、哈尔滨银行、福建海峡银行、烟台银行、龙江银行、温州银行、徽商银行、浦发银行等多家银行是西联汇款的中国合作伙伴。

西联汇款与中国银联子公司——银联电子支付合作，提供可靠的直接到账汇款服务，汇款可直达中国主要商业银行的有效银行账户。

（2）汇款流程

西联汇款流程具体如下。

1）登录西联的官方网站。

2）按照网上的在线转账流程支付，填写提供直接到账汇款表单，提供收汇人的必要信息，包括收汇人名、收汇人姓、城市、国家、电话号码及银行卡账户信息（包括银行名称和银行卡号码），然后向合作伙伴出示由政府发行的身份证或其他证件，获得西联返回的汇款监控号码（Money Transfer Control NO.，简称MTCN）。

3）联系在线客服，告知汇款信息，网上验证。

4）客户付款后，收款方到合作网点填写收汇表格并出示身份证件。

（3）优缺点

西联汇款的优点有以下几点。

1）汇出金额等于汇入金额，无中间行扣费。

2）西联全球安全电子系统确保每笔汇款的安全，并有操作密码和自选密码供核实，使汇款安全交付到指定的收款人账户。

3）西联汇款手续简单，利用全球最先进的电子技术和独特的全球电子金融网络，收款人可以在几分钟内如数收到汇款。

4）手续费由买家承担，卖家无须支付任何手续费。西联国际汇款公司的代理网点遍布全球各地，代理点包括银行、邮局、外币兑换点、火车站和机场等，方便交易双方进行汇款和收款。

西联汇款的缺点有以下几点。

1）汇款手续费按笔收取，对于小额收款手续费高。

2）很多时候买家会不相信卖家，担心自己第一次和卖家合作，如直接将款项打给卖家，卖家不发货，所以很多买家因此放弃交易。如果买家是个大客户，那么卖家的损失就大了。

3）属于传统型的交易模式，不能很好地适应新型的国际市场。

3. 香港离岸公司银行账户

（1）简介

卖家通过在香港开设离岸银行账户，接收海外买家的汇款，再从香港账户汇往内地账户。适用范围：传统外贸及跨境电子商务都适用，适合已有一定交易规模的卖家。

（2）汇款流程

1）国外客户汇款到香港离岸公司银行账户（比如香港汇丰银行、恒生银行、渣打银行等）。

2）香港离岸公司银行即时电汇到其内地分行账户，并收取相关费用。

3）香港离岸公司银行内地分行也可以再转账给卖家在内地其他开户银行，并收取相关费用。

（3）优缺点

优点：资金调拨自由，接收电汇无额度限制，不需要像内地银行一样受5万美元的年汇额度限制；不同货币可自由兑换。

缺点：香港银行账户的钱还需要转到内地账户，较为麻烦。

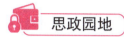
思政园地

通过以上学习，我们掌握了跨境电子商务中银行汇款这种支付方式的相关内容，其实生活中我们也经常会接触到汇款和转账，也会看到一些新闻关于被诈骗进行汇款和转账的，请课后对此进一步了解。可以查看国家反诈骗官网和APP，进一步提高反诈骗意识，提高资金安全意识。

第二部分　实训任务

任务名称：了解 PayPal 账户注册流程。

建议学时：2 学时。

任务描述：通过官网了解 PayPal 账户注册流程，了解个人账户或企业账户的注册过程，比较 PayPal 所代表的第三方支付与信用卡支付、银行汇款的区别。主要解决的问题有：PayPal 账户注册流程有哪几步？是否能流利阐述 PayPal 所代表的第三方支付与信用卡支付、银行汇款的区别？

实施步骤：

1. 完成分组，4~6人为一组，选出组长。

2. 小组成员独立浏览网站。

3. 小组成员围绕案例问题展开讨论。

4. 以小组为单位，共同撰写一份报告，以 Word 的形式于本次课下课之前交给老师；若下课时未完成，请于当天内完成并提交给课代表。

任务成果：每个小组完成一个 Word 报告，报告内容包含以上两个问题，但不限于这两个问题，鼓励同学们广泛学习跨境电子商务支付的内容，并在报告中体现学习成果。

任务评价：

评分标准	分值	得分
小组合作氛围	20	
Word 文稿报告内容	40	
Word 文稿报告形式	40	

第三部分　习题巩固

1. 什么是第三方平台支付?

2. 请比较第三方支付平台 PayPal、国际支付宝、派安盈、PingPong、连连支付、万里汇的收费方式。

3. 请简述电汇的汇款业务流程和优缺点。

4. 请简述西联汇款的汇款业务流程和优缺点。

任务三　跨境电子商务支付风险认知

第一部分　理论知识

跨境电商支付风险认知

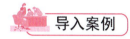

最大仿牌支付 GSPAY 被曝携款潜逃

GSPAY 是英国一家第三方支付公司，专业为个人外贸网站提供国际信用卡收款服务。因专攻国际仿牌市场，且免开户费，迅速得到仿牌商户的认可，并在 2008 年成为全球第一大仿牌支付通道。同年进入中国市场以来，中国 80% 的外贸仿牌商户，都以 GSPAY 为首选的支付渠道。2011 年 6 月，GSAPY 大部分客户资金被冻结，GSPAY 疑为携巨款潜逃。

（摘自 GSPAY 搜狗百科）

案例思考：
通过以上案例，请谈谈用第三方支付平台收款可能存在哪些风险，有什么对策。

跨境电子商务支付是以互联网为载体、交易双方为主体的一种支付结算手段，其伴随着电子商务和互联网的蓬勃发展而发展。但随之也产生了一系列潜在风险，对整个支付行业的秩序和人们的财产安全带来冲击，严重者可能影响整个金融行业的稳定和安全。因此，有效防范跨境电子商务支付风险，成为亟待解决的问题。

一、跨境电子商务支付存在的风险

在中国跨境电子商务产业越发红火的同时，跨境支付发展过程中逐渐显现的风险，已经成为制约中国跨境电子商务产业更好、更快发展的重要因素。

1. 跨境支付欺诈风险

跨境支付欺诈是很多跨境电商遭遇过的问题，给企业带来了不小的损失，而因担心风险损失拒绝潜在客户的案例更是比比皆是，这些都严重影响了企业的发展和客户的体验。

在跨境电子商务主流消费市场，欧美国家的消费者习惯于通过信用卡消费。目前通行的互联网支付方式大致可以分为凭密支付和无密支付。为了减少授权失败率、提升用户的支付体验，大多数跨境电子商务企业倾向于无密支付，这极易造成不法分子的交易欺诈。

与此同时，跨境支付交易过程中发生的大多数欺诈交易的追溯流程需要经历的路径非常长，往往要两三个月才能判定一笔交易是否属于欺诈交易。跨境支付交易的来源方往往遍布全球各地，跨境支付交易还得承受全天 24 小时来自全球不法分子的攻击。这些跨境支付欺诈风险都向跨境支付交易的风险管理提出了巨大的挑战。

2. 跨境支付交易风险

跨境支付的整个交易流程涉及各方主体的交互，跨境支付的交易风险也一直是跨境支付健康发展的一大痛点。跨境支付的交易风险主要分为两类，一类是第三方支付机构本身发生的不合规交易带来的交易风险，因为目前跨境电子商务是跨境贸易的一种新型业态，行业的一系列规则和法规还不成熟。第三方支付机构在国家出台具体的法律法规之前，可能会以追求利益最大化为原则，省去没有规定却有一定成本的工作流程，从而增加跨境支付的交易风险。

另一类是用户遭遇的交易风险。这类风险主要源自跨境支付交易过程中可能遭遇的各类网络支付安全问题,如个人隐私信息被窃取、账号被盗、银行卡被盗用、支付信息丢失等情况,这些都对跨境支付的系统安全提出了更高的要求。

3. 跨境交易资金风险

很多从事跨境电子商务的中小卖家由于对跨境电子商务平台的相关条款没有完全吃透,对国外的法律法规更不了解,所以经常会在资金的安全方面吃亏。

比如,Wish 和 eBay 等跨境电子商务平台很多时候以买家的利益为主,而让中国卖家遭受损失。当发生知识产权纠纷或交易纠纷的时候,卖家资金往往会很快被跨境电子商务平台冻结,然而由于这些平台在中国没有合适的法律主体,中国卖家要向平台申诉还要赴海外聘请当地律师。从众多中国中小卖家的角度出发,他们既没有时间也没有精力来承担相应的上诉流程。

4. 灰色结汇

现行贸易外汇管理是围绕传统国际贸易的业务特点而设计的,跨境电子商务的发展,给外汇管理带来新的挑战。

1)交易的无纸化和虚拟性带来的单证审核困难。电子单证可被不留痕迹地修改,导致传统的单证审核失去基础。

2)缺乏与资金流相匹配的报关信息。跨境电子商务的模式和资金收支更灵活分散,如小包、快递等国际物流,无法取得海关报关单等合法凭证,缺乏与资金流相匹配的货物流数据,增加了外汇监管的难度。

3)银行无法直接进行真实性审核。第三方支付机构介入后,客户的支付指令由支付机构掌握,银行由于缺乏对买卖双方交易情况的了解,无法直接进行真实性审核、掌握跨境电子商务企业的资信,无法进一步进行融资类服务。

5. 仿牌商户

伴随着外贸行业的发展,会有一些卖家选择销售仿牌类产品。销售仿牌产品本身属于违法行为,会产生侵权纠纷,在支付方面也会成为监管和处罚对象。

PayPal 对仿品限制很严格,有一套严密的系统,能追踪商家的交易,一旦发现是仿牌的,账户会被冻结,对于跨境电商支付工具来说,如何形成一套机制,来监管仿牌商户的收款问题,是一个需要解决的难题,只有包括支付在内的多项业务共同努力,才能从源头上杜绝仿牌商户的出现,共同守护跨境电商净土,降低交易风险。

思政园地

随着互联网的发展,网络诈骗呈现手段多样化的特点,网络诈骗如何防范?静安公安反诈中心提醒:诈骗手法千变万化,但万变不离其宗,就是"三不一多":未知链接不点击,陌生来电不轻信,个人信息不透露,转账汇款多核实。同学们记住了吗?

二、跨境电子商务支付风险的防范

1. 国内法律体系建设

1)研究修订外汇管理条例,进一步完善跨境支付外汇监管体系。

2)细化非金融机构反洗钱法定义务,健全支付机构反洗钱法律政策体系。

3)明确跨境电子商务消费者的法律定位,切实保护跨境消费者权益。

4)及时出台互联网金融指导意见及实施细则,发挥各部门协调监管合力。

2. 国际条约适用性与区域合作监管

1）加强国际法则解读，构建市场化的电子商务法律监管体系。
2）探索建立亚洲网上争议解决体系，强化区域性合作监管机制。

3. 建立风险管控，开展数据监控

面对不断发生的跨境电子商务欺诈交易，企业可以通过账户安全、交易安全、卖家安全、信息安全、系统安全五大安全模块的组合来实现风险管理体系的搭建，从而防止账户出现盗用和信息泄露，并最终借助管控交易数据等手段降低交易风险欺诈的可能性。除了搭建风险管理架构，企业还可以通过建立以数据驱动为核心的反欺诈系统来进行风险管控。

4. 履行相关责任，保证交易真实

在跨境支付交易的过程中，支付机构应严格按照相关法律法规，并遵循有关部门发布的指导意见审核交易信息的真实性及交易双方的身份。国家相关部门也应定期抽查并审核交易双方的身份信息，并对没有严格执行规定的第三方支付机构进行处罚。同时，应制定科学的监管方案对支付机构进行监管。此外，支付机构也应加大技术的研发力度，提升跨境支付的安全性。

通过以上内容的讲解，我们明白了支付中存在的风险。我们应当具备规避常见支付陷阱的能力，培养明辨是非的能力，警惕"套路贷""校园贷"，树立正确的消费观。

第二部分　实训任务

任务名称：跨境电子商务支付风险案例分析。
建议学时：2学时。
任务描述：通过阅读跨境电子商务支付风险案例，分析出口商通过跨境电子商务支付收款可能遇到的风险及应该采取的相应对策。

中国某出口公司（以下简称A公司）出口智能手表，2018年夏初，沙特阿拉伯的客户（以下简称B公司）在某跨境电子商务平台上发了询盘过来，要求报价智能手表并发货到他们上海货代那边，并发了具体的联系方式和地址过来。A公司拿到货代信息后查了一下，发现是上海的Aramex货代，反复与上海Aramex那边确认货物是否可以发出，上海Aramex回复：可以发。于是双方谈妥后，A公司把货发到客户指定的上海Aramex货代那里，B公司通过PayPal付款。一个月后，客户B公司说还没有收到货，A公司立马联系上海Aramex货代，货代那边回复：由于货物带电不能发出，已把货物在上海销毁。与此同时，B公司向PayPal投诉，说货物没有收到，PayPal立案调查。由于Aramex货代说他们没有跟A公司签订任何交易协议，无法向A公司提供销毁证明。A公司虽然向PayPal后台提供了已经成功把货物发出去的证明，以及在该跨境电子商务平台上与客户沟通的记录等，但由于PayPal偏向于维护买方的权益，加上A公司没有办法提供货代的销毁证明，最终PayPal不接受A公司的申辩，冻结了A公司的货款，导致A公司钱货两空。

案例问题：

1. 简述 PayPal 对买家的保护政策及因此对卖家（出口商）带来的风险。
2. 简述 PayPal 规定的受限活动及其给卖家（出口商）带来的风险。
3. 针对通过 PayPal 收货款所带来的风险，出口商可采取哪些对策来进行防范与化解？

实施步骤：

1. 完成分组，4~6人为一组，选出组长。
2. 每位同学独立阅读案例。
3. 小组成员围绕案例问题展开讨论。
4. 小组选出代表发言。

任务成果：

问题1：

问题2：

问题3：

任务评价：

评分标准	分值	得分
小组合作氛围	30	
问题答案准确	40	
发言主旨明确，条理清晰	30	

第三部分　习题巩固

1. 跨境电子商务支付存在的风险有哪些？

2. 什么是跨境支付欺诈风险？

3. 如何防范网络诈骗？

4. 如何防范跨境电子商务支付风险？

项目四测评

	测评指标	测评得分	未掌握情况记录
知识	跨境电子商务支付的概念		
	跨境电子商务支付的特征		
	跨境电子商务支付的方式		
	PayPal 支付方式		
	国际支付宝支付方式		
	跨境电子商务支付的产生		
	跨境电子商务支付的发展历程		
技能	能够运用国际信用卡进行跨境支付		
	能够运用 PayPal 等第三方支付方式进行跨境支付		
素养	法治观		
	资金结算安全意识		
	风险意识		
	正确的消费观		
	团队合作意识		
自评人：		教师：	

测评表使用须知：通过本项目学习，请对自己的学习效果进行测评。测评得分区间为 0 ~ 10 分，0 分为完全未掌握，10 分为完全掌握，数字越大，掌握程度越深，测评者依据自身实际情况进行评分。在未满 10 分的情况下，都可以在最右一列陈述未掌握的具体情况，并据此向老师或同学提问。

模块三

跨境电子商务业务流程

项目五
跨境电子商务选品

跨境电子商务
选品

 学习目标

知识目标
了解选品的概念
理解选品对于跨境电子商务的意义
掌握选品的原则
掌握选品的流程
掌握选品的方法
掌握主要市场国的特点

能力目标
会依据流程进行选品分析
会依据不同国家的特点进行选品
会使用选品方法进行选品实践

素养目标
在选品中遵守法律法规和平台规则
在选品时避免侵犯知识产权的行为
培养合作意识和风险意识
辩证看待中外差异,具备国际社交礼仪

任务一 选品认知

第一部分 理论知识

导入案例

品牌或品牌的一部分在政府有关部门依法注册后，称为商标。商标是一个企业的灵魂所在，是企业品牌的象征。商标受法律的保护，注册者有专用权。以下为产品构成侵权的案例。

BURBERRY 商标侵权案例

知识产权内容：BURBERRY。

权利人：BURBERRY LIMITED。

知识产权类型：商标权。

知识产权主要涉及行业：服装配饰、母婴、箱包等。

除了文字商标，该品牌还包含图形商标，包括但不限于以下商标，如图 5-1 所示。

图 5-1 BURBERRY 商标

侵权案例：在产品、产品标题、属性、描述中有出现商标的情况，构成 BURBERRY 格子图形商标侵权，如图 5-2 所示。

图 5-2 BURBERRY 商标侵权案例

卖家上架侵权产品被速卖通平台警告

知识产权内容：FORTNITE。

权利人：Epic Games。

知识产权类型：商标权。

知识产权主要涉及行业：鞋包、服装服饰等。

除了文字商标，该品牌还包含图形商标，包括但不限于以下商标，如图5-3所示。

图5-3　FORTNITE商标

速卖通平台卖家在上架商品时，未经品牌方FORTNITE授权，上传了包含FORTNITE图标的产品，构成FORTNITE商标侵权，速卖通平台对卖家侵权行为进行了警告投诉，投诉邮件如图5-4所示。

图5-4　速卖通平台警告卖家

平台邮件中称，此产品信息涉嫌侵犯FORTNITE商标，需要提供该商标的正品资质证明方可发布。

平台经营者侵犯知识产权，平台具有监管责任。《中华人民共和国电子商务法》第八十四条规定："电子商务平台经营者违反本法第四十二条、第四十五条规定，对平台内经营者实施侵犯知识产权行为未依法采取必要措施的，由有关知识产权行政部门责令限期改正；逾期不改正的，处五万元以上五十万元以下的罚款；情节严重的，处五十万元以上二百万元以下的罚款。"

网络销售假名鞋卖 3 双罚 3 万元

莆田市市场监管局接到城厢区市场监管局移送的案件线索，当事人林某某在某平台上开设网店销售涉嫌商标侵权运动鞋，莆田市市场监管综合行政执法支队执法人员依法展开调查。

经查，林某某在莆田市某贸易有限公司办理注销登记期间，利用公司营业执照在某网络平台上开设莆田市某贸易有限公司网店，在网店销售标有"NIKE"注册商标的休闲跑步鞋 2 双、篮球鞋 1 双，均为假冒商标商品。莆田市市场监督管理局依法责令其停止侵权行为，处以罚款 3 万元。

目前商标侵权案件很大程度集中在规模较小的个体销售商或自然人中，本案当事人由于知识产权意识淡薄，为了赚取小额利润，在公司办理注销登记期间，仍在网络上销售侵权假冒商品，结果被处罚。

案例分析：

以上为商标侵权的案例，请通过网络查找更多商标侵权的案例，并总结商标侵权的形式。

一、选品概念

选品的意思是选择商品。跨境电子商务选品是指卖家在供应市场中，选择合适的产品，用于店铺销售。选品是跨境电子商务流程的第一步，也是非常重要的一步。好的产品能为店铺带来流量和销量，提升店铺整体排名。在偌大的市场中选择出符合消费者需求的产品，是选品人员工作的重要内容。选品人员对商品的选择除了凭借经验外，还需要对市场和客户进行充分调研，借助数据分析，完成选品。需要注意的是，选品不是一成不变的，当今市场竞争激烈，消费者需求变化很快，选品人员对市场趋势的把握一定要很敏锐，依据市场变化进行动态选品。

选品的对象是产品，选品人员需要了解产品的生命周期，才能对各类产品的市场属性有更具体的理解。产品生命周期是指产品从准备进入市场开始到被淘汰退出市场为止的全部过程，是由需求与技术的生产周期所决定的，一般分为导入（进入）期、成长期、成熟期（饱和期）、衰退（衰落）期四个阶段。选品人员需要依据产品所处的生命周期来判断其销售前景。例如，大屏手机已逐渐成为某一市场消费者购买的手机产品，原先的小屏手机相对已处于衰退期甚至已被市场淘汰，那么选品人员就需要斟酌是否还要选择小屏手机进行售卖了。

二、选品原则

在选品过程中，应当遵照以下几个原则。

1. 不选平台和法律不允许销售的产品

遵守法律法规和平台规则是卖家从事跨境电子商务活动的前提，法律和规则体系是跨境电子商务发展的基石和支撑，选品的时候必须遵守法律法规和平台规则。选品人员必须熟练掌握国内外法律不允许销售和平台禁售限售的商品列表，在选品时进行规避。

比如，阿里巴巴国际站平台禁止发布任何含有禁限售商品的信息，任何违反规则的行为，平台将依据规则给予处罚。禁止销售的商品包括：枪支、军警用品、危险武器类；毒品、易制毒化学品、毒品工具；易燃易爆、危险化学品类；色情低俗、催情用品类；涉及人身安全、隐私类；药品、医疗器械；非法服务、票证类；动植物、动植物器官及动物捕杀工具类；涉及盗取等非法所得及非法用途软件、工具或设备类；烟草及制品、电子烟液；违反国家行政法规的商品等。

2. 不选体积、重量超出平台物流限制的商品

国际物流费用高，退换货难操作，在选品时应当避免选择重量体积超过平台物流限制的产品。

比如，Lazada 平台对于产品包装有重量和体积两方面的限制：寄往新加坡、马来西亚、印度的产品重量都必须在 20 千克以内，新加坡站点的包裹，如果重量在 1 千克以内，则包裹体积长宽高限制为 240 毫米×162 毫米×240 毫米；如果重量在 1 公斤及以上，则包裹单边小于 90 厘米，长宽高之和小于 270 厘米；马来西亚和印度站点的包裹，体积需要在 90 厘米×90 厘米×90 厘米以内。

3. 不选涉嫌侵权的产品

知识产权问题是跨境电子商务选品过程中必须重视的，因为侵权而承担平台和法律后果的案例不胜枚举，如果选择的商品涉嫌侵权，对店铺经营的影响很大，选品人员切记：在未获得授权的情况下，不可销售未经授权品牌商品。

知识产权主要包括著作权、商标权和专利。跨境电子商务产品侵权的行为主要有：产品图片包含品牌 Logo、名称或衍生词；产品模仿知名品牌的代表性图案、底纹或款式；音像制品无法提供经营许可证；产品标题、描述或店铺名称使用或模仿品牌等。

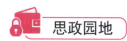
思政园地

学习以上内容后，我们了解了选品不能违反法律规定和平台规则。请以速卖通为例，列举 10 种禁售产品，并思考法律意识和规则意识在选品工作中的重要性。

三、选品渠道

渠道的选择是选品的重要内容，一般来说，跨境电子商务产品来源渠道主要有线上批发网站、线下批发市场、工厂定制等。卖家可以结合自身现有资源进行选择。无论从哪种渠道进行选品，都需要注重两个因素：价格和质量。

产品价格是影响成交的关键因素。跨境电子商务产品需要寄送到海外，国际物流相对国内物流费用高很多，因此，选品时需要考虑到国际运费，如果所选产品成本太低，国际运费占总成本的比例太高，买家在考虑是否购买的时候，就会因产品价值而犹豫不决；如果所选产品成本太高，比如一些奢侈品、贵重物品，买家会因为网购无法触摸到产品的特点，更倾向于线下购买。总之，在选品时，应当充分衡量产品价格是否处于合理区间，关于价格区间，可以在各跨境电子商务平台进行调研。

产品质量影响产品的使用价值。如果卖家通过网上批发网站进行选品，选择一件代发模式，对产品质量会难以把控。对于跨境电子商务卖家来说，信誉非常重要，产品质量是产品的灵魂，如果选品不慎，销售的是假冒产品或质量不合格产品，或者产品和所描述的不符，必然会造成客户流失，还会受到平台处罚，难以可持续发展。所以，选品人员必须控制产品的质量，才能使销售形成良性循环。如果卖家采用工厂定制产品的方式，就需要对供应商进行考察和评估，才能最终确定为合作伙伴。评估供应商时，可以依据以下指标进行：一是短期指标，包括商品质量、价格水平、交货速度、整体服务水平等；二是长期指标，包括供应商内部组织的完善性、供应商质量管理体系、供应商内部机器设备的状况、供应商的财务状况等。

思政园地

如果选品渠道为厂家定制，那么在跨境电子商务供应链中，其结构为：中国工厂—跨境电子商务卖家—外国消费者，中国工厂作为跨境电子商务卖家的供应商，其产品质量关系到整条供应链的生存，工厂和跨境电子商务卖家是命运共同体，一荣俱荣，一损俱损，跨境电子商务卖家选品时应当充分考察工厂的品控水平，认知到选品失误存在的严重风险。请思考：跨境电子商务选品人员在考察供应商时应当遵照哪些原则？

拓展阅读

刘先生是亚马逊的卖家，拥有十人的团队，没有专门的产品部门，宠物用品是其团队主营的产品。据他介绍，目前宠物市场50%以上的市场份额是狗粮、猫粮产品。

冬季许多养猫狗的主人会购买有保温功能的电热毯，刘先生团队敏锐地瞄准了这一市场，通过网络上各种渠道找到货源，开始了销售，并投入大量的精力进行产品推广。岂料，问题来了！客户发来了一封邮件，说明产品起火的情况，刘先生看到此封邮件百感交集，生怕如买家所言，可他还是自我安慰道："该产品的描述里分明有一段话写着'产品最高温度45摄氏度，过高会自动断电保护'，怎么可能起火呢？"但他和供应商取得联系，并告知对方，其产品出现了问题。

第二天客户就将电热毯起火烧了个大洞的图片发送过来，用刘先生的话说："这些图片真让人感觉惨不忍睹！"供应商也终于说了真话，他们在赶这批货的时候，如果采用断电保护的方案相应成本就会高些，为此，他们直接采用了差的电路方案，而这可能会面临起火的风险！

"'无巧不成书！'这段话一直有听说，这次是切身体会到了。"刘先生补充说道，客户的丈夫是一位盲人，那天是他先闻到了烧焦的气味，幸好客户本人也在家中，于是及时发现了问题，关掉电热毯。"我简直无言以对，我们只是小本经营，可不想成为某一起命案的嫌犯。"如今回想，他都备感后怕。

产品质量出现了严重的问题，刘先生的第一反应是"下架，马上下架，能多快就多快"。他表示，因为担心激化质量问题引起客户投诉，于是每天都在不断跟进安慰美国的客户，以免事件恶化造成封店，终于将这事情控制在了一个适当的范围内。

刘先生感慨地说："这其实是一个成功和失败相结合的选品案例，成功之处源于这款产品确实很有市场，但最终失败的原因则是产品属于高危类产品，质量不过关，结果不但亏钱，甚至还差点酿成大祸。"

针对这一选品事件，刘先生分析如下。

其一，高危类产品的生产厂家，尽管口号打得响，但如果连最基本的产品质量把控意识尚且不具备的话，又如何能让客户放心呢？

其二，团队在管理上存在欠缺，公司采购流程不健全，采购这类高危产品却没有相应的采购合同去约束各自的责任和义务，造成现在即使想追责都障碍重重的困境。

其三，公司欠缺对产品的质量的检测能力，接触这类高危产品是有风险的，最终遇到了危机。

最后，他强调："卖家朋友在选品的过程中要以此为鉴，没有质检能力前千万不要接触高危类产品，否则将面临极大的危险。与此同时，提醒高危类产品的生产厂家，产品安全质量一定要达标，只有那些有品质保障的产品才值得消费者信赖。"

（改编自雨果网，《亚马逊大卖选品案例分析：一款失败又成功的产品》，2017-12-15）

案例分析：

1. 对刘先生选品的案例进行分析，谈谈选品时应注意什么。
2. 谈谈工匠精神在选品中的重要性。
3. 谈谈风险意识在选品中的重要性。

第二部分 实训任务

任务名称： 选品资讯分析与总结。

建议学时： 2 学时。

任务描述： 通过阅读案例，进行组内讨论，培养选品思维。

稳居前十！卖爆跨境各站点，惊现又一利基选品！

2020年年初，受疫情影响，中国汽摩配行业因延迟复工导致企业生产和交付无法正常进行。从2020年9月开始，汽车零部件出口金额连续创新高。在eBay和亚马逊上，汽摩配产品销售热火朝天，除了平台渠道，品牌卖家也在独立站找到了"另一个春天"。尽管国际采购商对于中国采购日趋谨慎，但未来十年内，出口和国际化仍然是中国零配件生产商的主旋律，汽摩零配件行业长期向好的势头不会变。

提到汽摩配，大众通常会想到的是五金类产品，但近期智能产品竞争"暗潮涌动"，在各大跨境平台上表现抢眼。适用于汽车、摩托、自行车轮胎以及篮球、足球等球类产品的充气设备——智能打气泵（Smart Air Pump），应用场景广泛。伴随着近年来电动工具小型化、便捷化的发展趋势，该类产品选品呈现出小型便捷，兼容多种设备，搭载超大电池容量等特征，不仅可以满足车辆应急打气，还能够适配各种运动球类的充气需求，"一物多用"的特性使得它备受海外消费者的喜爱。那么，面对不断增长的消费需求，对于跨境卖家而言，有哪些国家及地区值得深耕？

美国市场：汽车保有量大国，称霸全球汽车后市场

美国市场是全球最重要的汽配市场，也是中国卖家出口汽配产品销量最大的市场。就全球汽车后市场而言，美国以接近四千亿美元的市场份额，超中国两倍，称霸全球汽车后市场。2020年由于疫情原因，线下修理店纷纷关闭，美国越来越多的终端消费者开始通过线上电商平台购买汽车零件，且习惯了网上购物的美国人，会将这种购物习惯延续下去。从当前平台数据来看，在美销售增速前三名的品类为：汽车及卡车轮胎、差速器及配件、制动（刹车）系统产品。得益于美国市场盛行的DIY风气，以及不断发展成熟的跨境电子商务物流体系，这类质优价美的汽配产品，在美国备受欢迎。

欧洲市场：多元化需求趋势，自行车成"新宠"

在欧洲，汽摩配电商呈现出多元化的需求趋势。在意大利，摩托车增速明显，其高比例的占有率使得意大利成为欧洲有名的"摩托国家"。近年来，法国汽车售后市场销售也有所增长，其中售后市场的主要类别是动力总成设备、车辆内饰、车身部件、轮胎底盘部件，以及测量、诊断和维修设备。值得一提的是，电动自行车在欧洲的销量也在快速上升，根据欧洲自行车产业组织的报告，2020年电动自行车市场已经同比增长23%，按照目前的发展轨迹，最早在2024年，电动自行车的年销量将达到1 000万辆。自行车在欧洲市场的火爆，除了使国内自行车出口订单激增之外，自行车配件需求也在不断上涨。以德国为例，目前德国已在建自行车高速公路，预计在未来将会连接德国西部的10座城市，每天至少能减少5万辆车，直接拉动自行车销量。而充气泵作为自行车配件需求量最高的产品之一，未来在欧洲这一赛场上将遍地开花。

日韩&东南亚市场：RCEP政策利好，汽摩配出海正当时

在RCEP协定（区域全面经济伙伴关系协定）区域内，2020年日本、韩国是中国汽车汽配出口排名前两名的国家。其中，作为汽车销售大国，2020年日本汽车销量为527万台，在全球范围内排名第三，对汽车配套产品需求也较强，便携电动打气泵成为日本家庭必备。虽然东南亚只占世界人口的8%，却占据全球摩托车需求的25%，摩托车遍地跑是许多人对东南亚的第一印象。目前，东南亚有超过2亿的摩托车用户，而印度尼西亚是全球最大的摩托车市场之一，2020年摩托车年销量达到638万辆。业内人员预计，2023年东南亚的摩托车市场规模可达85.3亿美元。在电动化、智能化、网联化的大趋势下，各种智能化电动工具的需求也将趋势而上。近年来，小米等3C国产品牌热销东南亚，也将智能充气泵带火了。

未来在RCEP政策下，对于日韩及东南亚的汽摩配出口也将迎来重大利好。除了剖析产品及市场之外，在产品为王的当下，跨境卖家只有找准潜力产品，才能在"煮得通红"的市场里，谋得先机。

案例分析

分析以上选品资讯，进行组内讨论，谈谈给你带来哪些关于选品的启示，并回答什么是利基产品。

实施步骤：

1. 阅读选品资讯。
2. 小组讨论，进行分析和总结。
3. 培养选品思维。

任务成果： 形成小组讨论成果，课堂进行分享。

任务评价：

评分标准	分值	得分
对选品资讯有独立认知	20	
对利基产品有正确的认知	20	
组内讨论气氛活跃	20	
能总结出选品的要点	40	

第三部分　习题巩固

1. 请简述选品的概念和重要性。

2. 选品有哪些原则？请分条简述。

3. 选品需要关注的两个重要因素是什么？请简述。

4. 产品侵权有哪些危害？跨境电子商务人员应如何避免侵权？

任务二　选品思路

第一部分　理论知识

跨境电子商务
选品思路

彩妆国货品牌亚马逊开店

归国创业之初，因曾供职于国际时尚集团，Jackie 打算创立一个彩妆国货品牌。本来规划以传统贸易的方式，在海外铺设线下精品店。但是 2020 年突如其来的疫情，以及参加的一次跨境电子商务交流会议，让 Jackie 感觉亚马逊的品牌和服务都很成熟，特别是欧美地区的市占率、客户黏性和忠诚度等都很好，很适合新品牌的海外成长。

Jackie 基于多年海外生活经验，针对性地对产品进行细分设计。因为有着海外生活经验和经济管理的专业背景，消费者思维、紧跟本地文化已经成她的团队的习惯。每一个地区的消费习惯、产品需求都不尽相同，公司会有针对性地对产品进行细分设计。以眼影盘举例，包含 1～12 种颜色的眼影盘在中国市场比较受欢迎，其中粉色最为畅销，但北美消费者更青睐包含 16 种颜色以上的眼影盘，其中金色比较畅销。此外，欧美消费者会更在意产品的质感，关注从外包装到产品本身。

以数据和调研为支撑，吃透现在的欧美"95 后"年轻消费者的心思。Jackie 和团队为了更准确地抓住消费需求，在美国的一些学校进行细致的问卷调查，得出了更精准的消费者认知：他们求新求异，需求更新快，喜欢新品牌、新创意和新内容。目前，欧美地区的消费者购物影响受社交媒体上的视频分享影响较大。因此她表示，今后在欧美地区品牌营销会更多结合视频形式+社交媒体渠道，进行品牌宣传和产品展示。

（摘自亚马逊全球开店，《新生代海归创业故事/加速亚马逊线上开店进程的彩妆品牌创始人》，2020-05-04）

案例分析：
Jackie 为了选出符合国外市场需求的产品，做了哪些工作？

选品的思路一般是：首先，充分了解店铺所在跨境电子商务平台的特点，因为不同平台对应的目标市场存在差异，其平台营销策略也不同，需要依据平台进行选品；其次，确定经营品类，可以通过对行业进行调研分析得出，选品人员需要依据调研结果确定要进入的行业；最后，选择具体的产品，此时需要对产品进行分析，在充分调研和数据分析的基础上进行选品决策。

一、跨境电子商务平台选择

在选择产品时，需要依据不同平台的特点来综合分析。比如，eBay 平台主要面向欧美等发达国家和地区，该平台消费者对产品质量要求相对较高；速卖通则比较适合发展中国家，比如俄罗斯、巴西等市场，它的优势是价格相对较低；亚马逊平台主要面向美国、加拿大、墨西哥、英国、德国、俄罗斯、巴西等国家，平台消费者对产品质量要求很高，喜欢品牌产品，产品利润较高；Wish 是移动端购物平台，平台会依据用户喜好，通过精确的算法推荐技术将商品信息推送给感兴趣的用户，因此产品是否符合流行趋势比较重要。Lazada、shopee 主要面向东南亚市场，比如新加坡、印度、印度尼西亚、越南、老挝等，平台消费者偏向于经济实惠的产品。

不同平台面向的国家不同，因此宏观环境也存在差异，在选择跨境电子商务平台前，可以在了解各平台目标市场国的基础上，对各个国家进行宏观分析，再权衡利弊，进行决策。

针对国家的宏观分析，可以从经济环境、政治环境、法律环境、文化环境、地理环境等方面展开。GDP（国内生产总值）、GNP（国民生产总值）等指标反映了一个国家的经济水平，对于经济发展水平高的国家，我们可以选择质量好、价格高、利润高的产品，以及能够满足马斯洛需求层次理论中更高层次需求的产品；对于经济发展水平低的国家，我们可以选择实惠的产品，注重性价比。战争情况、政党情况等反映了一个国家的政治稳定性，我们需要尽量避开政治动荡的国家，防止交易无法顺利完成。法律条款、贸易政策等体现了一个国家的法律环境，选品时一定要熟悉目标市场国的法律体系，避免造成不必要的后果。宗教信仰、语言等构成了一个国家的文化环境，文化环境对消费者购买行为影响很大，因此非常有必要了解目标市场国消费者的文化特点，避免选品不当造成滞销。地理地形对物流运输的影响很大，因此，产品体积、重量、保质期都是选品时的考虑要素。总之，充分调研市场国，是选择平台前需要完成的工作。

二、跨境电子商务行业选择

在选择好平台后，我们发现，每个平台都会有很多类目，比如儿童用品、摄像器材、汽车配件、手机周边、服装服饰、电脑周边、美容保健、家居园艺、首饰手表、办公用品、体育用品等。具体经营哪个类目，是这一阶段需要确定的。

对于行业的选择，选品人员可以从市场的角度入手。不同平台所在目标市场国不同，消费者的品类偏好就不同。有的国家喜欢中国的服饰美妆，比如乌克兰、波兰；有的则钟情于各种"黑科技"产品，比如俄罗斯、土耳其；也有一些国家更偏爱中国的家居产品，比如新加坡、以色列。选品人员需要做好需求调查，在充分了解市场需求的前提下，进行市场细分。市场细分可以从地域、年龄、消费能力、消费倾向性、消费品位等方面进行，综合细分后的调研数据考虑选择哪种产品。在决定选择一种产品进行推销之前，一定要对这个产品有所了解，只有对产品和市场有敏锐的洞察力，才能较好地把握买家的心理需求。

在跨境电子商务领域，选品人员还需要考虑进入蓝海市场还是红海市场。市场由两种"海洋"组成：红海和蓝海。红海代表现存的所有产业，是已知的市场空间；蓝海则代表目前还不存在的产业，是未知的市场空间。在红海中，产业边界是明晰和确定的，行业的竞争规则是已知的，竞争者众多，随着市场空间越来越拥挤，利润增长的空间也越来越小。与红海相对的是蓝海，蓝海代表亟待开发的市场空间，企业可以创造新需求，也就有了获取高利润、高增长的机会。蓝海市场一部分是突破性增长业务，是通过在红海内部扩展已有产业边界而开拓出来的；一部分是战略性新业务开发，也就是在已有产业边界以外新创建的。具体需要选品人员依据现有条件，综合判断。

三、跨境电子商务产品选择

选择好行业后，就需要确定具体销售的产品。一般而言，店铺产品由爆款商品、主流商品和利润商品构成。

爆款商品是非常火爆的商品,高流量、高曝光量、高订单量是它的具体表现。打造爆款商品一般需要卖家将产品与时下热点结合,使产品具备低价或者高性价比特点。爆款商品的出现难以预测,但也可以通过一些调研找到思路,例如,在亚马逊网站中,卖家可以参考亚马逊的销售排行榜,参考上面的热门商品来设置自己店铺的爆款商品。建议一个品类设1~2件爆款商品,爆款商品能最大限度优化商品线,配合平台的定位最大限度带来关联交易。

主流商品是一般比同行业价格低或者高性价比的商品。主流商品不是店铺利润的主要来源,一般情况下它是不获利或获利很少的,所以建议每个品类设置5件左右。

利润商品是店铺盈利的主要来源,利润商品可能是小众的商品,市场上没有对它们的基本定价,也可能是即将流行的商品,比如可以根据市场流行趋势上架服装产品,制定一个较高的价格。一般而言,除了爆款和主流款,店铺其他商品即是利润款。

商品结构的设置是经营店铺的重要环节,爆款商品负责引流,利润商品负责盈利,在消费者需求多样化的环境下,选品注重个性化是店铺的经营方向,精细化、差异化的选品思维是核心。

选品对新手而言确实是比较艰难的事情。产品的销售情况很难准确预测,选品之初,可以大量铺货,隔一段时间换一轮产品,销售一段时间后,再分析销售数据,依据数据指标的评定决定下架哪些产品,从而保留销量好的产品,来实现店铺的良好运营。

选品前期的大量调研,可以用直接和间接两种方式进行。直接方式可以是问卷调查、访谈等,间接方式可以是网络查找资料、平台数据分析等。不管是通过哪种方式调研,对所有信息进行细致、深入的分析是关键,特别是在不能去国外实地考察的情况下,需要关注客户和市场的反响,做好记录,及时根据客户、市场的反馈采取应对措施,使产品销售可持续。

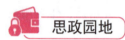
思政园地

生活中,我们可能会听到一个词"刷单",这是一种通过弄虚作假来提高产品销量、打造爆款的非法手段。请从电子商务市场监管人员的角度,思考如何减少和禁止卖家"刷单"的行为。

四、跨境电子商务主流市场分析

国际市场认知

对国际市场有正确的认知,是选品成功的必要条件。选品人员在考虑如何为消费者提供更好的购物体验、保持稳定的销售增长时,应当对全球主要跨境电子商务市场的发展特点有深层次的了解。不同地区的消费者由于地理位置、历史文化等因素,形成了特有的消费倾向和喜好。下面选取全球跨境电子商务主要市场进行需求及特点分析。

1. 北欧

北欧主要包括丹麦、芬兰、冰岛、挪威和瑞典,和中国商人打交道较多的也是这几个国家。北欧国家对产品价格不敏感,偏向于环保、节能的产品及包装。

2. 西欧

西欧主要包括比利时、法国、爱尔兰、卢森堡、摩纳哥、荷兰、英国、奥地利、德国和瑞士等。西欧国家生活水平较高,其也是和中国生意往来较多的地区之一。

(1) 德国

德国人喜欢购买的产品主要有图书、服饰等。德国技术发达,电子产品也大有市场。

德国人青睐垂直细分的电商。对于中国品牌,如联想、华为,很多德国人觉得很有品质;德国人愿意购买昂贵的中国瓷器。另外，汽车汽配、母婴用品、消费电子、电子烟等产品的支出也很大。

（2）英国

英国是一个位于西欧的岛国，受地理位置和历史文化等因素的影响，英国人形成了特有的消费倾向和喜好。英国人具有绅士风度，计划性很强，看重礼仪，比较关注产品细节，追求产品的质量和实用性。

在购物品类上，英国人除了手机、服饰等，也喜欢购买玩具。英国玩具市场异常火爆，是欧洲三大玩具市场之一。比起其他国家，英国更倾向于授权产品。在英国，绝大多数主人将宠物看成家庭成员，所以宠物用品在这里很受欢迎。此外，英国买家在网购品类中体现出对家居园艺的大量需求，近年来更是大幅增长。

目前，英国最受欢迎的在线购物平台是 eBay，其次是 Amazon 和 Groupon。直接面向消费者的品牌，会在 Instagram、Pinterest 和 Facebook 等社交媒体中宣传自己的产品。网购支付方式中，银行卡支付占比最多；其次是电子钱包，电子钱包主要是 PayPal，这和英国是 PayPal 第一个开拓的海外市场有关。对于物流，便捷性很关键，消费者可以从当地的英国皇家邮政网点取货，英国皇家邮政的这项业务是英国所有线上购物、线下自提业务中规模最大的。

以英国为目标市场的中国跨境商家，可以按照英国消费者的习惯、喜好、风俗文化、消费特征等条件进行本地化的运营，了解英国的历史和节日，策划相应的活动，或许会有意想不到的效果。

我们可以扫描二维码查看动画，了解英国市场特点。

英国市场需求及特点分析

（3）法国

法国人喜欢的品类有服装、文化产品、旅游服务或产品、科技类产品和自动清洁机器。对比德国人，法国人更关注产品图片、价格、快速下单流程。

（4）西班牙

西班牙属于西语市场。西班牙人对中国商品的认可度比较高。西班牙人最喜欢的商品分类是 3C 类产品，包括手机、手机配件、投影仪、音响及平板电脑。其中，手机最受欢迎，一些国产品牌手机受到西语买家的青睐，例如小米、华为、中兴、联想。服装配饰类产品主要包括晚礼服、Party 服装、泳装、鞋子、围巾、太阳眼镜等。西班牙女性基本都化妆，尤其喜欢眼影、眼线。旅行、体育类产品也受到西班牙消费者的喜爱。西班牙买家比较看重商品折扣。

3. 美国

在美国市场，每个月的热销产品都不同，卖家通过分析各月的热销产品，能够准确了解美国买家的消费心理和消费需求。比如，1 月进入冬季服装打折期，该月属于服装的销售旺季。5 月有母亲节，园艺产品、时尚饰品、珠宝产品、箱包产品、贺卡会随着母亲节的到来而变得火热。8 月是学生返校采购季，是服装鞋类的一个热卖月。11 月有感恩节，感恩节是园艺产品的热卖时节，一些家电用品也开始打折。12 月有圣诞节，是服装鞋类热卖的季节。

4. 俄罗斯

俄罗斯季节温差较大，营销的季节性很强。在发布信息时可以在标题关键词中突出当季热卖。俄罗斯的冬天很冷，所以人在室外非常注重保暖，帽子、围巾、手套是必备品，这些都是冬季热销的商品。此外，俄罗斯人热爱运动，他们经常会购买专门的运动服、运动鞋及配件。

俄罗斯人（特别是年轻人和孩子）有度假的习惯，一般喜欢去海滩，所以会购买很多海滩上用的东西，像泳装、海滩服和沙滩鞋之类。

5. 巴西

巴西本地物价高，网上购买的价格比当地价格便宜很多。巴西人民网购的主要品类有电子类产品、美容类产品、母婴产品、新上市的产品等。

6. 东盟国家

东南亚国家联盟（Association of Southeast Asian Nations，ASEAN），简称东盟，包含印度尼西亚、泰国、新加坡、缅甸、菲律宾、柬埔寨、马来西亚、越南、文莱、老挝。

东南亚国家人口多且年轻，市场潜力非常大。东南亚国家有众多的华侨华人。据估计，目前海外华人有80%左右集中在东南亚地区，他们主要分布在印度尼西亚、马来西亚、泰国、新加坡、菲律宾、越南、老挝和柬埔寨等。

卖家在开拓东南亚华人消费市场时，应该注意新老两代人在消费习惯上存在很大的差别；中医和中药在东南亚有广阔的市场；文化艺术产品有很大的需求。

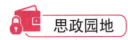
思政园地

通过上面介绍我们了解了不同市场国的特点以及不同市场国适合的产品品类，新型市场营销应当是以顾客需求为中心的，了解顾客需求是销售的出发点，也是交易成立的立足点。作为跨境电子商务从业人员，具备国际视野、具有前瞻性是必然的素养要求。请思考，除了以上资料，还能通过哪些方式了解海外顾客的需求呢？

另外，在与国外消费者交流互动的过程中，我们应当秉持什么样的态度？是否能在尊重差异的基础上做到不卑不亢？

第二部分 实训任务

任务名称：依据目标市场国进行选品。

建议学时：2学时。

任务描述：前述内容中，我们对各个跨境电子商务热门国家的特点和选品思路进行了分析和总结，假设你要在速卖通平台上开设一个店铺，请打开1688网站选择3件商品，将商品信息拷贝到Word中，并对每件商品的选择依据进行解释。

实施步骤：

1. 分析速卖通平台特点。
2. 选择合适的类目（行业）。
3. 选择合适的产品。
4. 阐述选择依据。

任务成果：形成Word形式的报告。

任务评价：

评分标准	分值	得分
产品选择依据充分	40	
产品选择流程正确	40	
报告行文流畅、格式规范	20	

第三部分 习题巩固

1. 简述选品的思路。

2. 请分析速卖通、亚马逊、Lazada 这三个平台的目标市场。

3. 什么是红海和蓝海?二者有什么区别?

4. 简述跨境电子商务店铺的产品结构。

任务三　选品方法

第一部分　理论知识

跨境电子商务选品方法

大数据选品案例

跨境电子商务有着可以被预期的市场增长额，对卖家而言，就要看自己选的产品是不是适合这个时间点的。而怎么选品，也是很多跨境电子商务卖家觉得难的事情。选品才是跨境电子商务运营的开端，一个好的开端，可以顶上10个好的运营。

大数据选品，是当下不少卖家常用的方法，效果也是比较可被预期的，下面我们来看看刚刚结束的PD（Prime Day）上，各个国家热销的东西有什么？

1. 美国：LifeStraw 生命吸管便携式滤水器、Instant Pot 多功能高压锅和 23andMe 基因测试套装。

2. 英国：Sony 索尼 PlayStation 经典复刻游戏主机、Oral-B 欧乐 B 电动牙刷和 Shark 鲨客真空吸尘器。

3. 日本：Happy Belly 天然水、Anker 安克 10 000 毫安移动电源和 Pampers 帮宝适纸尿裤。

4. 印度：Syska 智能 9 瓦 LED 灯、Boat Rockerz 运动蓝牙无线耳机和 Godrej 卫浴香薰香片。

5. 德国和奥地利：JBL 蓝牙音箱、Tefal 特福不锈钢平底锅和 OSRAM 欧司朗智能插座。

6. 澳大利亚：《马里奥赛车 8 豪华版》任天堂 Switch 游戏、Finish 亮碟洗碗机洗涤片和 Huggies 好奇纸尿裤。

7. 阿联酋：Al Ain 瓶装水、Ariel 碧浪洗衣液和 Fine Towel 卫生纸。

8. 西班牙：Yobola 无线蓝牙耳机、Philips 飞利浦 Multigroom 系列 7000 剃须刀和 DoDot 纸尿裤。

9. 新加坡：Meiji 明治鲜牛奶、Coca-Cola Zero 零度可口可乐和 Kleenex 舒洁卫生纸。

10. 荷兰：Mama Bear 纸尿裤、SanDisk 闪迪 128 GB 存储卡和 Philips 飞利浦 Hue 智能灯。

11. 墨西哥：Nintendo 任天堂 Switch 游戏机、HP 惠普 22W 无边显示器和 Nautica 诺蒂卡香水喷雾。

12. 卢森堡：JBL Charge 3 便携式蓝牙音箱、Tefal 特福不锈钢平底锅和 iRobot Roomba 671 扫地机器人。

13. 意大利：NESCAFÉ 雀巢多趣酷思浓缩咖啡、Dash 3 合 1 洗衣凝珠和 AUKEY 便携式移动电源。

14. 法国：iRobot Roomba 671 扫地机器人、Lunii 讲故事玩具和 Oral-B 欧乐 B 电动牙刷。

15. 加拿大：PS4 游戏主机（内置《蜘蛛侠》和《地平线：零之曙光》游戏）、LifeStraw 生命吸管便携式滤水器和 23andMe 基因测试套装。

16. 比利时：OSRAM 欧司朗智能插座、SanDisk 闪迪 128GB 存储卡和 Brita 碧然德滤水器。

（摘自雨果网，《跨境电商选品案例：亚马逊一款另类产品火了》，2019-07-22）

案例思考

从以上案例我们了解到，大数据选品的思路之一就是查看数据平台上的选品排行数据，从而获得有用的市场信息。除了大数据分析外，你了解的还有哪些选品方法？

在选品时，我们应当获取最新的消费者需求信息和市场资讯，为选品提供可靠的参考。为了获取这些信息，我们可以采用一些方法，常用的有数据分析工具法、平台关键词搜索法、供应商新品推荐法、价格区间选品法等，下面将对这些方法进行介绍。

一、数据分析工具法

运用数据分析工具可以帮助选品人员进行理性的判断，对相关问题的数据进行详细研究和概括总结，以便采取适当的决策。

从数据来源看，数据分为外部数据和内部数据。外部数据是指企业以外的其他企业、政府、市场等产生的数据。内部数据是指企业内部经营过程中产生的数据，如访客数、浏览量、收藏量，以及商品的订单数量、订单信息、加购数量等。科学、正确的选品决策离不开数据分析，卖家在选品前要对内外部数据进行充分的调研和分析。用于进行数据分析的工具有以下几种。

1. 指数工具

百度指数、360趋势、阿里指数、Google Trends等工具依托平台海量用户搜索数据，将相应搜索数据趋势、需求图谱、用户画像等数据通过指数工具向用户公开，为市场行业、用户需求和用户画像数据分析提供参考。

比如谷歌趋势（Google Trends）是谷歌旗下基于搜索数据推出的一款分析工具。它通过分析谷歌搜索引擎每天数十亿的搜索数据，告诉用户各个时期关键词在Coogle的搜索次数及变化趋势。卖家可以通过这些搜索数据了解到目标市场、客户以及未来的营销方向等相关信息。

比如，可以通过谷歌趋势搜索 "dress" 和 "skirt" 这两个关键词，获取 "美国过去90天" 的搜索数据，通过趋势图得知，美国人过去90天对 "dress" 的搜索热度大于对 "skirt" 的搜索热度，且 "dress" 的搜索热度在5月下旬到达峰值，如图5-5所示。卖家可以将这一搜索结果作为选品参考。

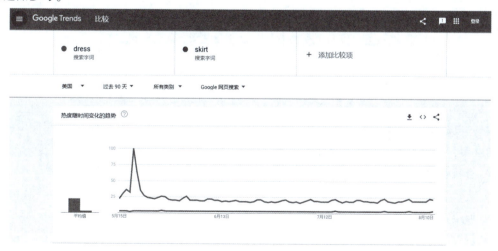

图5-5　谷歌趋势关键词搜索界面

2. 淘数据

淘数据是一款针对国内和跨境电子商务提供数据采集和分析的工具，为卖家提供行业和店铺的各项数据。淘数据支持的跨境电子商务平台有速卖通、Wish、eBay、Amazon、Shopee、Lazada等。

以 Wish 平台为例，淘数据能实现以下功能。

1）行业统计。分析行业规模、销售趋势，更好地把握行业走势，挖掘潜力类目。

2）产品统计。统计产品销售趋势、热销 SKU 信息、刊登时间，掌握产品调整趋势，学习热卖产品标签打法，优化卖家自填标签，如图 5-6 所示。

3）产品导出。产品可一键导出和批量导出，支持店小秘、芒果店长、Wish 官方等多种导出模板，方便卖家快速铺货。

4）店铺统计。店铺销售数据追踪，查看热卖店铺刊登和产品调整策略，追踪店铺热卖和海外仓产品。

5）产品/店铺对比。支持多维度对比产品和店铺信息，找出竞品之间的差别。

6）标签统计。标签优化神器：一键获取爆款产品 Tags，关联标签推荐，标签热度分析。

7）仿品检测。刊登产品必备：淘数据具备海量敏感词库，智能过滤违规产品，降低仿品风险。

8）Wish 插件。可直接在 Wish 页面查看行业、产品数据，快速掌握 Wish 热销产品数据。

9）卖家社区。关于 Wish 出单难、物流等问题，有同行卖家、行业大师互助解答。

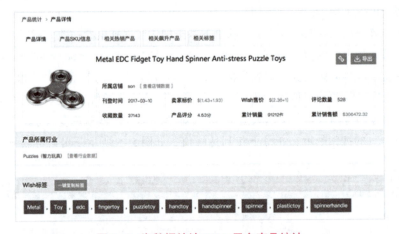

图 5-6　淘数据统计 Wish 平台产品统计

3. Keywordspy

Keywordspy 能在线搜索关键字竞价信息，能有效地跟踪和检测竞争对手在搜索引擎中的关键字竞价文案，这个工具的主要功能有以下几个。

1）查找竞争对手及其关键词。

2）进行全面的每日系统更新和警告报告。

3）通过特殊关键词设置、搜索引擎查询进行深度域名跟踪。

4）进行广泛的 PPC 和自然搜索数据挖掘。

Keywordspy 的实时统计报告为卖家描述竞争对手每小时、每天、每周、每月的搜索引擎广告活动表现。Keywordspy 界面如图 5-7 所示。

项目五　跨境电子商务选品 | 135

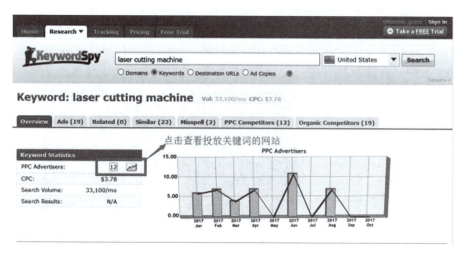

图 5-7　Keywordspy 界面

4. Alexa

Alexa 是一家专门发布网站世界排名的网站，是当前拥有 URL（Uniform Resource Locator，统一资源定位符）数量最庞大、排名信息发布最详尽的网站之一。公司是亚马逊的一家子公司，总部位于加利福尼亚州旧金山。

Alexa 的网站世界排名主要分两种：综合排名和分类排名。

综合排名也叫绝对排名，即特定的一个网站在所有网站中的名次。Alexa 每三个月公布一次新的网站综合排名，排名的依据是用户链接数（Users Reach）和页面浏览量（Page Views）三个月累积的几何平均值。

分类排名分两种情况：一是按主题分类，比如新闻、娱乐、购物等，Alexa 给出某个特定网站在同一类网站中的名次；二是按语言分类，共分 20 种语言，比如英文网站、中文网站等，给出特定站点在所有此类语言网站中的名次。

Alexa 还会根据网民对网站的评论，在综合排名信息中，用"星"来给网站评一个等级，最高为"五星"。Alexa 界面如图 5-8 所示。

5. Keepa

Keepa 是亚马逊的一个产品价格监控工具，可以进行产品历史价格比较，一般可以比较六种产品，并可进行产品价格下降提醒和价格跟踪。卖家也可以在 Keepa 上免费下载 Product Viewer（产品查看器）和 Product Tracker（产品跟踪器），了解产品的最新数据，并可以帮助卖家选择产品。

使用 Keepa，卖家可以看得到该 Listing 的类目排名数据，不同时间的都看得到，还可以看到该 Listing 的定价变动数据，以及是 FBA 发货还是自发货。根据经验，通过 Keepa，卖家还可以评估出该 Listing 的销量变动数据、竞争难易度数据。Keepa 的网站界面如图 5-9 所示。

6. 平台分析工具法

除了以上提到的站外数据分析工具外，站内统计工具也是卖家选品时参考的重要数据信息。

假设卖家希望在速卖通平台销售除湿包产品，就可以在速卖通后台的数据纵横中进行行业情报的搜集。通过类目检索找到"除湿包、盒"这一产品类别，得到 90 天的访客数占比、浏览量占比、支付金额占比、支付订单数占比和供需指数。速卖通行业情报如图 5-10 所示。从流量

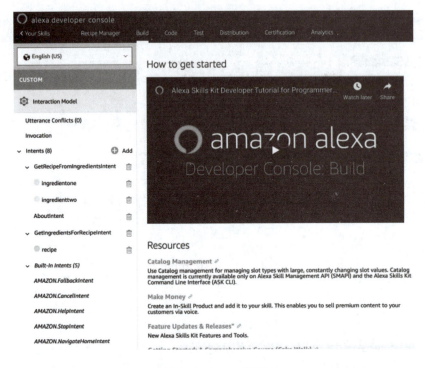

图 5-8　Alexa 界面

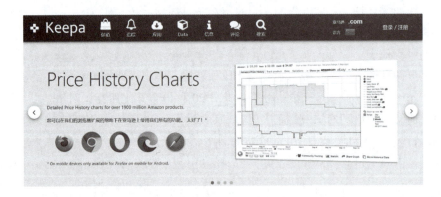

图 5-9　Keepa 的网站界面面

分析、浏览量占比、支付金额占比、支付订单数占比这四个指标可以看出，在防霉防蛀家居用品中，除湿包受到客户关注较大；从供需指数看出，这一产品的市场较饱和，竞争较大；从行业趋势图可以看出，12 月是这一产品受客户关注的高峰，可能受气候影响或者属于节日性购物，后期产品上架的时间选择上要考虑到这一点。

二、平台关键词搜索法

跨境电子商务平台上聚集着众多行业卖家和买家，也是电子商务数据产生的重要源泉。

选品人员可以观察不同跨境电子商务平台的买家界面，收集到有助于选品的信息。比如，在各大平台上搜索关键词，然后按照销量进行排序，从而了解平台上不同产品的销售情况。可以将这些数据记录下来，用适当的统计分析方法对其进行分析，提取有用信息，形成结论。

项目五 跨境电子商务选品

图 5-10 速卖通行业情报

下面以干燥剂这一产品为例，介绍在速卖通平台搜索和分析的过程。

1. 通过关键词搜索功能获取干燥剂市场情况

在速卖通首页的文本搜索框输入 desiccant（干燥剂），获得搜索结果 1 015 个，数量不算多，因此对卖家来说竞争程度不算大。关键词搜索页面如图 5-11 所示。

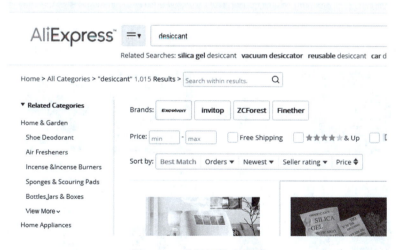

图 5-11 关键词搜索页面

2. 将搜索结果按照订单数从高到低进行排序

订单数前四位分别为 2 282、1 019、918、701，由此可看出，各产品之间销量差距较大。从前八位的产品类别分析来看，规格为 100 Packs 1g、材料为 Silica Gel 的产品占了 5/8，此种材料和包装规格的干燥剂在速卖通上比较受欢迎，后期可以从这种产品销售入手。产品订单数排行如图 5-12 所示。

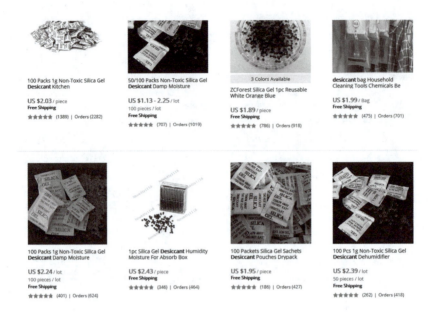

图 5-12　产品订单数排行

3. 进入高订单的店铺

进入干燥剂排名前三的产品所属的店铺，干燥剂占店铺产品总数的 1/1 651，1/1 366，25/98，占比不高，店铺都属于家居杂货性质，因此后期开设店铺时，应当考虑品类的多样化。高订单店铺情况如图 5-13 所示。

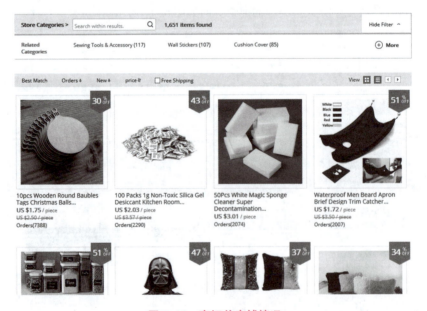

图 5-13　高订单店铺情况

此外，在对热销产品进行相关信息分析的同时，应当重视对客户评价的分析，比如在对干燥剂产品客户评价进行分析时，包装破损和尺寸太小是客户评论的典型问题，后期选品时就应当考虑包装因素。

三、供应商新品推荐法

如果说卖家是从销售端的角度获取市场需求,那么供应商则是站在供应链的上游影响着市场趋势。工厂在研发产品的时候,会依据自身对市场趋势的理解,以贴合消费者潜在的需求为目标,在产品功能和形式上进行创新。作为卖家,在选品的过程中,要多关注供应商端传递过来的信息,关注升级换代的产品和迎合市场需求研发出来的新产品。比如,曾经引爆市场的平衡车、指尖陀螺等产品,都给早期卖家带来了丰厚的回报。

四、价格区间选品法

在选品中,卖家不得不考虑自己的资金实力能够运作哪些价格区间的产品,不同资金实力的卖家必然会有截然不同的选品策略。

资金量小的卖家,适合选择单价稍低、体积小、重量轻、易发货的产品,这样的产品物流成本较低,市场策略调整更方便;资金量大的卖家,则可以选择单价高、体积大、质量重的产品,因为这些条件作为门槛,可以把相当一部分卖家挡在门外。单价较低的产品,竞争比较激烈;单价较高的产品,资金需求量大、操作的难度大、运营的风险高,竞争因此相对小,卖家需要根据自己的实际状况,在合适的价格区间进行选品和运营。

思政园地

以上介绍了跨境电子商务选品中的一些方法,我们也从中看到了数据的重要性,选品决策往往是建立在对各种数据综合分析的基础上。那么,同学们对数据的保密性和客观性有自己的理解吗?在跨境电子商务选品过程中,获取和处理数据应当本着什么样的道德准则和法律准则呢?

第二部分 实训任务

任务名称:运用适当方法进行选品。

建议学时:2学时。

任务描述:前述内容中,我们对选品的方法进行了分析和总结,假设你要在亚马逊平台上开设一个店铺,计划卖连衣裙,请使用以上提到的选品方法进行选品决策,并说明决策依据。

实施步骤:

1. 确定选品目标。
2. 选择选品方法。
3. 进行选品实践,完成选品决策。

任务成果:形成Word形式的报告。

任务评价:

评分标准	分值	得分
产品选择依据充分	40	
选品方法使用熟练	40	
报告行文流畅、格式规范	20	

第三部分　习题巩固

1. 选品有哪些方法？

2. 指数工具有哪些？指数工具是如何帮助卖家进行选品的？

3. 数据分析工具有哪些？请列举三种简述。

4. 什么是价格区间选品法？为什么要按照价格区间进行选品？

项目五测评

	测评指标	测评得分	未掌握情况记录
知识	选品的概念		
	选品对跨境电子商务的意义		
	选品的原则		
	选品的流程		
	选品的方法		
	主流市场的特点		
技能	会依据流程进行选品分析		
	会依据不同国家特点进行选品		
	会使用不同选品方法进行选品		
素养	遵守法律法规和平台规则		
	避免侵犯知识产权的行为		
	风险意识		
	合作意识		
	辩证看待中外差异，具备国际社交礼仪		
自评人：		教师：	

测评表使用须知：通过本项目学习，请对自己的学习效果进行测评。测评得分区间为0～10分，0分为完全未掌握，10分为完全掌握，数字越大，掌握程度越深，测评者依据自身实际情况进行评分。在未满10分的情况下，都可以在最右一列陈述未掌握的具体情况，并据此向老师或同学提问。

项目六

跨境电子商务运营

 学习目标

知识目标

了解跨境电子商务运营的内容
了解产品上架的流程和方法
了解客户服务的类别
掌握纠纷产生的原因和处理方式

能力目标

会进行产品上架操作
会依据场景进行客户服务

素养目标

通过品类选择的学习培养规则意识
通过上架中图片设置的学习培养法律意识
通过纠纷原因的学习培养诚信意识

任务一　产品上架

第一部分　理论知识

跨境电商产品上架

毕业生青青的工作经历访谈

跨境电子商务专业毕业生青青，选择了一份对口的工作，成了一名跨境电子商务运营专员。下面就由她来讲讲工作岗位上发生的那些事。

"我所在的是一家外贸公司。在速卖通、亚马逊、韩国网站上都有属于自己的店铺，还有自己经营的独立站。刚进入公司，运营主管就在速卖通开了一个新的店铺，让我去学习运营店铺。通过自己在速卖通上运营店铺，我体会到了跨境电子商务在创业方面的一些优势，同时也感觉到了店铺运营的艰辛。作为运营专员，需要懂的东西还是比较多的，不单单是上传商品、图片优化、基本信息优化这么简单，里面涉及的东西非常多。公司有选品、采购、付费产品推广、视觉美工、发货等职位，运营和这些岗位之间需要沟通的事情很多，必须对这些岗位有详细了解，知道不同岗位负责什么事情，才可以在具体工作中进行有效沟通。店铺运营专员主要负责店铺的日常运营和维护工作，分析和整理产品关键词，优化产品、提升排名，按平台规则和公司要求上传产品，包括标题和价格的确定、图片上传、详情页撰写等，之后进行维护，下架淘汰产品，对订单进行处理和进行客户服务等。

在发布商品时应该准确选择发布产品的类目分类，商品如果发布在不合适的类目中或设置错误的属性，容易影响网站产品类目列表的准确性，影响买家的购物体验。

在发布商品时，标题的撰写尤其重要，直接影响到后面买家是否可以准确地搜索到。标题主要由核心词+属性词+流量词组成，还要注意避开品牌词。

商品图片像素不能低于 800 px×800 px，尽量按照产品平台要求的正面+背面+实拍+侧面+两张细节图进行上传，营销图会展示在搜索、推荐、频道、平台活动会场等商品导购场景，上传符合规范的导购图商品有优先露出的机会。有视频的话尽量上传视频。

产品有多种属性的话要写清楚，在商品详情页上面填写详细的参数，可以让买家更加了解产品并提高买家对产品的购买度。也可以把误差写上去，让买家有心理准备，可以减少纠纷的概率。产品颜色和款式要标注齐全，在产品详情页上面每个颜色的图片都放上去能让买家有更大的选择空间，如果没有对应的颜色也要注明，防止买家出现疑惑。就像我上传的那条手撕袜，因为是自己撕开的，刚开始没有写清楚，所以引起了与挺多买家的纠纷，之后写清楚了并且上传了对比图，基本就没有因为这个原因产生纠纷了。

价格设置要仔细。因为自己本来就对数字不敏感，刚开始分不清折后价和折前价，导致前期发布的产品大多价格有问题。数字这个真是我的一个弱项，以后要加强。价格一般按照尾数 9 来设置，激起买家的购物欲望。也可以参考店铺访客人群国家进行设置。

产品详情页填写商品标题可以增加权重；填写商品信息参数适用范围让买家进一步了解商品；填写买家购买该商品包含什么，让其清楚花这个钱得到什么商品，以及其数量；详情图片排版顺序——可以按照尺寸参数图、场景图（中间可以加一些美化产品的描述语言）、细节图，然后实拍图的顺序排列；填写好售后模块、物流、关税政策或者感谢言，求好评等。详情页编辑好后，要记得同步到PC端，并做好相应的关联搭配。按照货源情况填写发货期。物流重量尽量准确，如果不清楚可以填一个预估的。物流尺寸也是一样的。运费模板要选对，不然会直接影响产品利润。最后选择商品分组，让买家进入店铺后更好地找到这个产品。产品上架前设置付款减库存，不是下单减库存，不然容易超卖。新店铺前期需要发布大量新产品，刚开始一个月基本每天都在上新产品，从速度上来说应该还是可以的。"

（来自跨境电子商务专业毕业生访谈）

案例分析：

通过职场新人青青的描述，你对跨境电子商务运营岗位的工作内容有了哪些认识？青青在进行产品上架时完成了哪些工作？

在传统的线下贸易中，商家进行商品采购后，需要将商品陈列在店铺中，消费者才能看到和挑选商品，进而购买，商品的陈列设计在整个销售过程中非常重要。比如，一个设计精美的橱窗往往成为消费者走进店铺的理由。在跨境电子商务中也一样，完成选品工作后，卖家需要将产品在店铺中进行上架，也就是让消费者能够从平台上看到产品，才能产生后续的购买行为。产品呈现的状态会很大程度上影响消费者的购买意愿，因此，产品上架是跨境电子商务中非常重要的工作。

一般来说，产品上架包括类目选择、标题确定、产品属性填写、图片设置、价格确定、详情页设计等流程，下面将一一进行介绍。

一、类目选择

发布产品的第一步，就是选择产品所属的类目。类目可以让平台分门别类地管理众多的产品，更重要的是方便买家查找。比如，上新一件衬衫，平台上有很多关于衬衫的类目，如男士、女士、儿童等，需要依据这件衬衫的相关属性放在合适的类目下，这样买家的点击量和购买量会更多，平台会基于这些指标来提高该产品的搜索排名。

例如，图6-1是买家在速卖通购物平台查找衬衫出现的页面，我们看到呈现出的产品是放在"All Categories▶Women's Clothing▶Blouses & Shirts"类目下的，这样有助于买家更快速地找到所需商品。

类目管理是把所经营的商品分为不同的类别，并把每一类商品作为基本活动单位进行管理的一系列相关活动。跨境电子商务平台会对类目进行统一规范和处理，以确保卖家的产品放置在正确的类目下，促进产品转化。类目错放大致分为两类情况。

一是有意的类目错放。卖家有意在发布商品时选择与商品实际不符的类目，达到骗取曝光的目的，这种行为被称为类目错放搜索作弊行为。为了保障卖家间的公平竞争，跨境电子商务平台会对这种恶意行为进行打击和处罚。

二是无意识的类目错放。导致这种情况的原因主要是卖家对跨境电子商务平台类目结构不够了解。例如，卖家的商品是婚纱，却误发布在晚礼服类目下，那么买家在搜索婚纱的时候，该产品不会出现在搜索结果中，从而影响交易转化率。

以上两种情况，跨境电子商务运营人员都要避免发生。要增强业务能力，提高规则意识，上架时一定要选择正确的类目。

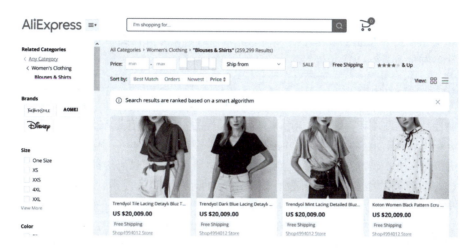

图 6-1　速卖通衬衫类目

二、标题确定

在跨境电子商务平台，消费者寻找商品，会在搜索引擎输入关键词，平台依据关键词将对应商品呈现在搜索页面，供消费者选购。在竞争者众多的跨境电子商务平台中，产品关键词越贴合消费者搜索习惯，商品在搜索页面的排名就越靠前，由此带来的产品销量也就可能越大。

由此，我们可以看出，标题是产品引流的第一步。标题对于卖家的作用，就是尽量让更多的消费者搜索到产品，也就是获得曝光。在消费者搜索关键词的结果页面中，排在后边的产品，很难引起消费者注意，消费者可能只看前几页就能找到合适的产品，而不会继续往后翻页，那么后面的产品就没有曝光。这种情况在同质化竞争的市场环境下尤为明显。

卖家都想将产品呈现在买家的搜索首页，这就涉及搜索引擎的排名规则。每个平台的搜索引擎都有其排名规则，卖家需要深入了解，才能尽可能多地获得曝光。

在速卖通平台上，排名规则主要基于对相关性和商业性的分析。相关性，就是买家搜索的词和产品标题的符合程度。比如买家搜 "business women shirts"，标题中含有这三个词的产品相关度就高于标题中只含有 "women shirts" 两个词的产品。商业性反映的是产品总体的情况，比如，该产品以往的点击购买率、近期的购买趋势、产品的好评程度及这个店铺的服务水平等。其中，标题的好坏会影响产品的相关性排名。

在不同的跨境电子商务平台中，标题的作用各不相同，其中标题的电商属性最强的是速卖通和敦煌网，相对来说，Wish、Lazada 和亚马逊，往往会弱化标题的电商属性。

标题的撰写不仅要符合搜索引擎的排名机制，还要符合买家的阅读习惯，不能把各种词随意编排。产品标题一般由款式、材质、形状、型号和中心词等构成，其中，款式、材质、形状、型号需要结合买家搜索习惯，中心词需要结合时下的热门关键词进行选择。在确定标题时，卖家应避免关键词堆砌、核心关键词后置、标题包含无关词、关键词侵权、描述与实际产品不符等错误。

> **思政园地**
>
> 上面我们学习了标题确定的注意事项,了解到标题确定时可能会出现的错误,请思考:这些错误会导致怎样的后果?如何规避?

三、产品属性填写

产品属性是产品性质和特征的集合,是产品差异性的集合。受消费者欢迎的产品属性往往体现了市场的流行趋势,比如,我们常说某年流行复古风、铆钉、阔腿裤、珊瑚绒、牛油果绿、oversize等,这些流行元素所体现的风格、装饰、服装版型、材质、颜色、尺码等都属于产品属性。

在跨境电子商务平台,买家有时会直接使用属性词进行商品搜索,该商品的属性词是否包含在标题中就显得尤为关键。当买家使用产品名或其他词进行搜索时,搜索结果页是根据类目、标题、属性来匹配的,页面左侧往往会有属性栏,买家选择产品的时候,会通过点选产品属性来缩小搜索范围。由此可见,属性在产品曝光量方面起到重要作用。卖家在上架时,平台还会对产品属性填写的完成度给出评分,卖家应尽可能详细地填写产品属性。

属性的填写需要正确和贴合市场,卖家在填写属性时,可以依据在跨境电子商务平台或其他市场的调研结果,选择热搜或热销的属性。

举个例子,请根据图6-2补充属性词。

风格:　　　　　　　　图案类型:

袖长:　　　　　　　　领型:

材质:　　　　　　　　颜色:

图6-2　举例图片

四、图片设置

卖家在上架商品时的一个重要环节就是设置商品的图片。好图胜千言,好的图片能够为产品和店铺带来流量和转化。我们平时网上购物,往往会被图片吸引而点开商品链接,我们浏览商品时看到的第一张图被称为主图,这是所有商品图片中最重要的,此外,产品还要展示侧面图、细节图等,可以让买家对产品有更为详细直观的了解,这些图片也有助于卖家更好地展示产品品质。此外,图片拍摄时可以借助单反、三脚架、灯光设备、摄影棚等器材来提升图片质量,达到视觉营销的效果。

产品图片是吸引客户的关键,图片设置不仅要注重拍摄技巧,也要关注产品摆放位置。产品位于整张图片的位置设计被称为产品陈列构图,常见的产品陈列构图方法有三角构图法、对角构图法、框架构图法、三分构图法、放射构图法、井字构图法、斜线构图法等。如果是作为产品主图,应当尽量展示产品正面效果图,让买家有更直观的体验。

比如，图6-3就是分别按照三角构图法、对角构图法、框架构图法、三分构图法完成的图片拍摄。

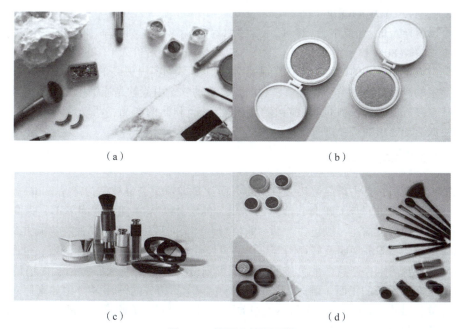

图6-3　构图法拍摄图片

（a）三角构图法；（b）对角构图法；（c）框架构图法；（d）三分构图法

速卖通平台要求，产品图片不仅要清晰、整洁、色彩真实，还要展示细节、突出主题。对于产品图片的要求有以下几点：产品的正面图、侧面图、背面图、细节图展示都应该有；图片的像素不低于 800 px×800 px，无边框水印，不允许拼图；背景底色为白色或者纯色，横纵比例在 1∶1 ~ 1∶1.3；产品图片如果添加 Logo，统一放在图片左上角；不要对图片过分修饰；上传产品图片时最多只能上传6张；不能盗用他人图片。

亚马逊平台产品主图要求：主图的背景必须是纯白色的；主图是产品的实际图，不是插图，更不是手绘图或漫画图；主图不能带 Logo（产品本身的 Logo 是允许的）和水印；主图中的产品最好占据图片大约85%的空间；对于有变体的产品，父子产品都要有主图；产品必须在图片中清晰可见，而且需要显示完整，不能只有部分或是多角度组合图；主图模特身上不能有非售物品等。

在平台上传产品图片时，前期需要进行图片拍摄、构图等，如果我们在网上寻找其他卖家的图片，并把其直接拿来用是否可以呢？请你谈谈盗图这一现象。

五、价格确定

产品价格的合理性往往影响买家的购买决策，因此，为产品确定合理的价格是产品上架流程中的重要环节。一般来说，产品价格核算需要考虑以下因素：采购成本，国际运费，针对不同产品、不同行业的利润率，同行价位，平台佣金，促销策略等。确定价格时，需要重点关注采购成本和物流成本，因为这两者占比较高，还要考虑利润率和佣金，留出活动打折的空间，计算好汇率。

举个例子：一款衬衫，成本价是 28 元，运费是 12 元，利润率为 40%，平台佣金为 5%，计划打八折，汇率为 USD1 = RMB6。

我们可以这样定价：[成本价(28元) + 运费12(元)] × [1 + 利润率(40%)] ÷ [1 - 平台佣金(5%)] ÷ 折扣率（80%）÷ 汇率（6），最终可以将这件衬衫定价为 12.28 美元。

如果价格设定不合理的话将会影响产品排名、点击率及客户最终的决定。在为商品定价时，一般将店铺里的产品分为三类：引流款、利润款、活动款。引流款是店铺用来引流的款式，一般产品价格基本接近成本价；利润款是能够给店铺带来高利润的产品；活动款是参与平台活动的产品，应根据活动要求的折扣进行定价。

六、详情页设计

买家被主图吸引，点击产品链接后看到的页面就是详情页，也被称为产品 listing。好的详情页设计能够满足买家进一步了解商品信息的需求，能够让买家实现无询问下单，提高店铺的静默转化率。产品详情页描述一般包含产品参数信息、尺码对照表、产品图片、物流方式、付款方式、产品使用须知、服务说明及好评图等。详情页设计时要保证画面简洁、清晰、全面。

以速卖通平台为例，产品详情页按照大区域可划分为广告区（关联营销、促销信息模块）、产品图片区（产品本身的正面、侧面、细节图等）、与产品相关的图片区（比如真假对比图、突出特点图、包装图及好评图）、与产品不太相关图片区（测量示意图等），最后是与产品完全无关的图（物流、付款示意图、公司图等）。

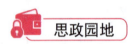
思政园地

通过以上内容的学习，我们掌握了产品上架的基本流程。从职业道德出发，我们应当避免如类目错放、盗图、价格虚高、标题堆砌等问题，自觉做到遵守平台规则和市场竞争规则，严于律己，维护市场秩序。

第二部分　实训任务

任务名称：产品上架训练。

建议学时：2 学时。

任务描述：现有一款童鞋，如图 6-4 所示，请你依据这款童鞋的信息在速卖通完成上架。

图 6-4　一款童鞋

1. 类目选择：请在以下 3 个类目中，选择最合适的类目。
   儿童平底鞋　　　　　儿童家居鞋　　　　　儿童雨鞋
2. 标题确定：请根据图 6-4，确定一个标题，不超过 128 字符。

3. 产品属性填写：请根据图 6-4，补充下列属性。
   Gender：
   Outsole Material：
   Insole Material：
   Color：
   Unit Type：
4. 图片设置：以下几张图片（图 6-5），上传时如何排序？请在每张图片右上角标号。

图 6-5　图片设置

5. 确定价格：该鞋子成本价是 80 元，运费是 18 元，利润率为 20%，平台佣金为 5%，计划打五折，汇率为 USD1 = RMB6，请你确定价格。
6. 详情页设计：在详情页中，请对以下几个板块进行排序。
   ①Product Size
   ②Product Details
   ③Payment
   ④Shipment
   ⑤Disputes&Refunds
   ⑥Feedback

实施步骤：按照引导一步步完成鞋子的上架练习。
任务成果：补充上架流程，能掌握产品上架的流程和操作。
任务评价：围绕题目答案的准确性展开评价。

第三部分　习题巩固

1. 请简述产品上架流程。

2. 产品标题如何设置？

3. 产品价格如何确定？

4. 有哪些产品拍照构图法？卖家可以盗取其他店铺图片直接使用吗？

项目六　跨境电子商务运营　151

任务二　订单处理

第一部分　理论知识

跨境电商订单处理

eBay 针对订单处理时效推出新规

为了提高海外仓交易发货时效性，进一步缩短买家付款到确认收货的时间，近期 eBay 将对产品做相应改动：SYI/RYI 页面中 Handling Time 超过 3 天的选项将不再对海外仓刊登开放，即对物品所在地设置为非内地（大陆）、香港、台湾地区的交易，eBay 要求卖家在 3 天之内完成物品出库并交给当地承运商揽收。

为避免对在线刊登/新刊登造成影响，卖家配合进行如下调整。

1）如果您有在线刊登设置 Handling Time 超过 3 天，请尽快调整至 3 天或 3 天以内，并且通过优化操作流程在 3 天之内完成订单操作及发货。

2）如果您使用 API/UI 进行新刊登，请确保 Handling Time 的设置必须在 3 天或 3 天以内，否则刊登提交不成功。

除了更新订单处理时间设置要求，eBay 严格禁止任何违反公平竞争的行为，比如刷单。

刷单即卖家通过产生虚假交易、伪造好评的方式提高销量，进而降低卖家整体不良交易率以规避管控的行为。该行为严重违反公平竞争的原则，一旦发现，账户即受到销售限制，甚至注销等惩罚。卖家必须秉持诚信的原则为买家持续提供优良的购物体验。

（摘自雨果网，《跨境出口电商一周猛料》，2018 - 01 - 27）

案例分析

从以上案例我们看到，跨境电子商务平台对卖家的订单处理时效有要求？请你谈谈，订单处理能力对卖家成长起到什么作用？

订单处理是跨境电子商务运营人员的重要工作内容，出色的订单处理能力将节约大量人力、物力、时间和金钱，同时也能非常好地提高客户的体验度。订单处理涉及打包装拣、确认发货、取消订单、退款订单处理等，对新手卖家来说并不容易应对。

如果订单为卖家自发货订单，订单处理流程一般如下：订单生成后可以在店铺后台"订单管理"里看到订单详细信息，随后按照订单要求将产品打包好并交给货运代理公司，从货代处获得订单号后，在订单处理页面，点击"确认发货"按钮，在弹出的页面中填写订单跟踪号及相关物流信息，保存结束，这个订单就视为已被处理。

在完成发货后，运营人员需要在订单留言处发送发货信给买家，提醒其订单状态，发货信可以参考一下模板。

Hi, my friend, thanks for shopping here. Your package has been shipped today. It usually takes 10 - 40 days to your country. The tracking number is ×××××××. If you have any question, just be free to tell me.

  Have a nice day.

 Best Regards

somebody

 不同平台的订单处理流程存在些许差异，运营人员需要依据不同平台特点来完成工作。下面以速卖通平台为例，对订单处理的原则和方式进行介绍。

一、订单处理原则

 订单是卖家与客户在商业活动中彼此的协议，涉及产品、资金、物流等信息。一个店铺要想保持良好的运营，就需要在平台规定时间内发货，且保证客户能及时收到购买的商品。客户有了好的购物体验，才会推荐身边的人购买，提升店铺口碑。如果订单不能及时处理，或者发生了其他突发状况，比如发货延迟、包裹丢失、发错货等，会使客户的满意度下降，影响店铺的可持续发展。

 运营人员对订单进行处理，往往遵循以下原则。

1. 遵循时间的先后顺序原则

 一般情况下，可以按照订单的时间顺序来处理，提高订单处理效率。

 （1）先付款的订单先处理

 在速卖通平台，先收到客户付款，且资金通过速卖通审核的订单可以优先处理。因为跨境电子商务平台对订单有发货时间的限制，速卖通要求卖家至少保证5天内上传物流信息，如果做到48小时/72小时上传，则可享受平台权益。考虑到客户体验度方面，先收到的订单必须先处理，这样店铺才能正常运作和发展。

 （2）承诺优先发货的订单先处理

 在与买家通过站内信沟通时，运营人员可能会承诺买家发货时间，或者买家在订单留言、站内信中明确要求发货时间，在订单处理的时候必须严格遵守承诺，在承诺的时间内完成订单发货，以保证客户的满意度，避免产生纠纷。

 （3）同类物流的订单先处理

 因为发货时需要选择物流模板，进行物流设置，如果客户在拍下产品时选择了相同的物流方式，运营人员在不影响其他订单发货时效的前提下，可以同时处理这类订单，有效提升操作效率。

2. 遵循订单信息的准确性原则

 除了时效是订单处理的重要评价指标外，准确性也是重要指标，因为就算及时发货了，如果发生了发错货的情况，对交易的顺利完成也会有很大的影响。因此，在处理订单之前，必须确保订单信息准确无误，才能确保商品按照客户的要求准确送达客户，从而保证客户的满意度及店铺好评率。在核对订单时，需要重视核对买家留言和物流信息。

 （1）买家留言

 买家在下单时，可能会因为信息错误或特殊要求而进行留言，比如需要快速发货、修改收货人、收货人全名、地址、电话、邮编、更换颜色、更换尺寸等，这些留言都要在订单审核过程中进行修改，避免后期出现售后问题，导致客户的满意度降低。

 （2）物流信息

 在跨境电子商务平台，买家是可以在下单时指定物流方式的，因此，运营人员在订单处理时要关注买家的选择，匹配正确的物流方式进行发货，避免后期因物流方式引起的派送时间、派送方式或者海关问题等纠纷，从而可以有效地预防纠纷的发生并减少售后问题。

二、各种订单及处理方式

在进行订单处理时，运营人员往往会遇到处于不同阶段的订单或异常订单，不同订单需要采取不同的处理方式。

1. 等待买家付款订单

这类订单是指买家已经拍下但还未付款的订单，此时卖家不可以直接关闭订单。通常系统会给客户20天时间进行付款。在此期间，运营人员可以通过两种方式争取订单付款：第一，可以通过订单留言、站内信进行催付款；第二，可以适当地调整价格，给客户一点优惠，提高支付转化率。

2. 买家申请取消订单

有时，因各种原因，买家会申请取消订单，如买家下单时放入了错误的产品，买家重复下单，部分产品缺货，商家未按照约定时间发货，联系不上商家等。

此类订单在处理时需要关注买家申请取消的原因，重视客户诉求，为后期制定运营策略提供依据。

3. 等待发货订单

等待发货订单指买家拍下商品且付款资金通过速卖通的审核，即买家已经把资金付到了国际支付宝的订单。这类订单的处理重点是核实订单信息，并在时效内点击发货。在核对订单信息时，要特别注意订单留言，如更改收货信息、修改尺码颜色等，避免后期产生纠纷。

4. 等待买家收货的订单

此时，运营人员完成订单信息的确认、审核，并且商品已打包发出，也生成对应的国际物流单号，等待买家最后确认收货。根据不同地区及物流状况，有的地方可能偏远或者无法在合理的时间期限内完成妥投，如果买家还没收到产品，卖家可以适当延长妥投时间的期限，最长的收货时间为120天。

5. 已结束的订单

已结束的订单包含以下四种。

1）买家取消未付款订单，这类订单需要关注取消原因。
2）超过付款时间的订单，这类订单需要关注未付款原因。
3）买家的商品已收货并确认收货的订单，这类订单需要注重回访。
4）因买家所付款项未通过资金安全审核的订单，这类订单需要关注资金安全未通过审核的具体原因。

6. 含纠纷订单

订单在处理过程中，买家可能因物流、海关、商品、服务等问题，提起纠纷，这类订单需要及时进入纠纷处理流程。

7. 冻结中的订单

买家拍下商品付款时选择信用卡付款，在订单未完成的时候，向支付银行提出拒付，导致资金冻结的订单。拒付也称为退单、撤单，是指买家要求信用卡公司撤销已经结算的交易。

买家提出拒付可能由于这些原因：未收到货，货不对板，未收到退款，金额不符，重复扣款。对于拒付的订单，卖家需要及时积极联系客户和信用卡组织解决，解冻资金。

8. 等待确认订单

因平台佣金等原因，订单实际到账的国际支付宝金额与原订单金额可能不符，这时需要运营人员进行确认。若能接受买家支付金额，则继续进行订单处理。

9. 资金未到账订单

由于国际支付有很多方式，不同的支付方式到账时效不同，可能存在部分资金不能及时到账的情况，需要速卖通进行审核，一般24小时内可以完成审核。在资金未到账时，买家是不能申请取消订单的。

在亚马逊平台，还有合并订单，当出现同一时间段、同一买家、同一地址的订单时，系统会自动合并，运营人员可进行合并发货降低物流费用。需要注意的是，必须后台显示"Combined"的才是合并订单，不能自己合并。

以上内容介绍了订单处理的原则，对于承诺优先发货的订单，需要优先发货，由此，请围绕契约精神进行思考，并总结信守承诺在跨境电子商务交易中的重要性。

第二部分　实训任务

任务名称：订单取消原因调研与应对方案。

建议学时：2学时。

任务描述：在店铺运营过程中，转化率永远是关注的重点。买家下订单后，又将订单取消，对于卖家来说是销售额的流失。获取消费者取消订单的原因及积极应对处理，是降低订单流失的有效手段。请以跨境电子商务运营人员的视角，在各大国内外电商平台或论坛中获取消费者订单取消的原因，并针对每个原因制定处理措施。你也可以设计一个问卷，调研其他人在网购时取消订单的原因，并尝试思考挽回流失客户的方法。

实施步骤：

1. 确定任务内容。
2. 围绕任务，对网络资源进行信息搜集与整理，得出客户取消订单的原因列表。
3. 设计问卷，进行问卷发放和回收，得出客户取消订单的原因列表。
4. 针对得出的原因列表，设计应对措施。
5. 整理任务成果，形成Word报告提交。

任务成果：Word形式的报告

任务评价：

评价内容	分值	得分
订单取消原因整理的列表质量	40	
应对措施制定的列表质量	40	
Word内容丰富、格式规范	20	

第三部分　习题巩固

1. 订单处理重要吗？订单处理主要有哪些工作？

2. 速卖通平台订单处理的原则是什么？

3. 订单可能存在哪些状态？不同状态的订单应当如何处理？

4. 什么是拒付？请上网搜集资料进行解释，并谈谈如何处理拒付订单。

任务三　客户服务

第一部分　理论知识

跨境电商客户服务_1

毕业生小黄的工作经历访谈

小黄是跨境电子商务专业的一名毕业生,毕业后从事跨境电子商务运营工作,主要负责客户服务,下面是她的工作心得。

"店铺运营最不能忽视的就是客户服务,只有处理好跟客户沟通的细节,才能给顾客更好的购物体验,从而带来销售量的增长。优秀的运营人才能够利用 listing、评论、邮件等不同渠道,在售前、售后与客户进行及时适当的沟通,提升客户对店铺的好感度,让客户在购买产品后乐于将产品、店铺推荐给更多的消费者。回复客户消息看着很简单,但还是需要一些技巧。由于我们和其他国家的客户存在时差,一天可以回复同一个客户三次消息便很难得,所以回复的时候尽量一次性将客户询问的问题解答完。国外的客户和我们中国的客户购物习惯不太一样,国外客户一般会自主购买下单,售前来咨询问题的客户一般很少,主要来咨询的就是物流跟踪问题。因为跨境互联网的差异,有些包裹我们可以跟踪到,但是客户的跟踪网站上查询不到,因此就需要我们帮他们查询并告诉他们包裹在哪,他们需要怎么做。退货率、纠纷率高的大概率是产品的问题了,所以要关注产品的质量,及时进行调整,找到质量可靠稳定的供应商。还有要检查的地方,就是主推款的中差评。每天查看产品的评价,知道买家喜欢我们产品的什么特点,就继续保持。出现中差评及时处理解决,主动联系买家了解购物体验差的原因。

在工作中,我认为很多内容都需要自己去摸索、去探讨,要不怕吃苦,自己摸索出来并记录下来的,远比单纯靠运营主管、领导讲的印象深刻。回复客户消息、处理纠纷、仲裁、拒付虽然单调又重复,但对培养耐心、细心、逻辑能力是一个很有效的方法。当收到买家真心赞美与感谢的时候,那种心情是无法用文字描述的。"

(来自跨境电子商务专业毕业生访谈)

案例分析:

通过职场人小黄的描述,你对跨境电子商务客户服务有了哪些认识?

奥买家货不对板　售后未有效处理

周女士于 2018 年 10 月 19 日在奥买家 APP 购买一款碧欧泉女士洗面奶。该款洗面奶的页面描述是淡蓝色颗粒状啫喱,含微小颗粒,且颗粒适中。周女士收货使用后发现就是淡蓝色液体,没有颗粒,于是找客服售后说商品与描述不符,客服说颗粒是肉眼无法看到的,包含在液体中。后来她又找了其他平台的该商品页面,发现只有奥买家写的是颗粒状啫喱。

对此,相关法务人士表示,该事件争议的焦点在于洗面奶是否存在货不对板问题。若商品确有周女士所提到的问题,那么商家应核实后联系用户进行退货退款处理。

《中华人民共和国消费者权益保护法》第二十条规定:"经营者向消费者提供有关商品或者

服务的质量、性能、用途、有效期限等信息，应当真实、全面，不得作虚假或者引人误解的宣传。经营者对消费者就其提供的商品或者服务的质量和使用方法等问题提出的询问，应当做出真实、明确的答复。经营者提供商品或者服务应当明码标价。"

案例分析

案例中，奥买家 APP 的洗面奶产品页面描述与实际不符从而引发了纠纷，假设你是当时与周女士对接的客服人员，你会如何处理这场纠纷？

跨境电子商务实现的是买与卖的交易，交易主体是商家和客户，在实现交易的过程中，双方如何有效沟通，是交易成功的关键。商家作为销售方，应当重视客户的购物体验，提升客户满意度，实现可持续发展，因此，客户服务就显得尤为重要。下面对客户服务的基本内容和纠纷处理进行介绍。

一、客户服务概述

1. 客户服务概念和特点

客户服务，体现了以客户满意为导向的价值观。菲利普·科特勒将服务定义为：一方提供给另一方的不可感知且不导致任何所有权转移的活动或利益，它在本质上是无形的，它的生产可能与实际产品有关，也可能无关。由此可知，客户服务是无形的、不绝对围绕某一产品的，客户服务更像一种理念渗透在店铺运营过程中，影响着店铺的成长。客服人员的目标是提高客户满意度，工作内容包括解答客户咨询、解决售后问题、促成交易等。

跨境客服和境内客服有所区别，主要的区别是服务对象不同、沟通工具不同、回复时效不同。服务对象和客服人员处在不同的国家，语言、习惯、思维方式等千差万别，因此，客服人员要了解客户所在国家的文化，避免不必要的误会。跨境客服用到的沟通工具主要是电子邮件和站内信，客服人员在与客户沟通前一定要了解邮件的撰写格式，一般邮件结构包含称呼、问候语、正文内容、结语和署名。不同国家可能处于不同时区，休息时间存在差异，因此，客服人员要留意回复时效，避免回复不及时导致错失订单或引发纠纷的情况。

2. 客户服务类别

依据交易的不同阶段，客户服务可分为售前、售中、售后三种。

售前阶段，客户一般会咨询的问题有产品信息、产品价格等，客服人员需要耐心解答，让消费者尽可能多地了解产品。售前客服也需要开发新客户、维护老客户，通过站内信等方式进行客户管理、新品推广、引导需求，提高店铺老客户的回购率。开展售前服务，能够增进买卖双方的了解，为客户创造购买产品的条件，让客户信任店铺及产品，从而产生购买意愿。客户满意度越高，企业市场竞争能力也就越强。

售中阶段，一般与客户沟通的问题有未付款、海关税、物流、通知买家已发货等。对于已下单未付款订单，交易并未形成，客服人员需要思考原因，比如，是否因为客户联系不到卖家来对产品细节进行确认、是否因为运费过高、是否在付款过程中出现问题等，此时客服人员需要通过邮件或站内信等方式进行询问和催付，需要注意的是，在催促客户下单时语气要热情，首先表示感谢，其次邮件内容要有针对性，不要总提及与主题无关的内容。一封邮件主要包含称呼、问候语、正文、结语、署名。邮件中可提到库存不多、付款后会尽快发货等条件来催化客户的付款决定。对于已付款订单，客服人员需要发送邮件通知买家，告知订单号、发货时间、快递名称和单号、运输时间等信息。

举个例子，对于未付款订单，我们可以用下面的邮件引导客户付款。

Hello, Dear friend:

Thank you for your support. Please check the receiving information of your order. If there is no problem, you can pay directly. After payment, our store will deliver the goods for you within 24 hours. I hope you will receive the product as soon as possible!

售后阶段，是卖家完成订单发货后的阶段，这个阶段的客户服务也很重要。一般与客户沟通的内容有物流问题、退换货问题、评价及其他一些特殊情况。有的产品有附属服务，比如一些专业性较强的设备，需要客服人员提供技术指导，在这种情况下，客服工作是否细致、及时，很大程度影响了客户满意度。在售后阶段，客户收货后如果对产品不满意，要求退换货，客服人员一定要积极处理，做好应对，避免产生纠纷，各跨境电子商务平台会用服务等级来评价店铺的客服工作。较高的卖家服务等级，可以提升店铺在平台的商业性排名，服务等级也往往是店铺参加平台活动的门槛之一。对于店铺中差评，客服人员应当从中总结客户的反馈信息，进而改善店铺运营。

总之，无论处于交易的哪个阶段，客服人员都应做好完善的服务工作，遇到问题及时与客户沟通，严格把关产品自身质量，做好中差评营销。

3. 客服人员要求

服务和信用是跨境电子商务的重要竞争因素。客户对购物体验满意，店铺的转化率才能保持和提升。客服人员是店铺服务工作的承担者，其业务水平、素养、灵活度等都决定了店铺的服务质量。

基于对各类招聘网站中跨境电子商务客服岗位的调研，我们认为跨境电子商务客服的岗位职责和要求如下。

（1）岗位职责

1）负责 Amazon、eBay、Aliexpress 等跨境电子商务平台的维护、管理，主要以邮件、站内信的形式与客户进行沟通。

2）妥善处理客户投诉，确保客户对产品和服务的满意度，处理售前、售中、售后的工作，维持店铺的良好运行。收集并反馈产品信息，为其他部门提供产品决策依据。

3）店铺评价跟踪，老客户维护、营销，保证店铺好评率在90%以上。

（2）岗位要求

1）工作认真细致，客户服务意识和应变能力强，懂得反馈并跟进问题。

2）有耐心，可以维护好店铺的各项指标。

3）全日制大专级以上学历，英语书写和表达能力良好，计算机操作熟练。

思政园地

通过上述内容的学习我们了解到，跨境电子商务客服的沟通对象是国外消费者。请思考：作为中国卖家，在与客户沟通过程中应当如何维护国家形象？

二、纠纷处理与预防

1. 纠纷产生的原因

纠纷是跨境电子商务买卖双方因为交易分歧产生的权利、权益争议。纠纷的处理会使店铺产生额外的成本，但店铺在经营过程中，很难完全避免因各种问题导致的纠纷，因此纠纷的预防和处理是跨境电子商务运营人员工作的重要内容。常见的纠纷原因有买家未收到货、货不对板、货物破损等。当店铺遇到纠纷时，运营人员首先要深入了解纠纷产生的原因，针对原因进行处理，与客户、平台及时沟通，防止服务等级下降，造成客户流失。

（1）买家未收到货

因买家未收到货造成的纠纷，可能是物流出了问题，如货物被海关扣押，包裹原件退回，物流信息未更新，发送地址错误，不可抗力影响等，在这种情况下，运营人员需要跟进物流过程，给顾客提供实时信息，解决纠纷。

（2）货不对板

货不对板造成的纠纷，主要有这些情况。

1）物流运输方式与描述不符，比如页面写了 DHL 发货，但实际使用了 E 邮宝发货。

2）标题单位与销售方式单位不一致，比如球拍标题写了 1 双，但实际发货只有 1 只。

3）产品属性描述与产品本身不符，比如衬衫的产品页面写了丝绸材质，但实际上是雪纺材质。

4）假货，这种情况不仅会引起纠纷，还会引发法律问题。

5）标题与图片不符，比如一件衬衫图片是短袖，但标题写了长袖。

当发生货不对板纠纷时，运营人员可以主动提出给顾客重新发货，得到顾客的谅解，之后，对产品页面信息进行筛查，以防其他产品再次出现货不对板的情况。

思政园地

通过以上的学习我们了解到，货不对板是引发纠纷的一个重要原因，而货不对板情况的出现，大部分由于从业人员自身缺乏诚信价值观。请思考：假如你是跨境电子商务从业人员，你会如何规避货不对板纠纷的问题？

（3）货物破损

货物破损主要有三个原因：①发货前未进行质检或质检不到位；②物流运输过程中发生破损；③买家恶意造成。

针对这些情况，运营人员首先应当排查店铺自身问题，加强质检。如果是运输过程中发生的破损，则需要联系物流公司进行协商处理。如果是买家恶意造成，则需要搜集证据，比如查看仓库视频，留存产品出库状态的照片。

2. 纠纷产生的后果

不同平台对纠纷的处罚规则存在差异，以速卖通平台为例，平台纠纷处罚指标主要有纠纷率、裁决提起率、卖家责任裁决率。纠纷率反映的是卖家被提起纠纷的情况。裁决提起率反映的是卖家未解决的纠纷提交至平台裁决的情况。卖家责任裁决率反映的是速卖通裁决的卖家责任纠纷订单的情况。以上三个指标会影响卖家的产品曝光，比率过高会导致产品一段时间内无法被买家搜索到。

纠纷率 =（买家提起退款的订单 – 买家主动撤销退款的订单数）/（买家确认收货 + 确认收货超时 + 买家提起退款的订单数）

裁决提起率 = 提交至速卖通平台进行裁决的纠纷订单数 /（买家确认收货 + 确认收货超时 + 买家提起退款并解决 + 提交至速卖通平台进行裁决的订单数）

卖家责任裁决率 = 提交至速卖通平台进行裁决且最终被裁定为卖家责任的纠纷订单数 /（买家确认收货 + 确认收货超时 + 买家提起退款并解决 + 提交至速卖通平台进行裁决并裁决结束的订单数）。

3. 纠纷的预防

纠纷产生的原因有很多，但其中大部分是卖家可以提前预防的，比如，货不对板的情况主要是运营人员上架时产生的差错，可以避免。跨境电子商务运营人员应当具备纠纷预防意识，从源头上防止纠纷的产生。

下面我们来了解预防纠纷的注意事项。

1）发货前，需要确保产品标题与产品本身相符，详情描述各项说明清晰，产品图片与产品本身一致，产品属性与产品本身一致，产品是正品、无侵权。

2）发货中，需要确保产品完好，包装妥善，收货地址无误；合理申报。

3）运输中，需要定期进行物流跟踪；发生扣关情况时及时与客户沟通，安抚客户；进行节假日物流延迟预警。

4）妥投后，需要做好售后服务，发放定向优惠券，妥善处理退换货问题。

关于纠纷的预防和处理，我们可以扫描二维码查看动画加深印象。

拓展阅读

进口产品假货的界定案例

2017年年底，小杨在某电商国际平台官方直营店上买了从荷兰进口的BK锅10件。BK锅的销售页面上，有明显的"官方直采""假一赔十""产地荷兰"字样。

小杨收到货后查看，发现BK锅的外包装是中文字样。经查，这款锅的型号和某贸易公司在电商平台上销售的一款国产回飞锅的完全一致，这家公司的网站页面明确标注国产回飞锅的产地在中国。

小杨认为该电商平台销售假货，上诉至法院要求其按照产品页面宣传的"假一赔十"进行赔偿。但是，电商平台辩解称，平台制定的《国际服务承诺》上约定，商家未履行"海外直供"服务的，退还成交货款并支付2倍成交款作为赔偿。之后，双方和解，电商平台赔偿小杨5倍货款。

其实，在专门销售进口产品的电商平台上，"假一赔十"中的"假"，不仅指产品本身不是正品，还包含产品不是原装进口产品。

怎么判断自己在跨境电子商务平台上买来的商品，是真的从保税区发货，而不是国内的假货呢？

最直接的是看条形码。条形码是商品的身份证，不同国家生产的商品，条形码的前几位数字都是不同的。

另外，还可以查看防伪贴。如果是保税区仓库发货的进口商品，基本都有保税区仓库贴的防伪二维码。

如果是食品的，还可以看有没有中文标签。根据中国法律法规的要求，进口食品必须加贴中文标签才能销售。

第二部分 实训任务

任务名称：客户服务实训。
建议学时：2学时。
任务描述：

1. 如果你收到一封客户砍价的邮件，你会如何回复？
Hello, I like your T-shirt very much. I want to buy ten pcs, please give me a reasonable price.

2. 你要通知买家，其订单已通过E邮宝发货，到货大概15天，物流单号是18011516064942，请尝试写一封邮件。

3. 有个客户对商品进行了评价，如何回复？
Good Quick delivery, the product is safe and sound, fully consistent with the description, very grateful to the seller's weekly service.

4. 速卖通平台上对于店铺纠纷率的计算如下：
纠纷率 =（买家提起退款的订单 – 买家主动撤销退款的订单数）/（买家确认收货 + 确认收货超时 + 买家提起退款的订单数）
裁决提起率 = 提交至速卖通平台进行裁决的纠纷订单数 /（买家确认收货 + 确认收货超时 + 买家提起退款并解决 + 提交至速卖通平台进行裁决的订单数）
卖家责任裁决率 = 提交至速卖通平台进行裁决且最终被裁定为卖家责任的纠纷订单数 /（买家确认收货 + 确认收货超时 + 买家提起退款并解决 + 提交至速卖通平台进行裁决并裁决结束的订单数）
现有店铺数据：买家确认收货20笔，买家确认收货超时3笔，买家要求退款5笔，其中买家主动撤销并确认收货1笔，已与买家协商解决2笔，提交至速卖通裁决2笔（裁定卖家责任1笔，未裁决1笔）。
试计算该店铺的纠纷率、裁决提起率、卖家责任裁决率。

实施步骤：每位同学进行独立练习。
任务成果：依据题目引导形成答案。
任务评价：能正确完成售前、售中、售后的场景任务，会计算纠纷率、裁决提起率、卖家责任裁决率，理解纠纷对店铺的消极影响。

第三部分　习题巩固

1. 客户服务如何划分类别？其工作侧重点有什么区别？

2. 客服的岗位职责和岗位要求是怎么样的？请访问各类招聘网站进一步了解。

3. 什么是货不对板？哪些情况属于货不对板？

4. 店铺如何预防纠纷？

项目六测评

	测评指标	测评得分	未掌握情况记录
知识	跨境电子商务运营的内容		
	产品上架的流程和方法		
	客户服务的类别		
	纠纷产生的原因		
	纠纷处理的方式		
技能	会进行产品上架操作		
	会依据场景进行客户服务		
素养	通过品类选择的学习培养规则意识		
	通过上架中图片设置的学习培养法律意识		
	通过纠纷原因的学习培养诚信意识		
自评人：		教师：	

测评表使用须知：通过本项目学习，请对自己的学习效果进行测评。测评得分区间为0～10分，0分为完全未掌握，10分为完全掌握，数字越大，掌握程度越深，测评者依据自身实际情况进行评分。在未满10分的情况下，都可以在最右一列陈述未掌握的具体情况，并据此向老师或同学提问。

项目七
跨境电子商务营销

 学习目标

知识目标
了解跨境电子商务营销的概念
了解数据对于营销的作用
掌握站内营销的方法
掌握站外营销的方法

能力目标
能理解营销在跨境电子商务中的作用
会使用站内营销方式进行营销活动
会使用站外营销方式进行营销活动
会运用数据化思维分析营销效果

素养目标
认识数据的客观性，不随意篡改数据
具有保密意识，不随意泄露数据
具有法治观念和职业道德，拒绝虚假营销

任务一 跨境电子商务营销认知

第一部分 理论知识

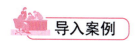
导入案例

实习生小黄的营销工作

小黄是一名毕业生,实习选择了杭州的一家跨境电子商务企业,从事速卖通店铺营销工作。下面是她对日常工作内容的表述。

"本次实习是在学习了两年多跨境电子商务专业后进行的一次全面实践,其目的在于加深对跨境电子商务基础理论和基本知识的理解,将课堂知识与现实工作进行结合,达到理论与实践相结合的目的。通过专业实习,我能在深入了解跨境电子商务的基础上,掌握跨境电子商务专业实践技能及操作流程。

在实习过程中,我的一个重要工作是提高店铺的粉丝关注度。现在海外已经出现一些第三方直播公司,除了做直播还会做社交媒体推广,那么商家可通过提供样品让其直播推广。也可以在YouTube、Tiktok、Instagram上进行视频营销,找一些'网红'帮忙带货。'网红'和粉丝的黏性高,转化率不低,如果视频内容好,粉丝量也会一直上涨。在选择'网红'时可尽量选择既有站内粉丝又有站外粉丝的,因为这样的'网红'可以在将视频发到站内的同时发到站外,帮助商家获得更多受众。现在越来越多的消费者会通过店铺的粉丝量来权衡该店铺是否值得信任和购买。事实上,品牌性在未来的速卖通店铺分层里会占据非常重要的部分,尤其是在金牌与银牌的界限上,粉丝的数量决定了很多东西。因此,已经有很多品牌卖家通过营销方式让更多的消费者关注自己,从而形成粉丝关系。速卖通平台上有一个粉丝营销功能,当商家定期上新设置粉丝专享价时,平台会自动当成一个帖子发布在Feed频道里,粉丝在打开速卖通APP Feed频道时,可以看到店铺上新频率或粉丝专享价的优惠,商家可尝试建群,定时告诉粉丝店铺上新情况及优惠活动,还有图文帖、上新帖等,保持店铺内部粉丝的黏性。

另外,每天都要关注平台活动。我管理的店铺未开直通车,平台活动是店铺主要的流量来源。我们店铺是只要符合条件可以报名的都报上,提高店铺流量。上一次328平台大促,其他卖家都报名了,但我的店铺因为春节期间没有备好货,导致产品缺货,订单堆积,影响了店铺上网率。报名时,由于店铺上网率没有达标,没有报上,这导致大促那几天店铺销售量整体下滑,可见平台的活动是多么重要。还有一些Flash Deals这样的日常活动,我们每天都要关注。只有参与这些活动,整个店铺才能转起来。

要想尽各种渠道、各种方法,去推广自己的店铺。站外流量也是店铺主要的渠道之一,我们可以借助联盟营销与'网红'营销来进行。

联盟营销方面,最主要是确定各计划的佣金比例及具体哪些产品放在哪些计划下。首先,我们要知道,买手的佣金比例 > 主推商品的佣金比例 > 类目的佣金比例 > 店铺默认的佣金比例。对于默认的佣金比例,我们填写平台要求的最低数即可;对于类目的佣金比例,填写平台要求的最低数即可;

对于主推产品的佣金比例，按类目的佣金比例与其 0.5 倍之和来进行，一般建议为 5%～10%。

在'网红'营销时，筛选'网红'与商谈合作是最重要的事。对于'网红'，我们要从粉丝数量、粉丝活跃度、粉丝互动、以往广告对象及账号本身的定位来分析，以便更好地筛选。

此外，也需要每天去关注店铺的数据和了解竞争对手，形成表格记录，然后分析、对比，一旦出现异常就要及时去优化改正。

通过 3 个月的实习，交由我营销的新店铺成为银牌店铺，后来进入所属行业类目前三十名，并一直保持。通过实习，我对跨境电子商务营销有了一定的了解，今后要学习更多相关的理论知识，提高自己的专业水平，为正式工作做好准备。"

（源自毕业生访谈）

案例思考：
从小黄同学的实习经历中，你对跨境电子商务营销岗位的工作内容有了哪些了解？

一、跨境电子商务营销的概念

跨境电子商务营销是借助互联网完成一系列营销环节，达到营销目标的过程。跨境电子商务营销是以现代营销理论为基础，借助网络、通信和数字媒体技术实现营销目标的商务活动，符合社会信息化的发展趋势。

在跨境电子商务中，营销方式主要分为站内营销和站外营销两大类，站内营销主要的方式有店铺自主营销活动、平台营销活动和付费营销活动；站外营销主要的方式有搜索引擎营销、电子邮件营销和社交媒体营销，营销方式的选取需要依据店铺情况进行，无论选取哪种营销方式，都需要通过数据来总结营销效果，通过数据分析来发现问题，据此确定和调整营销策略。跨境电子商务营销方式如图 7-1 所示。

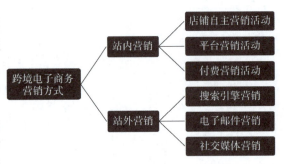

图 7-1 跨境电子商务营销方式

二、跨境电子商务营销的作用

营销方式的选择和应用，关系到店铺持续健康的发展，以及整个跨境电子商务的服务体系和营销环境的构建，因此，对跨境电子商务来说，营销很重要。营销的状况与跨境电子商务企业的生存息息相关，营销不能局限于了解客户需求，更要创造需求，挖掘市场潜在的消费需求，从而引导消费。

三、跨境电子商务营销发展趋势

随着大数据时代的到来，数字化经济对跨境电子商务发展起助推作用，而营销作为跨境电子商务的业务流程之一，也深受数字化变革的影响，大数据营销成为趋势，数据的应用可以带来新的产值增长动力。在互联网领域，阿里巴巴每年会举行中国互联网数据大会，主题是大数据在企业运行中的应用，这也说明了数据对跨境电子商务发展的作用。

大数据营销能够建立线上线下联动的数据库，针对客户进行数据分析。比如，可以从客户商品页面浏览的数据分析其消费偏好，进而推送符合其消费偏好的商品，提升转化率；可以收集客户在网站的访问次数和停留时长数据，分析客户的忠诚度，从而制定更有针对性的促销策略。总之,对客观数据的搜集、整理和分析,可以使营销策略更为精准,能够节约成本,提高转化率。

通过上面知识的学习我们了解到,大数据营销是跨境电子商务营销的趋势。在现实生活中,我们会听到有商家违法获取用户信息的新闻。作为跨境电子商务卖家,在获取和处理客户信息时,应当遵守哪些法律规定和道德准则呢?

四、营销效果分析常用指标

设置完营销活动后,我们可以通过一些指标进行营销前后的数据对比,从指标的结果衡量营销的效果,从而得出结论,进而调整营销策略。用于衡量营销的指标主要有流量相关指标、成交相关指标、访客行为相关指标等。表7-1列举了在营销效果分析中,流量和成交相关的常用数据指标。

表7-1 流量和成交相关的常用数据指标

类别	指标	指标释义
流量相关	访客数(UV)	访客数指的是在统计周期内访问网站的独立客户数
	浏览量(PV)	浏览量指在统计周期内,客户浏览网站页面的次数。客户每访问一个网页即增加一个访问量,多次打开或刷新同一个页面,该指标均累加
	停留时间	停留时间指的是客户在同一访问周期内访问网站的时长。在实际应用中,通常取平均停留时间
	跳失率	跳失率指的是在统计周期内,访客入站后只浏览了一个页面就离开的次数占入站次数的比例,可分为首页跳失率、关键页面跳失率、具体商品页面跳失率等
	新访客数占比	新增加的访客数占总访客数的百分比
	客单价	客单价反映店铺每一个用户下单的金额,客单价越高,越有利于提高店铺业绩,客单价=成交金额÷成交用户数
成交相关	下单转化率	转化率是衡量营销效果的核心指标。下单转换化率指的是在统计周期内,确认订单的客户数占该商品所有访客数的比例。下单转化率=(确认订单客户数÷该商品的总访问数)×100%
	支付转化率	支付转化率指的是在统计周期内,完成付款的客户数占该商品所有访客数的比例。支付转化率=(完成付款的客户数÷该商品的总访问数)×100%
	下单–支付转化率	下单–支付转化率指的是完成付款的客户数占确认订单客户数的比例。下单–支付转化率=(完成付款的客户数÷确认订单客户数)×100%
	注册转化率	注册转化率指的是在统计周期内,新增注册客户数占所有新访客数的比例。 注册转化率=(新增注册客户数÷新访客总数)×100%

跨境电子商务营销人员,可以通过以上指标对营销数据进行总结和分析,从而发现问题和制定新的营销策略。

下面通过一个例子来解释卖家进行营销活动数据分析的过程。

某卖家在速卖通平台开设的店铺,店铺信誉和业绩良好,积累了大量的老客户。他在店铺后台"商铺概况—商铺核心指标分析"中下载需要的数据,如下单买家数、支付买家数、支付金额和退款金额数据等。

下载好数据后将这些数据集中到一个工作表中,然后通过下单金额 = 支付金额 + 退款金额这个公式计算各个日期的下单金额,得到如表7-2所示的数据。

表7-2 下载数据转化表格

日期	下单买家数	支付买家数	下单–支付转化率/%	支付金额/元	退款金额/元	下单金额/元
2021年2月1日	120	112	93.33	28 900.00	6 981.00	35 881.00
2021年2月2日	130	123	94.62	28 976.00	5 678.00	34 654.00
2021年2月3日	123	115	93.50	29 052.00	4 375.00	33 427.00
2021年2月4日	154	147	95.45	29 128.00	3 072.00	32 200.00
2021年2月5日	123	115	93.50	29 204.00	1 769.00	30 973.00
2021年2月6日	176	169	96.02	29 280.00	4 565.00	33 845.00
2021年2月7日	187	179	95.72	29 356.00	5 676.00	35 032.00
2021年2月8日	145	138	95.17	29 432.00	4 565.00	33 997.00
2021年2月9日	171	163	95.32	29 508.00	3 639.32	33 147.32
2021年2月10日	175	168	96.01	29 584.00	3 429.14	33 013.14
2021年2月11日	180	172	95.56	29 660.00	3 218.96	32 878.96
2021年2月12日	185	178	96.21	29 736.00	3 008.79	32 744.79
2021年2月13日	189	181	95.77	29 812.00	2 798.61	32 610.61
2021年2月14日	194	187	96.39	29 888.00	2 588.43	32 476.43
2021年2月15日	198	190	95.97	29 964.00	6 545.00	36 509.00
2021年2月16日	203	196	96.55	30 040.00	4 565.00	34 605.00
2021年2月17日	208	200	96.15	30 116.00	4 534.00	34 650.00
2021年2月18日	212	205	96.70	30 192.00	6 765.00	36 957.00
2021年2月19日	217	209	96.31	30 268.00	5 759.50	36 027.50
2021年2月20日	221	214	96.84	30 344.00	5 822.40	36 166.40
2021年2月21日	226	218	96.46	30 420.00	5 885.30	36 305.30
2021年2月22日	231	224	96.96	30 496.00	5 948.20	36 444.20
2021年2月23日	235	227	96.60	30 572.00	6 011.10	36 583.10
2021年2月24日	240	233	97.08	30 648.00	6 074.00	36 722.00
2021年2月25日	244	236	96.73	30 724.00	6 136.90	36 860.90
2021年2月26日	249	242	97.19	30 800.00	6 199.80	36 999.80
2021年2月27日	254	246	96.85	30 876.00	6 262.70	37 138.70
2021年2月28日	258	251	97.29	30 952.00	6 325.60	37 277.60
总计	5 448	5 238	96.15	837 928.00	138 198.75	976 126.75

从表 7-2 中的数据可以看出，下单买家数多于支付买家数，也就是有部分客户下单了，但最终没有付款，产生退款的情况，2021 年 2 月的下单−支付转化率为 96.15%。为了让支付金额、退款金额的数据比例关系看起来更加直观，卖家根据合计值制作了饼状图，如图 7-2 所示。从图 7-2 中可以看出，下单后没有支付的金额（也就是退款金额）占到了所有下单金额的 14%，使卖家的店铺在 2 月份减少了 13 万元的营业额。后续卖家需要针对这部分退款的客户进行调研，得出客户退款的原因，进而改善店铺的退款率。

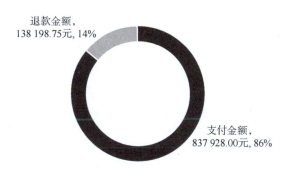

图 7-2　店铺 2021 年 2 月退款金额及占比饼状图

第二部分　实训任务

任务名称：付费流量的价值分析。

建议学时：2 课时。

任务描述：流量价值的定义是一个流量能带来多少交易金额，即流量价值等于流量产生的交易金额除以流量大小的比值。因此，卖家需要获取的第一个数据就是店铺的交易金额。某店铺在 2021 年 3 月时使用了付费的流量引入方式，营销经理要求小李对相关数据进行分析，查看该种方式是否有价值。小李在数据纵横中，切换至要下载数据的界面，自定义时间，下载支付金额数据（数据表 1），下载店铺浏览量和店铺访客数（数据表 2），此数据通过二维码给出。

实施步骤：
1. 对给出的两个 Excel 数据进行整合。
2. 计算浏览量价值。
3. 计算访客价值。
4. 插入折线图。
5. 分析结果，得出结论。

流量价值数据表 1

流量价值数据表 2

任务成果：描述分析结果，得出付费流量的价值情况。

任务评价：会进行分析过程的 Excel 操作；能得出正确的流量价值的相关情况；能理解任务的目标和分析思路。

第三部分　习题巩固

1. 为什么要学习跨境电子商务营销？营销对跨境电子商务的作用是什么？

2. 查阅资料了解"阿里妈妈"，概述"阿里妈妈"这一平台。

3. 除了前面提到的营销效果分析常用指标，你还了解有哪些指标？请列举 4 个，并解释。

4. 你认为跨境电子商务营销效果分析有哪些流程？

任务二　跨境电子商务站内营销

第一部分　理论知识

跨境电商站内营销

亚马逊：6 月 21 日和 22 日为年度 Prime Day

2020 年亚马逊把年度购物狂欢节推迟到 10 月份。2021 年，亚马逊像往年一样，在夏季时令举办一年一度的 Prime Day 盛典，2021 年的 Prime Day 定于 6 月 21 日和 22 日两天。Prime 会员副总裁表示，订阅亚马逊 Prime Day 会员的用户可以享受"超过 200 万笔的优惠交易"，交易商品涵盖各个品类。

（摘自新浪科技，《亚马逊正式宣布：6 月 21 日和 22 日为年度 Prime Day》，2021－06－02）

案例思考：

看到以上报道我们能够了解到，Prime Day 是亚马逊的一种促销方式，类似于国内天猫的"双十一"或"618"。对于跨境电子商务平台的营销方式，你了解多少呢？

站内营销是所有跨境电子商务出口平台卖家都会用到的营销方式。站内营销方式主要有店铺自主营销活动、平台营销活动和付费推广活动。

店铺自主营销活动是店铺独立设置的营销活动，是吸引流量、提高客单价、促进转化的重要方法。平台营销活动是平台根据买家的购物需求、近期的流行趋势及平台发展方向指定的一系列推广活动。付费推广活动是平台为卖家提供的可选的收费推广服务，如速卖通的直通车和联盟营销等。

下面将依据不同平台对三种站内营销方式进行介绍。

一、店铺自主营销活动

1. 速卖通

速卖通店铺自主营销活动主要有限时限量折扣、全店铺满立减、店铺优惠券、全店铺打折。

（1）限时限量折扣

限时限量折扣是由卖家自主选择活动商品和活动时间，设置促销折扣及库存量的店铺营销工具。卖家可以利用不同的折扣力度推新品、造爆品、清库存。

（2）全店铺满立减

全店铺满立减是由卖家在自身客单价基础上设置自动减价的促销规则，多买多减，可刺激买家多买，提升客单价。

（3）店铺优惠券

店铺优惠券是由卖家自主设置优惠金额和使用条件，买家领取后在有效期内使用优惠券，这可以刺激新老买家下单，提升购买率及客单价。店铺同一时间段可设置多个店铺优惠券活动。

（4）全店铺打折

全店铺打折是一款可根据商品分组对全店商品批量设置不同折扣的打折工具，可帮助店铺短时间内快速提升流量和销量。

2. 阿里巴巴国际站

阿里巴巴国际站的店铺自主营销方式主要有优惠券设置和无线端实时营销两种。

(1) 优惠券设置

阿里巴巴国际站卖家可以通过设置优惠券的领取时间和使用时间，为店铺引流蓄势，促进买家消费，提高订单转化率。

阿里巴巴国际站优惠券面值固定，且不能重复。优惠券最多可设置 8 种不同面值，对应值分别为 5 美元到 1 000 美元不等，而且每种面值的优惠券总金额不能超过 5 万美元。卖家可以自定义优惠券使用门槛，但不能低于系统提示的最低要求。

在阿里巴巴国际站，卖家设置的优惠券活动不能与平台的营销活动时间重合，因此，卖家在设定优惠券活动时，须关注平台的营销活动时间，避免因设置了优惠券而无法参加平台营销活动。

(2) 无线端实时营销

无线端实时营销是一种卖家主动向买家进行营销推广的方式，主要通过"千牛消息"进行。需要注意的是，不是所有卖家都可以进行实时营销，需同时满足以下两个条件：第一，30 天内及时回复率大于或等于 50%；第二，平均回复时间小于 72 小时。

3. 亚马逊

亚马逊平台的店铺自主营销方式主要有亚马逊优惠券、"镇店之宝"促销活动、"Z 券"促销活动、"Z 实惠"促销活动、"Z 秒杀"促销活动等。

(1) 亚马逊优惠券

在亚马逊平台中，卖家可以提供固定价值或百分比折扣的优惠券，也可以针对特定的顾客群体提供优惠券。优惠券设置完成后，会在网站的多个地方进行展示，主要展示在商品详细信息页面和搜索结果中，还有交易页面和特定的亚马逊 Vouchers 登录页面上。

(2) 镇店之宝促销活动

镇店之宝是一个或一些相关度较高的商品，仅在"镇店之宝日"享受一定折扣力度的促销活动。

(3) "Z 券"促销活动

"Z 券"是一种亚马逊商品促销返券，它的获得和使用都有最低消费额的要求。当订单中所购商品满足"Z 券"使用条件时，可以使用一张"Z 券"，订单付款按"Z 券"面额减免支付。

例如，买家通过参加亚马逊自营服装满返"Z 券"商品促销活动，当订单中相关商品成功配送后，即可在促销活动中说明的时间内获得"Z 券"。获得返券后，在返券有效期内，买家可以在下单结算时使用此"Z 券"。

(4) "Z 实惠"促销活动

"Z 实惠"是亚马逊在 2012 年推出的服务，主要针对亚马逊自营的、无质量问题的非全新品，此类商品的包装或外观可能有污损，但无质量问题，不影响正常使用，买家在购买时可以享受"Z 实惠"折扣价。

"Z 实惠"的所有商品都由亚马逊专业团队进行严格的测试并分级。该类商品在商品详情页中，会以"亚马逊 Z 实惠"的形式出现，并附商品的详细说明。

(5) "Z 秒杀"促销活动

"Z 秒杀"促销活动是亚马逊平台在促销专区推出的限时限量的超低价抢购活动。卖家可以登录亚马逊网站，在搜索栏上端点击"Z 秒杀"进入活动分区，查看和秒杀促销商品，每位客户限购一次。

二、平台营销活动

1. 速卖通

速卖通会在 My AliExpress 的"营销中心"板块对平台活动进行展示和招商。卖家可以依据自身条件选择合适的活动进行报名，一旦入选，报名时申报的商品就会出现在活动的推广页面，以此获得更多流量。速卖通的平台活动主要有 Super Deals、俄罗斯团购活动、平台大促等。

（1）Super Deals

参与 Super Deals 活动的商品可以在首页获得曝光，Super Deals 活动包括 Daily Deals、Weekend Deals 和 GaGa Deals 三种。

Daily Deals 是 Super Deals 最具代表性的活动，旨在打造速卖通平台独一无二的"天天特价"频道，是速卖通推出的推广品牌。它占据着速卖通平台的首页推广位，免费推广"高质量标准，超低出售价格"的商品。目前活动主要针对有销量、高折扣的促销商品进行招商。

Weekend Deals 要求价格折扣为 99% OFF ~ 35% OFF，店铺等级要求三星至五冠，90 天好评率不低于 92.0%，30 天销售数量不低于 1，免邮，发货期不超过 15 天。需要注意的是，每个买家每次只能报名一个商品，所以尽量报打折后价格具有竞争优势且符合活动要求的商品。

GaGa Deals 活动是速卖通平台的限时秒杀活动。作为每次大促的引流噱头，GaGa Deals 页面几乎是所有外部新流量的着陆点，它的特点是限时、限量、秒杀。

（2）俄罗斯团购活动

俄罗斯团购活动是速卖通国家团购项目中最具代表性的活动，也是目前整个速卖通平台流量最大的常规性活动。俄罗斯团购活动定位为最大流量、最快出货和卖家体验最优的营销渠道。

俄罗斯团购活动可以分为爆品团、秒购团和精品团三种，根据不同的活动定位有不同的招商要求。

其中，爆品团招商要求店铺好评率不低于 93%，DSR（卖家服务评级系统）如实描绘达到 4.6 分，其他达到 4.5 分；要求商品在俄语系国家近 30 天销量 20 个，商品得分 4.6 分以上；要求折扣在 90 天最低价的基础上实现 10% OFF，手机平板类目实现 5% OFF；要求物流 7 天内发货，俄罗斯、白俄罗斯、乌克兰三国包邮。

由此可以看出，跨境电子商务平台对店铺设有参与门槛，店铺信用等经营状况会影响其可持续发展。

（3）平台大促

目前速卖通平台大促主要有三种活动：年初的"325"购物节；年中的"819"金秋盛宴；年底的"双十一"大促。从大促的力度来看，"双十一"是促销力度最大，也是流量最大的活动。

大促期间，速卖通平台会花费大量资源引进流量，活动效果很好，参与大促的商品或店铺排名能得到快速提升，因此历年的平台大促竞争都异常激烈。

平台大促主要包含秒杀活动、主会场五折活动、分会场活动、主题馆活动、优质店铺推广活动、全店铺折扣活动等。各活动参与门槛有差异，如主会场五折活动，活动选取标准主要是商品的综合排名，卖家在活动前进行优化，是可以达到标准的。

2. 阿里巴巴国际站

阿里巴巴国际站全年中最重要的两个平台活动是 3 月"新贸节"和 9 月"采购节"，也是卖家参与数最多的活动。

阿里巴巴国际站"新贸节"活动一般在 1 月招商，活动设置 3 个会场：行业垂直会场、横向会场和特色会场。其中，行业垂直会场要求商家等级为二星及以上，或者星等级为一星的金品诚企商家。行业垂直会场和横向会场可重复报名。

9 月是国外买家的采购高峰期，阿里巴巴国际站"采购节"主要分为主会直播会场、短视频会场和行业会场。2020 年采购节，开场三小时，在线下单的海外买家数突破一万人，首周采购订单量排名前三的市场为美国、英国和澳大利亚。

3. 亚马逊

为平台卖家吸引消费者，亚马逊会举办多场促销活动，来帮助平台卖家增加商品曝光度，从而提高销量。卖家可以根据活动特质，推出相应的商品、折扣来吸引消费者。在促销活动中，"黑色星期五""网络星期一"这两个活动在亚马逊平台占据重要地位。

（1）黑色星期五（Black Friday）

黑色星期五（Black Friday）简称"黑五"。西方感恩节是每年 11 月的最后一个是期四，感恩节的第二天就是"黑色星期五"，这一天整个美国几乎所有的商场都疯狂大减价。

黑色星期五活动是邀请制的，只有收到邀请的店铺才可以报名，报名完毕后也不一定能成功参加秒杀。参与亚马逊黑色星期五需要具备一些条件，比如：产品价格要求为过去 30 天内最低价的 20%，且达到全年最低价格；秒杀价格不能低于 10 美金/英镑/欧元；产品评价不低于三星；产品必须是新品，不能是二手；必须使用 FBA 发货等。

（2）网络星期一

网络星期一指的是黑色星期五之后的第一个星期一，是美国一年当中最火爆的购物日之一。每年从感恩节到网络星期一，美国电商界的竞争异常激烈。网络星期一活动也是邀请制的，只有收到邀请的店铺才可以报名参加。

三、付费推广活动

1. 速卖通

速卖通直通车是速卖通平台重要的付费推广活动。

速卖通直通车是一种按效果付费的广告，它的付费方式是按点击付费（即 CPC, Cost Per Click）。采用这种付费方式时只有买家对该产品产生兴趣并点击进一步了解详情，系统才会对这次点击进行扣费。直通车通过竞价排名，也就是通过卖家竞争出价的方式，让其产品可以展示在搜索结果页面靠前的位置，从而直接影响产品的点击率，提高产品曝光量和流量。但最终实现转化，则需要卖家配合使用其他营销方式，让店铺进入良性循环状态，进而得到长远、持续的收益。

速卖通直通车推广计划分为快捷推广计划和重点推广计划。重点推广适用于重点商品，卖家最多可以建 10 个重点计划，每个重点计划最多包含 100 个单元。每个单元最多容纳 1 个商品、200 个词。建议优先选择市场热销或自身有销量、价格优势的商品来进行推广。快捷推广适用于普通商品，卖家最多可以建 30 个快捷推广计划，每个计划最多容纳 100 个商品、20 000 个关键词。

速卖通有一项站外引流的营销方式——联盟营销，其对店铺流量贡献、促成交易起非常重要的作用。需要注意的是，速卖通联盟营销和直通车有着区别。

1）流量来源不同：直通车帮助卖家在速卖通网站内获得更多的曝光，而联盟营销是帮助卖家获取更多的速卖通网站外的流量。

2）付费模式不同：直通车按每次点击进行付费，联盟营销是按每笔成交进行付费。

2. 阿里巴巴国际站

外贸直通车是阿里巴巴国际站平台重要的付费推广活动。

外贸直通车是一种按照效果付费的精准网络营销服务，通过优先推荐的方式将产品展示在买家搜索的各种必经通道上，并按点击付费。外贸直通车的本质是帮助卖家通过海量免费曝光，获得更多买家点击，第一时间赢得买家询盘及订单机会。

外贸直通车有两种推广方式，一种是关键词推广，一种是省心宝推广。关键词推广的流程是：首先进行推广产品设置，然后进行选词，再出价，最后设置消耗上限；省心宝推广的流程是设置消耗上限，选择开始推广。

开通外贸直通车的会员将拥有一个成长等级以及对应的成长等级评分。成长等级由成长评分决定,成长评分越高,成长等级越高,享受的会员权益也越大。开通外贸直通车后,商家有专属的外贸直通车频道,可以获得直通车文字版和视频版的指导和帮助。

3. 亚马逊

亚马逊广告产品可以帮助平台卖家拉动销售,推出新商品,清理库存或提高知名度。广告产品包括商品推广、品牌推广、展示广告等。商品推广指的是利用关键词匹配用户搜索并精准定向展示商品;品牌推广指的是在搜索结果中个性化展示卖家品牌 Logo 及商品;展示广告指的是通过触达、影响、与客户互动,实现长期销售增长。其中,商品推广和品牌推广是自助式,按点击量收费。

亚马逊广告可能出现的位置有搜索页面(可能会出现在搜索结果页面的上侧、下侧或者右侧)和产品详情页中部。广告产品标题上方会有 Sponsored 字样。

一般评价付费广告的指标有如下几个。

1)Impr(Impression):广告曝光次数,就是该 Ad Group(广告组群)中的产品有多少次显示给买家。

2)Clicks:买家点击次数。

3)CTR(Click Through Rate):点击率,计算方式为买家点击次数除以广告曝光次数。如果点击率太低,则要从商品图片、标题、价格等方面进行改善。

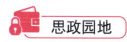

通过以上学习,我们了解了跨境电子商务卖家进行营销的多种方式。在卖家的竞争过程中,可能存在不正当竞争。作为卖家,应当如何约束自我行为,避免不正当竞争呢?

第二部分 实训任务

任务名称:速卖通平台直通车广告的投放地域选择。

建议学时:2课时。

任务描述:直通车广告的投放有一个很关键的问题,就是广告的投放地域问题。如果卖家不考虑不同地域买家对不同商品的需求,盲目进行撒网式的直通车广告投放,最后取得的效果肯定是不理想的。营销经理告诉小周,通过"搜索词分析"探索投放地域,可以帮助小周找到合适的投放地域,从而达到比较理想的推广效果。小周按照经理的方法,在"数据纵横—搜索词分析"界面选择行业,并设置时间为"最近 30 天",单击"搜索"按钮后,得到与关键词相关的指标结果,下载了 Excel 文档(数据表3),现在要对这个文档进行数据处理,得出结论。

实施步骤:

1. 对 Excel 数据中的"搜索人气"进行降序排序,保留前 10 行数据。
2. 对前 3 名热搜国家进行分列(数据选项卡—数据工具—分列功能)。
3. 统计各个国家出现的次数(COUNTIF 公式)。
4. 观察结果,选取出现次数最多的 3 个国家,进行直通车投放区域分析。

任务成果:总结出适合投放直通车广告的国家。

任务评价:会进行分析过程的 Excel 操作;能得出适合投放直通车的正确国家;能理解任务的目标和分析思路。

直通车投放地域
数据表3

第三部分 习题巩固

1. 跨境电子商务站内营销的方式有哪些？站内营销有什么作用？

2. 请以速卖通平台为例，概括其站内营销的方式。

3. 请以阿里巴巴国际站为例，概括其站内营销的方式。

4. 请以亚马逊为例，概括其站内营销的方式。

任务三　跨境电子商务站外营销

第一部分　理论知识

麦当劳在 ins 社交平台上展现出亲切、积极的品牌调性。对于母亲节等节日，麦当劳会进行热点营销，并且对于不同的产品、不同的系列，会拍摄不同的素材进行多方面营销。图 7-3 是麦当劳的母亲节文案。

图 7-3　麦当劳的母亲节文案

案例思考：
国外常用的社交媒体有哪些？请点评麦当劳的这条 ins 推文。

在跨境电子商务营销中，除了站内营销，站外营销也是重要的营销方式，是获取新客户、维护老客户的有效途径，常用的站外营销方式有电子邮件营销（EDM）、搜索引擎营销（SEM）、社交媒体营销（SNS）等，下面我们将对这些站外营销方式进行介绍。

一、电子邮件营销（EDM）

电子邮件营销（E-mail Direct Marketing，EDM）是网络营销方式中最古老的一种。电子邮件营销是在用户事先许可的前提下，通过电子邮件的方式向目标用户传递有价值的信息的一种网络营销手段。通过电子邮件，可以与受众客户进行商业交流。电子邮件有多种用途，可以发送电子广告、产品信息、销售信息、市场调查信息、市场推广活动信息等。用户许可、电子邮件传递信息、信息对用户有价值三个基本因素，是有效的电子邮件营销必不可少的。

电子邮件营销是与买家沟通的方式,因此,为了控制买家接收邮件的频率,从买家的感受出发,各个跨境电子商务平台对邮件发送数量有一定控制。平台会根据"卖家星级",每个月给予一定的营销邮件发送量,卖家等级越高,拥有的邮件数就越多。

1. 电子邮件营销的优点

电子邮件营销具有其优点,因此受到卖家的广泛使用。其优点有以下几个。

1)精准直效。在发送邮件前,可以精确筛选发送对象,将特定的推广信息投递给特定的目标人群。

2)个性化定制。邮件可以根据人群的差异,制定个性化内容,根据用户需要提供最有价值的信息。

3)信息丰富全面。邮件内容的载体可以是文本、图片、动画、音频、视频、超级链接等。

4)具备追踪分析能力。发送邮件后,可以对邮件打开、点击等用户行为数据加以分析,获取营销线索。

5)反馈迅速,邮件营销的反馈较方便,目标客户在通过邮件得到信息后,可以根据自己的喜好做出反应。

2. 电子邮件营销的注意事项

在进行邮件营销时,需要注意以下几点。

1)提高邮件质量,杜绝垃圾邮件。频繁发送垃圾邮件,会使客户将联系人拉入黑名单,更严重的会被投诉,导致账号被封。一封好的邮件应当从邮件标题、邮件简介、邮件正文等全方面提升质量。标题应当具备抓住眼球的吸引力,具有关键词,尽量体现品牌或产品信息;简介应当简明扼要,直指重点;正文能够提供对客户有利和有价值的详细信息。一般包含:①优惠信息,可以展示产品原价、优惠价格及节省了多少;②明显的链接,确保链接清晰可见,用户一眼能识别出链接按钮;③使用动态图片,增加视觉感受,提高点击率;④引起行动,建议在电子邮件中加上能引起收件人行动的语句,如"优惠仅在48小时内有效/售完为止"等,营造紧迫感。企业还可以提供一些折扣优惠或礼品来吸引客户。

2)收集有效邮箱,注重隐私提醒。在收集用户邮箱时,须明确告知其邮箱用途,各个国家有隐私保护法,需要严格遵守。在收集邮箱时,可以从跨境电子商务网站的订阅用户、网站会员的邮件地址、具有购买记录的邮件地址入手。邮箱收集后,可以根据用户的消费习惯、消费水平、地域、性别等对邮件地址进行分类。

3)谨慎选择邮件发送时间。需要谨慎设定电子邮件发送时间,并不是任何时段都适合发送邮件,要学会抓住客户的作息时间规律并善于分析。选择恰当的时间发送邮件,会达到事半功倍的效果。大多数人会在上班时间打开自己的邮箱,因此下班期间发出的邮件被开启的概率就会比其他邮件高很多。电子邮件的发送频率设定也很重要,邮件发送数量并不是越多越好,同一个类型的邮件最多发给4个客户,同一个客户最多收到两封同样模板的邮件。

据调查,工作日周二、周四的美国时间早上8点至10点邮件打开率高,周末晚上6点至11点邮件打开率高,频率建议一周不超过3次。

思政园地

以上介绍了邮件营销的特点和技巧,请问在获取邮件列表时,我们应当遵守哪些职业道德和法律规定?我们应当避免哪些获取邮件列表的不正当手段?

二、搜索引擎营销（SEM）

搜索引擎营销（Search Engine Marketing，SEM）是一种网络营销模式，其目的在于推广网站、提高知名度，通过搜索引擎返回的结果来获得更好的销售或推广渠道。搜索引擎营销的基本思想是让用户通过搜索发现信息，并通过点击进入网页，进一步了解所需要的信息。搜索引擎营销的方法包括搜索引擎优化（Search Engine Optimization，SEO）、竞价排名、关键字广告等。

1. 搜索引擎优化（SEO）

通常说的搜索引擎优化是指在了解搜索引擎自然排名机制的基础上，对网站进行内部及外部的调整优化，改进网站在搜索引擎中关键词的自然排名，获得更多的展现量，吸引更多的目标客户访问网站，从而达到网络营销及品牌建设的目的。跨境电子商务平台搜索引擎优化主要面向平台卖家，卖家对商品标题等进行优化设置，目的是让更多的买家通过自然搜索，能够更加方便快捷地看到卖家店铺中的商品，从而为店铺带来流量和订单量。

依据一些差异，搜索引擎优化主要分为两类：一是在线内容的管理和创建，旨在提升其在主流搜索引擎（如 Google 等）中的表现，从而带来更多的自然流量；二是电商平台的 SEO，亚马逊和速卖通等主流电商平台中有数以万计的商品，如何让自己的商品在买家第一次搜索时就呈现，以提高商品的曝光率，是跨境电子商务营销人员必须掌握的。

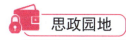

在进行搜索引擎优化时，我们常会听到一个词——关键词加载，这是一种对合理内容优化实践的滥用。在搜索登录页面上使用关键词是好的，但为了获得曝光机会而进行关键词堆砌，在轮番出现的图形或者文字中堆积与前后文无关的关键词，会受到搜索引擎的惩罚。同学们，在进行搜索引擎营销时，一定要遵守平台规则，提高职业道德，合理合法竞争。

2. 竞价排名

竞价排名是一种付费的网络营销方式，由百度在国内率先推出，之后包括谷歌、雅虎在内的著名搜索引擎网站都使用了此营销模式。其中，百度的竞价排名收入占据其总收入的大部分。在竞价排名机制下，付费越高，排名越靠前。一般使用竞价排名的网站，都可能会有"广告"字样的标注。

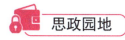

请在网络查找了解"魏则西事件"。百度竞价排名机制存在付费竞价权重过高、商业推广标识不清等问题，影响了搜索结果的公正性和客观性，容易误导网民。这个事件之后，竞价排名机制进行了整改和完善。对待事物，我们应当具备辩证思维，培养是非判断的警觉和能力。

3. 关键词广告

关键词广告（Adwords）也称为"关键词检索"，简单来说就是当用户利用某一关键词进行检索时，在检索结果页面会出现与该关键词相关的广告内容。

选择使用关键词广告时，关键词的选取非常重要。很多商家购买了关键词广告，却没有带来相应的收益，很大程度上是因为关键词的选择不合理。关键词的选取可以从相关度和流行度指标评判，相关度指的是关键字与推广商品的相关程度，流行度指的是所选取关键字在搜索引擎中被搜寻的热门程度。

关键词的选取需要以真实的统计数据为出发点，来进行合理选择。百度推广管理系统的后台有一个"关键词推荐"工具，这个工具可以统计出不同关键词的搜索量。使用这个工具时，输入一个产品词汇，就可以知道这个词，以及相关词汇的搜索量，由此来筛选与服务或产品最相关的词语，可达到精准营销。

三、社交媒体营销（SNS）

社交媒体营销（Social Networking Services，SNS），即社会性网络服务，专指旨在帮助人们建立社会性网络的互联网应用服务。SNS 其实也可以理解为社区营销，是随着网络社区化而兴起的营销方式，旨在借助社交媒体，去倾听用户的声音，宣传自己的产品，在潜移默化中影响客户。社交媒体营销是一个不断创新和发展的营销模式，其最大的特点就是可以充分展示人与人之间的互动，而这恰恰是一切营销的基础所在。

社交媒体营销有几种内容展现形式：文字、图片、视频、直播和电子书等。社交媒体营销关键绩效指标主要有社交媒体话题流行度、品牌曝光度、网站 SEO 流量的提升、分享或点赞等社交媒体互动指标。

常见的社交媒体主要有 Facebook、Instagram、Twitter 以及 Pinterest 等，下面分别进行简单介绍。

1. Facebook

Facebook 作为全球最大的社交网络服务网站，译为"脸书网"。Facebook 于 2004 年 2 月 4 日上线，据 Aleax 2019 年数据显示，Facebook 月均 UV（Unique Visitor，访客数）为 441 280 000 人，月均 PV（Page View，浏览量）为 1 729 817 000 次，2017 年第二季度 Facebook 的月活跃用户首次超过 20 亿人。

Facebook 的 Logo 如图 7-4 所示。

图 7-4　Facebook 的 Logo

Facebook 用户中大部分客户是通过直接搜索域名进入 Facebook 官方网站的，可见客户忠诚度极高，大部分访客是经常浏览 Facebook 的。Facebook 在 2018 年 6 月的总流量达到 223 亿次，每个客户的平均停留时间为 12 分钟 23 秒，客户访问深度为 11.7，客户跳出率为 27.02%。由这些数据可见，Facebook 的客户群体黏度和忠诚度是极高的。

2. Instagram

Instagram 是一个免费提供在线图片及短视频分享的社交应用,于 2010 年 10 月发布。它可以让用户用智能手机拍下照片后添加不同滤镜效果,然后分享到 Facebook、Twitter、Tumblr 或者 Instagram 的服务器上。

Instagram 的名称是"即时"(instant)与"电报"(telegram)两个英文单词的结合。因为创始人的灵感来自即时成像的相机,且认为人与人之间的照片分享"就像用电线传送电报信息"一样,因此将两个单词结合成软件名称。Instagram 的一个显著特点是,用它拍摄的照片为正方形,类似用宝丽来即时成像相机拍摄的效果,而通常使用的移动设备的相机的纵横比为 4:3 和 16:9。

Instagram 的 Logo 如图 7-5 所示。

图 7-5　Instagram 的 Logo

3. Twitter

Twitter 是社交网络和微博客服务平台,它可以让用户更新不超过 140 个字符的信息,这些消息被称作"推文(Tween)"。Twitter 在全世界都非常流行,有超过 5 亿人的活跃用户,这些用户每天会发表约 7 亿条推文。同时,Twitter 每天还会处理约 1.6 亿个网络搜索请求。Twitter 被形容为"互联网的短信服务",网站的非注册用户可以阅读公开的推文,而注册用户则可以通过 Twitter 网站、短信或者各种各样的应用软件来发布消息。

Twitter 的 Logo 如图 7-6 所示。

图 7-6　Twitter 的 Logo

4. Pinterest

Pinterest 是一个图片分享类社交网站,用户可以按照主体分类添加和管理自己的图片,并与好友分享。其使用的网站布局为瀑布流布局。Pinterest 是美国加州一个名为 Cold Brew Labs 的团队创建的,2010 年正式上线。Pinterest 由 Pin 和 Interest 两个英文单词组成。

Pinterest 的 Logo 如图 7-7 所示。

图 7-7　Pinterest 的 Logo

关于上述社交媒体,我们可以通过扫描二维码查看动画,进一步了解。

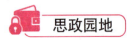

上面介绍了国外常用的社交媒体,我们在通过这些软件进行社交媒体营销时,需要进行言论的自我约束吗?我们在发表动态的时候应当注意什么?如果言论不当会造成哪些后果?

第二部分　实训任务

任务名称:设计一封电子邮件。

建议学时:2 课时。

任务描述:假设你是一个通信产品销售企业的营销人员,获悉某一个用户近期几乎每天都在浏览几款手机的评测、报价信息,你可以得出一个最基本的判断,这个用户近期极有可能购买手机。在这个判断基础上,你可以通过电子邮件的形式对其进行营销活动,当用户看到了他正需要的信息时,就容易与你建立一个循环型的互动关系,对销售机会的转化有着十分重要的作用。下面请你设计这个电子邮件。

实施步骤:

1. 确定营销目标。
2. 选择发送时间。
3. 打造有吸引力的邮件内容。
4. 撰写适合的、有吸引力的邮件标题。

任务成果:完成一封好的邮件。

任务评价:邮件内容具有说服力和吸引力;邮件格式规范;能正确理解电子邮件营销的意义和方法。

第三部分　习题巩固

1. 常用的站外营销方式有哪些？请简述。

2. 简述电子邮件营销（EDM）。

3. 简述搜索引擎营销（SEM）。

4. 简述社交媒体营销（SNS）。

项目七测评

测评指标		测评得分	未掌握情况记录
知识	跨境电子商务营销的概念		
	数据对营销的作用		
	站内营销的方法		
	站外营销的方法		
技能	能理解营销在跨境电子商务中的作用		
	会使用站内营销方式开展营销活动		
	会使用站外营销方式开展营销活动		
	会运用数据化思维分析营销效果		
素养	认识数据的客观性,不随意篡改数据		
	具有保密意识,不随意泄露数据		
	具有法治观念和职业道德,拒绝虚假营销		
自评人:		教师:	

测评表使用须知:通过本项目学习,请对自己的学习效果进行测评。测评得分区间为 0~10 分,0 分为完全未掌握,10 分为完全掌握,数字越大,掌握程度越深,测评者依据自身实际情况进行评分。在未满 10 分的情况下,都可以在最右一列陈述未掌握的具体情况,并据此向老师或同学提问。

模块四

跨境电子商务监管

项目八
跨境电子商务政策与法规

 学习目标

知识目标

了解我国跨境电子商务重要政策
熟悉跨境电子商务政策演变
熟悉跨境电子商务国内外法律法规体系
掌握主要跨境电子商务平台知识产权规则
了解跨境电子商务存在的法律风险及风险防范

能力目标

能够运用跨境电子商务法律法规进行案例分析
能够跟进并分析跨境电子商务相关政策

素养目标

树立大局观
遵纪守法,形成法律意识
培养良好的职业道德

任务一　跨境电子商务政策认知

第一部分　理论知识

跨境电子商务
政策认知

导入案例

跨境电子商务政策升级迎来四大利好

商务部、发展改革委、财政部、海关总署、税务总局、市场监管总局六部门发布的《关于完善跨境电子商务零售进口监管有关工作的通知》（以下简称《通知》）于 2019 年 1 月 1 日正式实施，不仅继续将跨境电子商务定性为个人物品执行，而且提升购买限额，新增享受优惠政策的商品品种，扩大跨境电子商务综试区城市范围。

中国贸促会研究院国际贸易研究部主任赵萍认为新政对消费者是绝对的利好。

一是消费者单次和年度的购买限额都提升了，将单次交易限额从 2 000 元提升至 5 000 元，年度限值则由 2 万元提升至 2.6 万元。跨境零售进口在限额以内可以享受零关税的优惠，同时增值税、消费税按法定应纳税额 70% 征收，超出年度交易限值的部分则需按照一般贸易进口来缴税。这意味着消费者可以买到更多、更有品质的商品。

二是跨境电子商务新政使消费者购物更加便利。《通知》扩大政策适用范围。在现行 15 个试点城市基础上，将政策适用范围扩大至北京等 22 个新批跨境电子商务综试区城市，进一步完善区域布局。跨境电子商务企业保税仓的布点范围扩大使过去需要异地中转的商品可以直接购买了，这样进口商品的物流变短了，消费者的体验更好了。进一步完善区域布局，有利于促进行业发展，也能更好地满足居民的消费需求。

三是享受跨境电子商务优惠政策的品类又增加了 63 个税目商品，税目总数达到 1 321 个，这样更多品质化、多元化消费需求将会得到满足。

四是安全方面更有保障。为了行业的健康发展，《通知》按照"各负其责"的原则，对跨境电子商务企业、跨境电子商务平台、境内服务商、消费者、政府部门等各方应承担的责任有具体明确的要求。

（引自《光明日报》，《跨境电商政策升级迎来四大利好》，2019-01-10）

案例思考：

结合以上内容，谈谈政策对于跨境电子商务企业来说重要吗，为什么？

一、跨境电子商务政策概述

2012 年以前，跨境电子商务尚处于"野蛮"生长阶段，跨境电子商务进出口在交易方式、货物运输、支付结算等方面与传统贸易方式差异较大，现行管理体制、政策、法规及现有环境条件已无法满足其发展要求，在海关、检验检疫、税务、收付汇等方面都存在问题。2012 年以来，国家开始关注跨境电子商务这一新兴业态发展，相关创新举措陆续推出。

2013 年建立上海自由贸易试验区、2015 年扩大综合试点、2016 年支持海外仓建设、2017 年新设 12 个综合试验区、2018 年新设 22 个综合试验区、2019 年新设 24 个综合试验区、2020 年新设 46 个综合试验区等，这些都表明了国家对跨境电子商务的扶持力度。从 2013 年开始至今，跨境电子商务政策红利逐渐从单一城市向全国蔓延。国家逐步建立适应跨境电子商务发展特点的政策体系和监管体系,不断优化跨境电子商务的发展环境,促进跨境电子商务各种新业态的发展,提升跨境电子商务服务业的发展水平和国际竞争力。

二、国内跨境电子商务政策的演进

据电子商务研究中心监测数据显示,从2013—2017年,包括国务院和海关总署在内,国家相关部门纷纷出台或参与出台相关跨境电子商务政策,涉及的国家相关部门包括国家发改委、财政部、工信部、农业部(今为农业农村部)、商务部、国家税务总局、国家质检总局(于2018年3月撤销,组建国家市场监督管理总局)、食品药品监督管理总局(于2018年3月撤销)、交通运输部(于2018年3月撤销,组建国家市场监督管理总局)、国家邮政局、国家外汇管理局、中国人民银行、银监会(于2018年与保监会合并为银保监会)、中央网信办、密码局等部门,出台的关于跨境电子商务以及提到跨境电子商务的政策达39份。

下面分别从国务院、海关总署、商务部等相关部门的政策来说明我国跨境电子商务的演进历程,具体如表8-1~表8-3所示。

表8-1 国务院关于跨境电子商务政策的演进

发布时间	公告名称	文号	主要内容
2013.8.21	《国务院办公厅转发商务部等部门关于实施支持跨境电子商务零售出口有关政策意见的通知》	国办发〔2013〕89号	监管、跨境结算、税收等方面的支持
2013.9.18	《国务院关于印发中国(上海)自由贸易试验区总体方案的通知》	国发〔2013〕38号	建立中国(上海)自由贸易试验区
2015.4.8	《国务院关于印发中国(广东)/中国(天津)、/中国(福建)自由贸易试验区总体方案的通知》	国发〔2015〕18号/19号/20号	建立广东、天津、福建自由贸易试验区
2015.4.8	《国务院关于印发进一步深化中国(上海)自由贸易试验区改革开放方案的通知》	国发〔2015〕21号	深化中国(上海)自由贸易试验区
2015.6.20	《国务院办公厅关于促进跨境电子商务健康快速发展的指导意见》	国办发〔2015〕46号	促进我国跨境电子商务健康快速发展
2019.1.25	《国务院关于促进综合保税区高水平开放高质量发展的若干意见》	国发〔2019〕3号	支持综合保税区内企业开展跨境电子商务进出口业务
2019.4.8	《国务院关税税则委员会关于调整进境物品进口税有关问题的通知》	税委会〔2019〕17号	进境物品进口税调整
2020.6.6	《国务院关于落实〈政府工作报告〉重点工作部门分工的意见》	国发〔2020〕6号	加快跨境电子商务等新业态发展,提升国际货运能力
2020.7.7	《国务院关于做好自由贸易试验区第六批改革试点经验复制推广工作的通知》	国函〔2020〕96号	在全国范围内复制推广跨境电子商务零售进口退货中心仓模式
2020.8.12	《国务院办公厅关于进一步做好稳外贸稳外资工作的意见》	国办发〔2020〕28号	支持跨境电子商务平台、跨境物流发展和海外仓建设
2020.11.9	《国务院办公厅关于推进对外贸易创新发展的实施意见》	国办发〔2020〕40号	促进跨境电子商务等新业态发展

表 8-2　海关总署关于跨境电子商务政策的演进

实施时间	公告名称	文号	主要内容
2014.2.10	《关于增列海关监管方式代码的公告》	总署公告〔2014〕12号	增列9610监管方式新清单核放、汇总申报
2014.8.1	《关于增列海关监管方式代码的公告》	总署公告〔2014〕57号	增列保税电商"1210"监管方式，保税模式获认可
2015.5.15	《关于调整跨境贸易电子商务监管海关作业时间和通关时限要求有关事宜的通知》	署监发〔2015〕121号	全年无休、24小时内办结海关手续
2016.12.1	《关于增列海关监管方式代码的公告》	总署公告〔2016〕75号	增列1239监管方式
2019.1.1	《关于实时获取跨境电子商务平台企业支付相关原始数据接入有关事宜的公告》	总署公告〔2018〕179号	支付相关原始数据对接标准
2019.1.1	《关于跨境电子商务零售进出口商品有关监管事宜的公告》	总署公告〔2018〕194号	电商监管公告
2019.1.1	《关于跨境电子商务企业海关注册登记管理有关事宜的公告》	总署公告〔2018〕219号	企业注册登记
2020.3.27	《关于全面推广跨境电子商务出口商品退货监管措施有关事宜的公告》	总署公告〔2020〕44号	跨境电子商务出口商品退货
2020.3.28	《关于跨境电子商务零售进口商品退货有关监管事宜的公告》	总署公告〔2020〕45号	跨境电子商务零售进口商品退货
2020.7.1	《关于开展跨境电子商务企业对企业出口监管试点的公告》	总署公告〔2020〕75号	跨境电子商务B2B出口试点（9710、9810）
2020.9.1	《关于扩大跨境电子商务企业对企业出口监管试点范围的公告》	总署公告〔2020〕92号	增列上海等12个直属海关开展跨境电子商务B2B出口监管试点

表 8-3　商务部等部门关于跨境电子商务政策的演进

实施时间	公告名称	文号	主要内容
2013.2.1	《国家外汇管理局综合司关于开展支付机构跨境电子商务外汇支付业务试点的通知》	汇综发〔2013〕5号	上海、北京、深圳等地开展跨境外汇支付的试点工作
2015.1.20	《国家外汇管理局关于开展支付机构跨境外汇支付业务试点的通知》	汇发〔2015〕7号	提高网购限额
2015.6.9	《质检总局关于加强跨境电子商务进出口消费品检验监管工作的指导意见》	国质检检〔2015〕250号	跨境电子商务进出口消费品监管新模式

续表

实施时间	公告名称	文号	主要内容
2016.4.8	《财政部 海关总署 国家税务总局关于跨境电子商务零售进口税收政策的通知》	财关税〔2016〕18号	跨境电子商务零售进口税收政策
2018.10.1	《关于跨境电子商务综合试验区零售出口货物税收政策的通知》	财税〔2018〕103号	出口退（免）税
2020.2.20	《关于做好新型冠状病毒感染的肺炎疫情防控期间出口退（免）税有关工作的通知》	税总函〔2020〕28号	疫情防控期间，纳税人可通过"非接触式"方式申报办理出口退（免）税业务申请、审核、调查评估
2020.5.20	《国家外汇管理局关于支持贸易新业态发展的通知》	汇发〔2020〕11号	便利跨境电子商务出口业务资金结算
2020.11.2	《关于因新冠肺炎疫情不可抗力出口退运货物税收规定的公告》	财政部、海关总署、税务总局公告2020年第41号	对因新冠肺炎疫情不可抗力出口退运货物的相关税收的规定

三、国外跨境电子商务政策的演进

美国、英国、欧盟等作为跨境电子商务领域中重要的商品产地、产品中转站与销售市场，其跨境电子商务政策变化也会严重影响到跨境电子商务的平台运营与商家的市场收益。所以，跨境电子商务从业人员要了解国外跨境电子商务政策演进。

1. 英国

英国还是欧盟成员国时，参与了欧盟与70多个国家或地区达成的40项贸易协议。在脱欧之后，英国可以洽谈延续这些协议。任何的欧盟贸易协议，2020年12月31日之后不再适用英国；英国与这些国家或地区若没有达成双边协议，将依循WTO规则开展贸易。

英国脱欧后，可能对企业产品成本有重大影响，跨境卖家需要高度关注。

（1）仓储配送相关规定的变化

自2021年1月1日起，英国正式退出欧盟单一市场及海关联盟，英欧间设立海关边境。因此，亚马逊正式停止英国与欧盟边境运输配送。而此项规定意味着英国与欧盟将分别适用仓储限制规则，且卖家需在英国与欧盟分别存储货物。

（2）商品合格认定标志的变化

自2021年1月1日起，制造商须对英国销售的商品使用UKCA标志取代此前的CE标志。不过若货物在此日期之前如已投放市场，那么不会受到影响，卖家只需提供订单、物流单等相关证明仍可在英国进行销售。

（3）品牌方面出现的变化

英国脱欧后，拥有欧洲品牌的卖家，品牌将会自动分裂出一个英国品牌，供卖家在英国使用。对于想做欧洲站及英国站但还没有拥有品牌的卖家，现在注册品牌时须注册英国与欧洲两个品牌。

（4）增值税法规的变化

自2021年1月1日起，英国开始实行一套新的增值税法规。

具体的要求为：所有进口件申报价值低于135英镑的货物都需缴付增值税（VAT）。新税法取消了原有的小额货物进口税收豁免条款，即原先免税的申报价值不大于15英镑的货物，现在也需要缴纳增值税，税率为20%。

所有进口到英国的货物，若收件方为企业，则须提供收方在英国的经济经营者登记识别号（EORI Number）和增值税号（VAT Number），欧盟的 EORI 号码不再适用于英国进出口业务。

2. 欧盟

与我国跨境电子商务企业关系最为紧密的是自 2021 年 7 月 1 日起执行的主要针对欧盟内部和非欧盟国家（地区）卖往欧盟的跨境销售货物的一系列税制改革措施。该系列措施原定于 2021 年 1 月 1 日起实施，因控制新冠肺炎疫情的措施所造成的实际困难，推迟 6 个月，以便会员国和企业有更多的时间进行准备。这些改革措施主要有以下内容。

1）将一站式征税制度（One Stop Shop，目前只适用于电子服务）扩大到欧盟内部和非欧盟国家（地区）卖往欧盟的远程销售活动。

2）在线交易平台将负责对非欧盟电商在其平台上销售的货物申报和缴纳 VAT。

3）取消从非欧盟国家（地区）进口到欧盟的低价商品（低于 22 欧元）进口 VAT 豁免政策。

为保障欧盟区域内单一市场的有效运作，提升欧盟边境贸易效率与风险防控，为欧盟各成员国外部边境执法提供一致的规章，欧盟设立了欧盟海关联盟（EU Customs Union），实施跨境电子商务海关监管政策，控制风险，提高通关效率。

为应对新冠肺炎疫情造成的冲击，早在 2020 年 7 月欧盟特别峰会上便明确表示将在 2021 年 1 月 1 日起征收塑料包装税，具体内容为：对一次性塑料包装按每千克 0.8 欧元（约合 6.4 元人民币）的税率征税。限塑成为一种新趋势，英国也紧随其后，塑料包装税于 2021 年 4 月 1 日起生效。所以卖家销售货品时应尽量避免塑料制品。

3. 美国

美国的《全球电子商务框架》报告，对发展电子商务的关税、电子支付、安全性、隐私保护、基础设施、知识产权保护等进行了规范，明确了美国对无形商品或网上服务等经由网上进行的交易一律免税，对有形商品的网上交易，其税赋应比照现行规定办理。这些准则成为美国制定跨境电子商务政策的依据。

美国并未针对跨境电子商务进口业务建立专门的监管体系。美国海关更关注跨境电子商务在贸易安全方面、知识产权领域的风险。尽管如此，美国海关与边境保护局（U.S. Customs and Border Protection，CBP）仍然出台了针对性的跨境电子商务监管政策，以应对日益增长的贸易量和风险点。美国海关与边境保护局对跨境电子商务进口货物的通关政策采取三种申报模式：免税申报（Duty-free，800 美元以下）、简易申报（Informal Entry，800~2 500 美元）、正规申报（Formal Entry，2 500 美元以上），采取相应的申报模式和适用税率，实现低额商品快速通关放行、中间值商品简易申报、高价值商品正规申报等分类处理的监管政策。

2020 年以来美国政策变化有以下两点。

1）商标费用上涨。自 2020 年 1 月 2 日起，美国开始实行新的商标收费标准，主要包括申请费用、宣誓费用、请愿书费用、撤销与异议费用、复议费用等。

2）美国对医疗防护产品的关税豁免有效期进行延长，另外新增了 18 项产品进入加征关税排除清单，排除有效期为 2021 年 1 月 1 日至 2021 年 3 月 31 日。我国相关企业须仔细核对清单中的税号和商品描述，及时联系美方客户，做好相应的出口安排。

4. 越南

自 2021 年 1 月 1 日起，越南工贸部进出口局对于暂进再出货物和转口贸易，若通过陆地边界进口到越南或再出口到国外时，只能通过国际口岸和双边口岸正式口岸进行。

5. 缅甸

缅甸卫生体育部食品药品管理局（FDA）2020 年 12 月 24 日向医药企业协会发出通知：FDA 之前把防范新冠肺炎疫情的医用口罩（包括 N95 和 KN95 等）放在无须申请进口批准的防疫物资清单里。为了让民众和医疗人员使用更加安全和符合质量标准的口罩，从 2020 年 12 月 24 日起，包括 N95 和 KN95 在内的医用口罩被列入需要申请 FDA 进口批准的医疗物资。

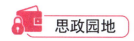

从政策的演进和更新方面,我们了解了政策对跨境电子商务从业人员的重要性,也看到了政策是跨境电子商务发展的基石。

第二部分 实训任务

任务名称:自贸区资料搜集与分析。

建议学时:2学时。

任务描述:自由贸易试验区的设计对于国际贸易发展具有深远的意义,从最初的上海自贸区建立,到现在正在建设的海南自由贸易港,都体现了政府在促进贸易发展上的决心和努力。请同学们查找资料,总结现有各自贸区的基本情况和特点。此任务由团队完成,每个团队负责一个自贸区资料的搜集和整理,形成PPT文件,并在课堂进行分享。

中国(上海)自由贸易试验区(http://www.china-shftz.gov.cn/Homepage.aspx)

中国(广东)自由贸易试验区(http://ftz.gd.gov.cn)

中国(天津)自由贸易试验区(http://www.china-tjftz.gov.cn)

中国(福建)自由贸易试验区(http://www.china-fjftz.gov.cn)

中国(辽宁)自由贸易试验区(http://www.china-lnftz.gov.cn)

中国(浙江)自由贸易试验区舟山片区(http://china-zsftz.zhoushan.gov.cn)

中国(湖北)自由贸易试验区(https://www.china-hbftz.gov.cn/index.html)

中国(四川)自由贸易试验区川南临港片区(http://ftz.luzhou.gov.cn)

中国(海南)自由贸易港(http://www.hnftp.gov.cn)

实施步骤:

1. 完成分组,4~6人为一组,选出组长。

2. 小组成员浏览网站,搜索了解自己小组负责的自贸区,搜集和汇总内容包括但不限于该自贸区的基本情况、特点、涵盖领域、运行情况、发展前景等。

3. 小组成员围绕案例问题展开讨论。

4. 以小组为单位,共同撰写一份报告,以PPT的形式于本次课下课之前交给老师;若下课时未做完,请于当天内完成并提交给课代表。

5. 上课,每个小组派代表上台展示和讲解PPT。汇报过程可以设计互动环节。

任务成果:完成PPT文稿并汇报。

任务评价:

评分标准	分值	得分
小组合作氛围	30	
PPT文稿内容情况	20	
PPT文稿形式情况	20	
PPT演讲情况	30	

第三部分　习题巩固

1. 跨境电子商务政策对跨境电子商务发展有什么作用？

2. 国务院关于跨境电子商务的政策中，请将你认为非常重要的几个政策进行详细说明。

3. 海关总署关于跨境电子商务的政策中，请将你认为非常重要的几个政策进行详细说明。

4. 商务部等相关部门关于跨境电子商务的政策中，请将你认为非常重要的几个政策进行详细说明。

任务二　跨境电子商务法律法规认知

第一部分　理论知识

跨境电子商务法规认知

"避风港"原则的适用及其适用边际

"避风港"原则是指跨境电子商务买卖双方发生法律纠纷时，ISP（Internet Service Provider，网络服务提供商，即电商平台）可以以"只提供空间服务""只是接受委托的中介服务商"的事由进行抗辩，可以免责。

案例1：许允贺与杭州网易雷火科技有限公司（以下简称"杭州网易公司"）、广州网易计算机系统有限公司（以下简称"广州网易公司"）产品责任纠纷案。2016年3月7日至2016年3月11日期间，许允贺在"网易考拉海购"平台购买Swisse品牌复合维生素数瓶，共计价款10 004元。在支付价款页面显示，涉案商品的卖家为HQG. Limited。许允贺以该产品外包装均为英文字样，并无中文标签，以及产品作为普通进口食品，添加了属于药品的辅酶Q10，其原料中含有保健食品的原料银杏叶、姜黄、越橘，违法添加维生素B2，超出了维生素B2的使用范围等为由，依据《中华人民共和国食品安全法》（以下简称《食品安全法》）提出假一赔十的诉讼请求。

跨境电子商务法规认知

滨江区法院认为：原告在"网易考拉海购"购买商品，商品的卖家是HQG. Limited。杭州网易公司是"网易考拉海购"的开办者，其在服务协议中明确仅提供平台化服务，并非商品和服务的提供方或销售方。因此，杭州网易并非《食品安全法》上的经营者，驳回诉讼请求。

这个案例中，杭州网易就利用"平台服务商"的避风港予以免责。

案例2：上诉人北京创锐文化传媒有限公司（聚美优品）（以下简称"创锐公司"）因不服江苏省昆山市人民法院作出的（2015）昆民初字第3115号民事判决，向苏州中院提起上诉。2015年7月16日，某某通过聚美优品网站向创锐公司购买了商品，共计5 270元。创锐公司出具了订单明细。上诉人（聚美优品）也以"仅是第三方网络平台提供者，涉案商品的实际销售者是聚美香港有限公司"，进行抗辩。法院认为：根据某某购买诉争产品的交易订单显示，发货方为"聚美极速免税店"，而"极速免税店"及"JUMEIGLOBAL"的商标均为创锐公司所有，创锐公司在一审中亦明确聚美优品的商标是其所有，故本案合同相对方应为创锐公司。创锐公司没有向消费者充分披露存在聚美香港有限公司的委托，双方之间仍然成立买卖合同关系。某某通过网络购物平台向创锐公司购买诉争产品，双方构成买卖法律关系。

跨境电子商务法规认知

平台只有在向消费者充分披露自己的（网络服务商）定位，充分披露销售方的情况下，才可以免责。此外，《中华人民共和国消费者权益保护法》和《食品安全法》还对平台施加了行政法上的义务，对入网食品经营者进行实名登记、审查许可证，核对并保留真实名称、地址和有效联系方式。

（摘自搜狐网，王勇，《四个案例解读，跨境进口电商必须要了解法律知识》，2017-09-13）

案例分析：
对跨境电子商务法律法规你有哪些认识？你认为法律法规在跨境电子商务中有什么作用？

一、跨境电子商务法律法规概述

跨境电子商务法律规则体系，是由规范跨境电子商务活动的各国法律、国际组织的规则体系共同构成的。

了解法律法规对跨境电子商务企业具有如下意义：避免由于不遵守东道国法律政策而受到制裁；遇到争端时能够找到正确的解决通道；了解并加入相关国际规则体系，主动掌握规则；有利于跨境电子商务企业在国际竞争中取得优势。

二、跨境电子商务核心法律法规

跨境电子商务行业有一些核心的法律制度，主要体现在税收、消费者权益保护、网络安全、知识产权、检验检疫、跨境支付、平台责任、外资准入等方面，下面展开进行介绍。

1. 税收相关法律法规

（1）税收概述

税收是国家凭借政治权力或公共权力对社会产品进行分配的形式，是国家以法律规定向经济单位和个人无偿征收实物或货币所形成的特殊分配关系。具体表现在分配的主体是国家，分配的客体是社会剩余产品，不论税款由谁缴纳，一切税源都来自当年劳动者创造的国民收入或以往年积累下来的社会财富。税收具有无偿性、强制性和固定性等特性。

跨境电子商务征税存在的问题主要有：①纳税主体难以确定；②纳税时间确定困难；③纳税地点难以确认。

（2）国内税收法律

我国对跨境电子商务沿用了一段时期的行邮税，随着《财政部　海关总署　国家税务总局关于跨境电子商务零售进口税收政策的通知》（财关税〔2016〕18号）的下发，跨境电子商务在税收上逐渐与普通贸易一样被同等看待，这在一定程度上可能会加剧灰色清关，而海关也将在这个领域开展更严厉的执法。所以，跨境电子商务如何让商品在税收上合法化、阳光化，同时保持跨境电子商务对普通进出口贸易的优势，值得研究。

（3）国外国际税收法律

1）国际性组织协议。1988年5月，世贸组织召开互联网商务会议，与会的各国代表就互联网交易征税问题达成一致，即一年内暂时免征网上传输的商品关税。这是国际电子商务发展史上的里程碑。但是协议仅限于软件、有偿信息等无形的网上传输的商品，而不适用于采用互联网形式交易但是采用传统运输方式的有形商品。

2）美国。美国在跨境电子商务征税方面一直倡导免征关税。

3）欧盟。2000年6月，欧盟委员会提出了新的网上交易增值税议案，规定对欧盟境外的公司，通过互联网向欧盟境内顾客销售货物或提供应税劳务，销售额在10万欧元以上的，应在欧盟国家进行增值税纳税登记，并按当地税率缴纳增值税。

2. 消费者权益保护相关法律法规

（1）消费者权益概述

消费者权益是指消费者在有偿获得商品或接受服务时，以及在以后的一定时期内依法享有的权益，是一定社会经济关系下适应经济运行的客观需要赋予商品最终使用者的权利。消费者主要有下列基本权利：安全保障权、知悉真情权、自主选择权、公平交易权、依法求偿权、求教获知权、依法结社权、维护尊严权、监督批评权等。

1）消费者权益保护在跨境电子商务方面的内容主要是：个人数据与隐私规则的保护；消费者的退换货权利；消费者的交易安全；消费者的网络交易知情权。

2）消费者权益保护存在的问题包括以下几个。

①网络的超地域性增加了消费者保护的难度，国际管辖权增大了保护的难度，跨境物流的复杂性增大了保护的难度；

②现有的消费者权益保护法的内容不能适应需求，购买境外商品的消费者无法享受《中华人民共和国消费者权益保护法》（以下简称《消费者权益保护法》）新增的"网购无理由退货"制度；

③消费者权益保护手段比较落后；

④政策的制定不利于消费者权益的保护。

（2）国内消费者权益保护法律

1993年10月，我国通过了《消费者权益保护法》，首先确立了消费者的知情权、平等交易权、依法求偿权等。此后，2009年第一次修正，2013年第二次修正，主要从强化经营者义务、规范网络购物等新的消费方式、建立消费公益诉讼制度等方面完善消费者权益保护制度。2014年3月15日，新版《消费者权益保护法》施行。

（3）国外国际消费者权益保护法律

美国是世界上消费者权益保护思想萌发最早、消费者权益保护措施及实践最为完备的国家。美国立法体系完备，尽管没有制定消费者权益保护根本法，但是单项法律法规特别多，涉及消费的各个方向。

国际消费者联盟组织（International Organization of Consumers Unions，IOCU）是一个独立的、非营利性的、非政治性的组织。1960年成立，现有115个国家和地区的230多个消费者组织成员。1987年9月，中国消费者协会被接纳为该组织的正式成员。IOCU的宗旨是：在全球范围内协助各国消费者组织及政府做好保护消费者权益的工作。

1985年4月9日，联合国大会一致通过了《保护消费者准则》，督促各国采取切实措施，维护消费者的利益。

3. 网络安全相关法律法规

（1）网络安全概述

跨境电子商务的网络安全（Cyber Security）指在跨境电子商务环境中以互联网为载体的交易和支付安全问题、由互联网引起的个人数据和隐私受到侵犯的问题等。

隐私权是指每个人都有"独处而不被打扰"的权利。

个人数据：是指可识别的与特定主体相关的数据，包括年龄、姓名、联系方式、工作单位等；个人数据的保护主要包括对个人数据进行收集、利用、加工、传输时的保护。

网络浏览踪迹：利用一些软件（比如cookie），电商网站可以抓取到消费者的浏览路径，推测其购买喜好，实时地向其推销相关产品。有的消费者不喜欢自己的浏览路径被跟踪，拒绝软件对自己进行定位，电商企业应尊重消费者的隐私权利。

个人网络空间：在信息时代，个人邮箱、博客、微信、日志等都属于个人的网络空间，个人拥有网络空间不被打扰的权利。垃圾邮件充斥个人邮箱、广告信息侵扰个人网络空间就是侵犯个人隐私的行为。因此，电商企业不应给消费者滥发广告邮件，并且应给予消费者选择退订广告邮件的权利。

网络安全威胁的表现为信息在网络的传输过程中被截获、传输的文件可能被篡改、伪造电子邮件、假冒他人身份、不承认或抵赖已做过的交易。

跨境个人数据保护与隐私规则的主要问题有法律水平差别问题、国际协调问题、管辖权问题、全球隐私规则体系问题等。

（2）国内网络安全法律

我国于1994年发布《计算机信息系统安全保护条例》，1997年发布《计算机信息网络国际联网安全保护管理办法》，2000 年施行《计算机信息网络国际联网保密管理规定》，2000 年通过《互联网信息服务管理办法》。2016 年通过了《中华人民共和国网络安全法》，该法是为了保障网络安全，维护网络空间主权和国家安全、社会公共利益，保护公民、法人和其他组织的合法权益，促进经济社会信息化健康发展。

（3）国外国际网络安全法律

到目前为止，世界上已经有几十个国家颁布并修订了数据隐私保护法律，比如欧盟的《通用数据保护条例》（GDPR，2018）、日本的《个人信息保护法》（2003 年）、加拿大的《个人信息保护与电子文件法》（2018 年修订）等。采用法律规制模式的国家主要以法律监管措施来规范电商企业的隐私保护行为，通过罚款、强制执行等手段对电商企业产生震慑力。

国际数据隐私保护规则体系包括以下一些。

1980 年经合组织提出的《隐私保护与个人数据跨境流动指南》；

1981 年欧洲理事会提出的《关于个人数据自动化处理的个人保护公约》；

1990 年联合国出台的《关于计算机数据文件处理的指南》；

1995 年欧盟委员会发布的《个人数据保护指令》；

2004 年亚太经合组织推出的《亚太经合组织隐私框架》。

在这些法律文件中，只有欧盟的指令具有法律效力，欧洲理事会的公约对签约国有效。

思政园地

以上内容介绍了跨境个人隐私数据的安全问题和保护措施，我们应当认识到数据保密的重要性，了解相关法律法规是最基本的从业要求，培养数据保密观，自觉遵守法律法规和道德准则，当数据隐私受到侵犯时，也要学会使用法律武器维护自身权益。

4. 知识产权相关法律法规

（1）知识产权概述

知识产权（Intellectual Property），指权利人对其所创作的智力劳动成果所享有的专有权利，一般只在有限时期内有效。各种智力创造如发明、文学和艺术作品，以及在商业中使用的标志、名称、图像及外观设计，都可被认为是某一个人或组织所拥有的知识产权。

1）知识产权分为两大类：著作权和工业产权。

①著作权又称版权、文学产权，是指自然人、法人或者其他组织对文学、艺术和科学作品依法享有的财产权利和精神权利的总称，主要包括著作权及与著作权有关的邻接权。

②工业产权又称产业产权，是指工业、商业、农业、林业和其他产业中具有实用经济意义的一种无形财产权，主要包括专利权与商标权。

专利权，简称"专利"，是发明创造人或其权利受让人对特定的发明创造在一定期限内依法享有的独占实施权。

商标权是商标专用权的简称，是指商标主管机关依法授予商标所有人对其注册商标受国家法律保护的专有权。商标是用以区别商品和服务不同来源的商业性标志，由文字、图形、字母、数字、三维标志、颜色组合、声音或者上述要素的组合构成。商标专用权的有效期为 10 年。

2）未经知识产权所有人的许可，使用其依法享有的知识产权，即为知识产权侵权。知识产权保护方面存在的问题，一是知识产权保护意识淡薄，二是知识产权保护措施缺乏。

（2）国内知识产权法律

中国知识产权法指中华人民共和国保护知识产权的制度及执法体系。从 1980 年加入世界知识产权组织以后，中国相继制定了《中华人民共和国商标法》（以下简称《商标法》）、《中华人民共和国专利法》（以下简称《专利法》）、《中华人民共和国技术合同法》（以下简称《技术合同法》）、《中华人民共和国著作权法》（以下简称《著作权法》）、《计算机软件保护条例》等法律法规，从而形成了完整的知识产权法律保护体系。然而，实施监督、保障各项知识产权的法律制度在执行方面还有许多问题。

①《商标法》于 1982 年颁布，现行有效的是 2019 年修订的版本，商标评审规则有效的是 2014 年版。

②《专利法》于 1984 年颁布，现行有效的是 2020 年修订的版本。

③《著作权法》于 1990 年颁布，现行有效的是 2020 年修订的版本。

④《中华人民共和国反不正当竞争法》于 1993 年颁布，现行有效的是 2017 年修订的版本（2018 年 1 月 1 日施行）。

（3）国外国际知识产权法律

世界知识产权组织（World Intellectual Property Organization，WIPO）是关于知识产权服务、政策、合作与信息的全球论坛，是一个自筹资金的联合国机构，目前已有 193 个成员国。世界知识产权组织是一个致力于促进使用和保护人类智力作品的国际组织，总部设在瑞士日内瓦，它管理着涉及知识产权保护各个方面的 24 项国际条约（16 部关于工业产权，7 部关于版权，加上《建立世界知识产权组织公约》）。WIPO 把知识产权界定为：文学艺术和科学作品；表演艺术家、录音和广播的演出；在人类一切活动领域内的发明；科学发现；外形设计；商标服务标记、商号名称和牌号；制止不正当竞争；在工业、科学、文学或艺术领域内其他一切来自知识活动的权利。

世界贸易组织管辖的一项多边贸易协定《与贸易有关的知识产权协定》（Agreement on Trade-Related Aspects of Intellectual Property Rights，TRIPs），简称《知识产权协定》，共 73 条。协议保护的范围包括版权及相关权、商标、地域标识、工业品外观设计、专利、集成电路布图设计、未公开的信息包括商业秘密的知识产权。

美国对知识产权的法律保护由来已久，从《宪法》到《专利法》《商标法》《版权法》《反不正当竞争法》《互联网法》《软件专利》，以及为了全面执行世界贸易组织《与贸易有关的知识产权协定》规定的各项义务，美国政府制订了《乌拉圭回合协议法》，对知识产权法律进行了进一步的修改和完善。

欧盟知识产权体系由欧盟层面法律和成员国层面法律两部分组成。其中，成员国法律以相关欧盟法（包括《欧洲专利公约》）及其在相关国际协定中的承诺为基础。欧盟或其成员国为世界知识产权组织成员，是《商标法条约》《海牙协定》《马德里议定书》《伯尔尼公约》《与贸易（包括假冒商品贸易在内的）有关的知识产权协定》等国际条约和协定的签署方。欧盟知识产权立法工作不断以确保内部市场运行为目的进行修订。

（4）跨境电子商务平台的知识产权规则

下面介绍速卖通、亚马逊、eBay 等几个主要跨境电子商务平台的知识产权规则。

1）速卖通平台的知识产权规则。速卖通平台规定，严禁用户未经授权发布、销售涉嫌侵犯第三方知识产权的商品或发布涉嫌侵犯第三方知识产权的信息。如果卖家违规发布了侵犯第三方知识产权的信息，或者销售涉嫌侵犯第三方知识产权的商品，就有可能被对方投诉，平台就会对相关产品进行下架，对店铺进行处罚。

2）亚马逊平台的知识产权规则。亚马逊平台常见的三种侵权方式为专利侵权、版权侵权、商标侵权。亚马逊有完整的店铺侵权投诉系统机制，只要接到投诉就会在短时间内查明，并给出判决。亚马逊平台对侵权行为的处理是比较严格的，如果品牌商品提交过品牌审核，出现侵权时系统会很快处理，采取关闭店铺、冻结账号等措施，以保证品牌商家的权益。

3）eBay 平台的知识产权规则。eBay 高度重视保护知识产权及为买家和卖家提供安全的在线交易平台环境，不允许卖家在 eBay 平台上售卖部分类型的物品（比如盗版录制品），针对部分类型的物品（比如名人亲笔签名）采取了一系列卖家限制措施。

不同平台有其严格的规则，平台在制定规则时，也充分尊重了知识产权，在侵权方面对卖家进行了约束。假设你是一名跨境电子商务从业人员，你认为应对知识产权有哪些理解？在实际工作中应如何遵守知识产权的相关法律和规定呢？

"商标权权利用尽原则"案例

跨境电子商务的海外采买模式就是"平行进口"，即未经境内知识产权权利人许可而进口合法取得的"含有知识产权"货品的行为。因全球定价的差异，有的品类必然会和传统的境内商标权利人（被许可人）或总代理商发生利益冲突。境内权利人会利用商标权等知识产权权利来阻止未经商标授权的进口。

案例：上诉人大王制纸株式会社（以下简称"大王会社"）、大王（南通）生活用品有限公司（以下简称"大王南通公司"）因与被上诉人天津森森进出口股份有限公司（以下简称"森森公司"）侵害商标权纠纷一案，不服天津市滨海新区人民法院（2015）滨民初字第1154号民事判决，向天津市中级人民法院提起上诉案。

大王会社、大王南通公司在本案中主张，森森公司未经授权进口带有"GOO.N"商标的纸尿裤侵害了其依法享有的注册商标专用权。在本案中大王会社、大王南通公司确认森森公司进口销售的纸尿裤是大王会社在日本生产的，即其进口销售的是"真品"。而大王会社授权大王南通公司为中国大陆地区的唯一进口商、唯一总代理商。

森森公司利用"商标权权利用尽"进行抗辩。"商标权权利用尽"又称"商标权权利穷竭"，通常指商标权商品如经包括商标权所有人和被许可人在内的商标权主体以合法的方式销售或转让，主体对该特定商品上的商标权即告穷竭，无权禁止他人在市场上再行销售该产品或直接使用。

天津中院明确指出：本案中大王会社在日本投入市场的产品的商标权在其产品第一次投入市场后即权利用尽，大王会社自己在其产品外包装印刷标识"日本国内限定贩卖品"，这不能代替一国法律及司法对商标权权利用尽的态度。即使大王会社与其国内经销商具有有关产品限定销售区域的约定，但这种约定仅能约束合同双方的行为，如果合同相对方违约，大王会社可以追究其违约责任，但不妨碍平行进口商合法进口该商品的行为，更不能产生保留商标权权利用尽的法律效果。

（摘自法律服务网，《跨境电商行业纠纷案例汇编》，2019-03-14）

案例思考：

"商标权权利用尽原则"你理解并掌握了吗？你认为"商标权权利用尽原则"对于我国跨境电子商务海淘业务的发展有何意义？

5. 检验检疫相关法律法规

我国保税区的检验检疫主要是依据"四法三条例"，以及进出境邮寄物检疫管理办法等相关部门规章。保税区的检验目前只需适用符合性检测标准，即根据当地的生产标准、国际互认标准，在实际操作中也比较灵活。

6. 跨境支付相关法律法规

为便利跨境电子商务结算，促进支付机构外汇业务健康发展，防范外汇支付风险，国家外汇管理局在总结支付机构跨境外汇支付业务试点经验的基础上，制定了《支付机构外汇业务管理办法》，于2019年4月29日发布，自发布之日起施行。

跨境人民币支付主要依据的是《中国人民银行关于金融支持中国（上海）自由贸易试验区建设的意见》和中国人民银行上海总部《关于上海市支付机构开展跨境人民币支付业务的实施意见》。扩大人民币跨境使用，是为了使区内企业和个人更加灵活地使用本币进行跨境交易，降低汇兑成本，减少汇率风险。

为贯彻落实党中央、国务院关于扎实做好"六稳"工作、全面落实"六保"任务的决策部署，推动形成以国内大循环为主体、国内国际双循环相互促进的新发展格局，中国人民银行会同发展改革委、商务部、国资委、银保监会、外汇局联合发布《关于进一步优化跨境人民币政策支持稳外贸稳外资的通知》（银发〔2020〕330号，以下简称《通知》），自2021年2月4日起实施。《通知》涵盖围绕实体经济需求，推动更高水平贸易投资人民币结算便利化；进一步简化跨境人民币结算流程；优化跨境人民币投融资管理；便利个人经常项下人民币跨境收付；便利境外机构人民币银行结算账户使用五个方面的内容。

7. 平台责任相关法律法规

境内法律对交易平台规定了多项法定义务，此外，跨境交易平台还要考虑境外商家能否入驻、数据中心与网站服务器的选择等诸多问题。

8. 外资准入相关法律法规

根据商务部2015年修订的《外商投资产业指导目录》，以及工信部2015发布的《关于放开在线数据处理与交易处理业务（经营类电子商务）外资股比限制的通告》，电商领域已对外资完全放开。下一步的问题在于如何界定经营类电子商务的范围，这决定了外资施展的空间。

三、世界主要国家跨境电子商务相关法律法规

由于各国经济、贸易、市场、技术、互联网使用等方面的不同，各国跨境电子商务的发展规模、速度、水平也不尽相同。全球化智库（CCG）2021年4月发布的《B2C跨境电商平台"出海"研究报告》显示，中国和美国目前是全球跨境电商的主要平台方所在国，也是全球跨境电商交易的主要市场。该海关统计数据显示，2020年我国跨境电商进出口1.69万亿元，增长31.1%，其中，出口1.12万亿元，增长40.1%。2020年1—9月，中国跨境电商零售出口同比增长了17%。目前，中国是全球最大的B2C跨境电商交易市场，有26%的交易发生在中国，美、英、德、日分别排列在第二到第五名。印度、中东和俄罗斯的跨境电商交易份额也在迅速增长。

1. 美国

美国是跨境电子商务的积极推动者和倡导者，拥有2.55亿网民、1.84亿在线购买者，电子商务交易额约占全球电子商务交易额的25%，为跨境电子商务发展奠定了坚实的基础。美国作为全球电子商务市场发展最成熟的国家，很早就出台相关的法律法规，对电商的成长和发展给予支持。美国在促进跨境电子商务发展方面采取了较多做法。

美国有完善的电子商务法律体系，包括《统一计算机信息交易法》《互联网免税法案》《互联网商务标准》《电子签名法》《网上电子支付安全标准》《互联网保护个人隐私法案》等。比如，《互联网免税法案》大力保护互联网电商的利益，避免税收歧视和重复征税等问题。《市场公平法案》对境内各州电商的税收问题进行有效划分，并对小型电商提供免税豁免权。这一系

列的法律法规，极大地促进电商企业的发展。

同时，美国还积极主导建立跨境电子商务的国际规则。1995年美国犹他州颁布《数字签名法》，1997年美国颁布《全球电子商务纲要》，确立了发展跨境电子商务的五大原则，即互联网独特性质、企业主导、政府规避不恰当限制、政策可预测以及全球视野，并将之推广到世贸组织132个成员国签署的《关于电子商务的宣言》和经济合作与发展组织部长级会议讨论的《全球电子商务行动计划》中。美国于2000年颁布《国际与国内商务电子签章法》。

美国政府率先实现网上贸易免税政策，并主张和推动各国对网上贸易免征关税。美国与欧盟发表了有关电子商务的联合宣言，就全球电子商务指导原则达成协议，承诺建立无关税电子空间。同时，美国国会通过了《因特网免税法案》，该法案明确"信息不应该被课税"。

2. 欧盟

欧盟主张采取自由化跨境电子商务发展战略，而非如美国所倡导的绝对免除关税，欧盟发展跨境电子商务在相关法律法规的制定上采取了以下措施。

（1）制定基本法律

1997年欧盟的《电子商务行动方案》明确了欧盟应在信息基础设施、管理框架、技术和服务等方面为发展电子商务奠定基础。《电子签名指令》旨在协调欧盟各成员国之间的电子签名法律，将电子签名区分为简单、一般和严格三类，并根据技术的安全级别，给予不同的法律地位，在法律上（如证据的效力方面）进行区别对待。2000年欧盟的《电子商务指令》全面规范了关于开放电子商务市场、电子交易、电子商务服务提供者的责任等关键问题。《伯恩部长级会议宣言》主张放松对电商企业的限制，促进其更好地发展。在欧洲各国内部（如德国），对欧盟各国内进入的包裹免除进口税等。

（2）健全税收制度

在关税方面，欧盟个人从境外邮购的商品，价格在150欧元以下的免征关税；商品价值在150欧元以上的，按照商品在海关关税目录中规定的税率征收关税。关税的税基是商品附加值加进口增值税的总额，而非仅仅取决于商品价值；报关单的申报价值需与账单金额一致，否则须补交进口增值税和关税。增值税方面，欧盟对企业通过网络购进商品征收增值税。根据欧盟《关于保护增值税收入和促进电子商务发展的报告》，不论供应者是欧盟网站还是外国网站，一律征收20%增值税。

（3）加强海关监管，实行便捷通关

《欧盟知识产权海关保护条例》中规定了对假冒和盗版的少量货物采用"特殊销毁程序"，使海关有权以简单快捷方式迅速销毁侵权货物。同时，欧盟各成员国的货物均可享受"一地清关"服务。

3. 日本

日本政府将发展电子商务作为摆脱经济滞胀、提升经济活力的一项重要国策，并采取了一系列措施，取得了一定成效。跨境电子商务不仅带动了相关产业的发展，也培植出一批全球的电子商务企业和新产品、新服务。日本发展跨境电子商务制定的相关法律法规涉及以下几方面。

（1）制定电子商务促进计划

日本推出了《数字化日本之发端——行动纲领》，草拟出适宜跨国界电子商务的格式合同文本，并且建立司法审判之外的其他更迅速、更廉价的纠纷处理程序。同时，根据企业界的要求，日本政府尤其是日本国际经贸部积极同私人机构合作，在日本经济的每一个商务活动中开展电子商务的促进计划。日本还发起了一项称为CALS的计划，推动从研究开发部门到生产部门之间的过程数字化。

（2）完善税收法律

《特商取引法》强调，对电商征税，要兼顾公平、税收简化的原则，从而更好地对电商加以引导和管理。

（3）解决投诉纠纷

在日本政府的授权下，日本成立了跨境消费者中心，为当事人提供法律咨询、交易纠纷解决方案、在线调解等专业服务。日本跨境消费者与美国、欧盟、新加坡等国的电子商务交易纠纷解决机构签订了跨境纠纷解决合作备忘录，共同基于统一流程和标准处理对应的跨境电子商务交易纠纷，有效地保护了本国消费者权益。

思政园地

在跨境电子商务的从业过程中，了解国外法律体系有助于从业者规避法律风险。因此，不同国家的法律规定是我们学习的内容，请同学们不要忽略法律在跨境电子商务中的支撑作用，做到知法、懂法、守法。

四、国际重要组织跨境电子商务法律法规

目前，由于各国跨境电子商务发展不平衡、利益诉求不一致，跨境电子商务领域还没有形成统一的国际规则，制约全球跨境电子商务发展。以下介绍几个国际重要组织及其颁布的跨境电子商务法律法规。

1. 联合国国际贸易法委员会

联合国国际贸易法委员会（United Nations Commission on International Trade Law，UNCITRAL）于1966年联合国大会决议（United Nations General Assembly Resolution）设立。它是国际贸易法领域联合国系统核心法律机构，目标是协调和统一国际贸易法律。它在起草1978年《汉堡规则》中发挥了重要作用，它起草了1991年《联合国国际贸易运输港站经营人赔偿责任公约》。另外，贸易法委员会在国际商业仲裁方面也发挥了积极作用，它起草了1985年《联合国国际贸易法委员会国际商事仲裁示范法》（UNCITRAL Model Law on International Commercial Arbitration，1985）、《联合国国际贸易法委员会仲裁规则》、《联合国国际贸易法委员会调解规则》，以及《联合国国际贸易法委员会关于组织仲裁程序的指南》（UNCITRAL Notes on Organizing Arbitral Proceedings）。

随着全球跨境电子商务的发展，UNCITRAL 于1996年制定并通过了《电子商务示范法》。虽然《电子商务示范法》不是国际条约，也不是国际惯例，却为国际范围内跨境电子商务规则的协调做出了积极贡献。因为《电子商务示范法》以法律的形式对各国电子商务交易的一般规则和原则问题进行了规范，为各国进行电子商务立法提供了范本，有利于各国在电子商务交易过程中就基本原则和关键问题进行协调和统一。UNCITRAL 为了促进全球电子商务的发展，于1997年专门成立了电子商务工作组，并在2005年起草通过了《国际合同使用电子通信公约》，对跨境电子商务规则的统一起到了积极推进作用。该公约的宗旨是在对国际合同使用电子通信的情形中增强法律确定性和商业可预见性。该公约处理的国际合同使用电子通信问题包括如何确定一方当事人在电子环境中的所在地，电子通信的收发时间和地点，使用自动信息系统订立合同，确立电子通信和纸面文件（包括"原始"纸面文件）以及电子认证方法和手写签名功能

上等同所使用的标准。2001年12月12日UNCITRAL通过的《电子签字示范法》是国际上关于电子签字方面最重要的立法文件，它是对《电子商务示范法》的补充，促进了电子签字所产生的法律效力，有助于各国加强利用现代化核证技术的立法，为尚无这种立法的国家提供参考，并对发展和谐的国际经济关系作出了贡献。此外，近年来，UNCITRAL还积极与联合国贸易便利化与电子商务中心密切合作，参与有关国际贸易单一窗口设施实施的法律问题研究，为解决国际贸易单一窗口发展的电子商务纠纷争议等问题提供法律参考，促进跨境电子商务国际规则的协调一致。

2. WTO

世界贸易组织（World Trade Organization，WTO），是一个独立于联合国的永久性国际组织，负责监督成员经济体之间各种贸易协议得到执行的一个国际组织，其前身是1948年起实施的关税及贸易总协定的秘书处。世界贸易组织是当代最重要的国际经济组织之一，拥有164个成员（截至2020年5月），成员贸易总额达到全球的98%，有"经济联合国"之称。

WTO确立的一整套原则和规则为国际贸易发展起到了重要作用。跨境电子商务作为国际贸易的一种新方式和新手段，在WTO成立时没有设立独立的章节和条款进行规制，只在WTO的一些协议中有所体现。1998年，WTO在日内瓦部长理事会上开始专门对跨境电子商务问题的进行研究，并通过了《全球电子商务宣言》，旨在解决由于电子商务的快速发展所引发的贸易问题。同年8月，WTO又通过了《电子商务工作计划》。2001至2003年，WTO总理事会就跨境电子商务召开了五次专题研讨会，WTO服务贸易委员会、货物贸易委员会、知识产权委员会和贸易与发展委员会都就跨境电子商务议题进行了重点讨论，但是WTO最终并未形成相应的国际规则。此后历经多次部长级会议，有关跨境电子商务规则谈判进展缓慢，跨境电子商务规则框架制定没有任何实质性进展，也没有形成统一的国际规则。

3. 经济合作与发展组织

经济合作与发展组织（Organization for Economic Co-operation and Development，OECD）是由38个市场经济国家组成的政府间国际经济组织，于1961年9月30日成立，总部设在巴黎。OECD旨在共同应对全球化带来的经济、社会和政府治理等方面的挑战，并把握全球化带来的机遇。

OECD于1998年通过了《全球电子商务行动计划》，该计划旨在建立一系列基本原则，作为制定电子商务政策的框架基础，并且在政府和其他部门合作下，与居于商业领导地位的世界主要国际商业机构共同确定行动框架。该计划一方面明确指出电子商务会提出许多需要政府干预的重要公共政策问题，如知识产权保护、税务和消除壁垒，以鼓励建设基础设施上的公平竞争；另一方面要求政府在某些问题上采取"放手"政策，如在个人隐私和有害内容等问题上，商业界的解决方案（自律和技术工具等）比以立法方式建立电子商务的信任更加有利和有效。

4. 亚太经济合作组织

亚太经济合作组织（Asia-Pacific Economic Cooperation，APEC）是亚太地区重要的经济合作论坛，也是亚太地区最高级别的政府间经济合作机制，始设于1989年，共有21个正式成员和3个观察员（截至2019年）。该组织是亚太区内各地区之间促进经济成长、合作、贸易、投资的论坛，为推动区域贸易投资自由化，加强成员间经济技术合作等方面发挥了不可替代的作用。

2017年，APEC通过了《APEC跨境电子商务便利化框架》，该框架着力推动完善跨境电子商务的政策环境，提升跨境无纸贸易便利化水平，增强中小企业参与电子商务的能力。该框架集中于 5 个支柱领域，包括 APEC 成员经济体电子商务法律框架标准化；增强 APEC 成员经济体能力建设，协助中小微企业加入世界和地区跨境电子商务市场；通过 APEC 现有计划推动跨境隐私保护；推动跨境个人资料保护活动；促进跨境无纸化贸易和解决跨境电子商务发展过程中面临的问题等。

5. 国际商会

国际商会（International Chamber of Commerce，ICC）是国际民间经济组织，是由世界上一百多个国家参加的经济联合会，包括商业、工业、商业、银行、交通、运输等行业协会，它也是联合国经社理事会的一级咨询机构。

国际商会于 1919 年 10 月由在美国新泽西州大西洋城举行的国际贸易会议发起，1920 年 6 月在巴黎成立，总部设在巴黎，宗旨是：推动国际经济的发展，促进自由企业和市场组织的繁荣，促进会员之间经济往来，协助解决国际贸易中出现的争议和纠纷，并制定有关贸易、银行、货运方面的规章和条款。国际商会制定的《国际商会调解和仲裁规则》《国际贸易术语解释通则》《托收统一规则》《联合运输单证统一规则》《跟单信用证统一惯例》等，虽然是非强制性的，但实际上已为世界各国普遍接受和采用。

第二部分　实训任务

任务名称：跨境电子商务法律法规视频拍摄。
建议学时：2 学时。
任务描述：每个小组自导自演拍摄《中华人民共和国电子商务法》相关的普法小视频，在实践任务中，深刻学习《中华人民共和国电子商务法》，从我做起，做到知法守法，牢固树立法治观念。
实施步骤：
1. 完成分组，4~6 人为一组，选出组长。
2. 小组成员围绕拍摄任务展开讨论，创作剧本。
3. 自导自演拍摄《中华人民共和国电子商务法》相关的普法小视频。
4. 课堂上播放每组的小视频，并派代表讲解。

任务成果：形成视频，时长 3~10 分钟。
任务评价：围绕视频质量、内容质量、合作情况，由学生和教师共同打分。

评分标准	分值	得分
视频质量（内容编排、出演、制作等）	30	
内容质量（有无诠释清楚法律条款）	40	
合作情况（以小组分工表和出镜为准）	30	

思政园地

通过任务的形式，我们自导自演拍摄了《中华人民共和国电子商务法》相关条款的普法小视频，在实践任务中深刻学习《中华人民共和国电子商务法》，培养法治、诚信观念。

第三部分　习题巩固

1. 请列举国内国际有关跨境电子商务税收的法律法规。

2. 请列举国内国际有关消费者权益保护的法律法规。

3. 请列举国内国际有关网络安全的法律法规。

4. 请列举国内国际有关知识产权保护的法律法规。

项目八测评

测评指标		测评得分	未掌握情况记录
知识	我国跨境电子商务重要政策		
	跨境电子商务政策演变		
	跨境电子商务国内外法律法规体系		
	主要跨境电子商务平台知识产权规则		
	跨境电子商务存在的法律风险及风险防范		
技能	能够运用跨境电子商务法律法规进行案例分析		
	能够跟进并分析跨境电子商务相关政策		
素养	大局观		
	遵纪守法，形成法律意识		
	规范意识		
	职业道德		
	团队合作意识		
自评人：		教师：	

测评表使用须知：通过本项目学习，请对自己的学习效果进行测评。测评得分区间为 0～10 分，0 分为完全未掌握，10 分为完全掌握，数字越大，掌握程度越深，测评者依据自身实际情况进行评分。在未满 10 分的情况下，都可以在最右一列陈述未掌握的具体情况，并据此向老师或同学提问。

附

实训任务记录

1. 实训成果形式及名称（若是电子版，请填写与电子版文件名一致的成果名称）。

2. 团队人员构成与分工情况。
独立完成 [ ]　　合作完成 [ ]　小组名称：
（1）
（2）
（3）
（4）
（5）

3. 实训任务重难点记录。

4. 任务反思与改进。

分值：

参 考 文 献

[1] 刘颖君. 跨境电子商务基础[M]. 北京：电子工业出版社，2020.
[2] 速卖通大学. 跨境电商客服：阿里巴巴速卖通宝典[M]. 北京：电子工业出版社，2016.
[3] 柯丽敏，王怀周. 跨境电商基础、策略与实战[M]. 北京：电子工业出版社，2016.
[4] 吴宏，潘卫克. 跨境电商 Shopee 立体化实战教程[M]. 杭州：浙江大学出版社，2019.
[5] 梁其钰. 我国跨境电子商务支付面临的风险与防范机制[J]. 对外经贸实务，2018（11）.
[6] 郎玲，李子良. 我国跨境电商发展现状及支付问题研究[J]. 合作经济与科技，2019（4）.
[7] 张莉. 中国跨境电子商务的国际借鉴[J]. 今日中国，2016（7）.
[8] 曲莉莉等. 跨境电子商务基础[M]. 上海：华东理工大学出版社，2019.
[9] 杜鹃等. 跨境电商运营[M]. 成都：电子科技大学出版社，2020.
[10] 速卖通大学. 跨境电商运营与管理[M]. 北京：电子工业出版社，2017.
[11] 袁江军. 跨境电子商务基础[M]. 北京：电子工业出版社，2020.
[12] 肖旭. 跨境电商实务[M]. 北京：中国人民大学出版社，2017.
[13] 王健. 跨境电子商务基础[M]. 北京：中国商务出版社，2015.
[14] 汤兵勇等. 中国跨境电子商务发展报告[M]. 北京：化学工业出版社，2017.
[15] 李鹏博. 揭秘跨境电商[M]. 北京：电子工业出版社，2015.
[16] 恒盛杰电商资讯. 出口跨境电商[M]. 北京：机械工业出版社，2017.
[17] 雨果网. https://www.cifnews.com
[18] 亿邦动力网. https://www.ebrun.com